ZEITGEIST UND KÜNSTLERMYTHOS

G.F.

Georg M. Blochmann

Zeitgeist und Künstlermythos

Untersuchungen zur Selbstdarstellung deutscher Maler der Gründerzeit

Marées – Lenbach – Böcklin
Makart – Feuerbach

Form & Interesse Bd. 34

Lit

Frontispiz: Heimstätten Münchner Künstler, Xylographie nach einer Originalzeichnung von G. Franz

Die Deutsche Bibliothek – CIP Einheitsaufnahme

Blochmann, Georg M.:
Zeitgeist und Künstlermythos : Untersuchungen zur Selbstdarstellung deutscher Maler der Gründerzeit ; Marees – Lenbach – Böcklin – Makart – Feuerbach / Georg M. Blochmann. – Münster : Lit, 1991
(Form & Interesse ; Bd. 34)
Zugl.: Köln, Univ., Diss., 1986
ISBN 3-88660-623-6 brosch.
ISBN 3-88660-625-2 Gb.

NE: GT

 Dieckstr. 56 4400 Münster 0251/235091
Hallerplatz 5 2000 Hamburg 13 040/446446

Inhalt

Es läßt sich von der Kunst kaum etwas behaupten, wovon in gewisser Beziehung nicht auch das Gegenteil behauptet werden könnte.

Alfred Hauser

In place of hermeneutics we need an erotics of arts.

Susan Sontag

Für Nicholas

Vorbemerkung

In der Beurteilung der Kunstproduktion der zweiten Hälfte des 19. Jahrhunderts neue Akzente setzen zu wollen, den Versuch einer Rehabilitierung der lange Zeit geschmähten Salonkunst zu unternehmen – dazu bedarf es heute keines Wagemuts mehr und keiner Nachsicht heischenden Captatio benevolentiae im Vorwort. Lange schon ist die Kunst der deutschen Gründerzeit kein Stiefkind der Forschung mehr. Im Gegenteil: Es mehren sich die Stimmen, die die sträfliche Vernachlässigung der ›Wegbereiter‹ der Moderne beklagen. Die Pionierarbeiten von Beenken, Hofmann und Sternberger haben reiche, überreiche Früchte getragen. Die Kunstproduktion einer Epoche als komplexes Ganzes, das sich dem heutigen Betrachter über differenzierte Strukturidentitäten erschließt, zu begreifen, ist geradezu zum Gemeinplatz geworden.

Auch die vorliegende Arbeit versucht, einer Bewußtseinskonstante nachzuspüren, die Selbstbewußtsein und Selbstwertgefühl einer Künstlergeneration prägte, deren Schaffenshöhepunkt mit der als Gründerzeit bezeichneten Epoche der deutschen Geschichte zusammenfällt. Sie richtet ihr Augenmerk vor allem auf eine der deutschen Kunstliteratur spezifische Redaktion des Außenseitermythos, die mit dem Begriff ›verkannter Künstler‹ prägnant formuliert wurde. Dieser perpetuiert ein romantisches Kunstideal und verhindert m. E. bis in die jüngste Zeit den Zugriff auf eine Anzahl herausragender Künstlerpersönlichkeiten gerade der zweiten Hälfte des 19. Jahrhunderts, denen die Anerkennung zu Lebzeiten weitgehend versagt geblieben ist.

Postume Apologeten haben diese Künstler deshalb mit der Aura der Zeitlosigkeit umgeben. Doch die Zeitenthobenheit von Kunst ist eine Fiktion: Kunst ist in ihrem Entstehungsprozeß ebenso ihrer eigenen Gegenwart verbunden, wie sie in der Entfaltung ihrer Wirksamkeit in die Gegenwart des Betrachters eingreift. Qualität offenbart sie in der Möglichkeit solchen Brückenschlags.

Die quasi-mythische Verklärung eines Künstlers zum ›verkannten‹ Geisteshelden nebst apodiktischer Kanonisierung seines Werkes als vorbildhafter Kunstschöpfung erweist sich deshalb allzuoft als Sackgasse und hat selten länger als eine Generation Bestand. (Das vielschichtige Werk Feuerbachs ist da allerbestes Beispiel.) Es soll deshalb im folgenden der Frage nachgegangen werden, wie ausgeprägt das Gegenwartsbewußtsein einzelner deutschsprachiger Künstler der Gründerzeit gewesen ist und wie sehr sie dieses in ihrem selbstbildnerischen Schaffen bekundet haben. Die getroffene Auswahl wirkt auf den ersten Blick wenig repräsentativ und wenig verbindlich; dafür aber erschien sie mir symptomatisch, als facettenreiche Illustration von Zeitgeist: selbstbewußte Vertreter einer zweifelhaften Epoche oder umgekehrt – und in diesem Vexierspiel der Gegenwart des Autors unerwartet nahe.

Diese Arbeit wurde von der Philosophischen Fakultät der Universität zu Köln als Dissertation angenommen. Dankend und anerkennend möchte ich deshalb an dieser Stelle meine Lehrer erwähnen, die – jeder auf seine Weise – mitschuldig sind am Ergebnis: Prof. Dr. Rolf Christian Zimmermann, Prof. Dr. Renate Möhrmann, Prof. Dr. Joachim Gaus und vor allem natürlich mein Doktorvater, Prof. Dr. Hans Ost, dessen Bereitschaft zu anregender Auseinandersetzung nie nachließ. Vergessen werden sollen auch nicht die Freunde Angeliki, Johannes, Regina und Ulrike sowie meine Mutter, die Zuspruch gaben und durch Widerspruch motivierten; last, not least Nicholas, der mir ungewollt die Augen öffnete. Ihm ist diese Arbeit gewidmet.

Zwei Ritter
Einführung in Thema und Methode

Unter der Inventarnummer A 1024 findet sich in der Berliner Nationalgalerie das Bild eines bärtigen Ritters zu Pferde in voller Rüstung (Abb. 1). Von dem sich stolz aufbäumenden Schimmel herab sticht der gelassene Held die Spitze einer langen Lanze in die Brust eines sich am Boden windenden, krokodilartigen Untiers, eine düster verhangene Landschaft bildet die Kulisse des Geschehens. Der Titel des Bildes lautet *Der Drachentöter*, auch *Heiliger Georg*, der Ritter trägt die Züge des Künstlers, der ihn malte: Hans von Marées.

Die Entstehungsgeschichte des Bildes beleuchtet signifikant ein Künstlerschicksal. Hans von Marées verbrachte die letzten zwanzig Jahre seines Lebens in Italien, abgeschieden von aller Welt seine künstlerischen Idealvorstellungen kultivierend. Keines seiner Bilder wurde jemals zum Verkauf freigegeben. Sein Lebensunterhalt während all dieser Zeit war gesichert durch die finanzielle Unterstützung, die der wohlhabende Dresdener Industrielle und Kunsttheoretiker Konrad Fiedler ihm gewährte. Das Verhältnis von Künstler und Mäzen war während langer Jahre durchaus freundschaftlich, denn Fiedler stellte, völlig vom Genie des Malers überzeugt, keine Gegenforderungen für seine Zahlungen. Doch Anfang 1880 – Fiedler hatte seit nahezu zehn Jahren kein vollendetes Gemälde seines Schützlings mehr zu Gesicht bekommen – beginnt er plötzlich, an der künstlerischen Potenz des Malers zu zweifeln. Er äußert seine Bedenken vorsichtig in einem Brief und verbindet dies mit der eindringlichen Bitte, doch einmal etwas fertigzustellen.

Marées reagiert schroff, verärgert. Er fühlt sich angegriffen, in seinen ernstesten künstlerischen Absichten verkannt: »Die Antwort auf Ihren letzten Brief habe ich in der Erlegung eines Drachens niedergelegt: ein Miniaturbild, aber ich glaube kein schlechtes. Kurz: Eines steht fest, Menschen können mich nicht mehr aus meinem Standpunkt herausdrängen, klar und unerschrocken sehe ich der Zukunft entgegen. Wenn ich auch selber darüber zugrundegehe, ohne einige wohltätige Spuren wird meine Existenz nicht bleiben.«[1]

1 Hans von Marées, Der Drachentöter, 1880, Tempera und Öl auf Holz, 65 × 45 cm, Berlin, Staatliche Museen Preußischer Kulturbesitz, Nationalgalerie

2 Hans von Marées, Doppelbildnis Marées/Lenbach, um 1865, Öl auf Leinwand, 54,3 × 62 cm, München, Bayerische Staatsgemäldesammlungen, Neue Pinakothek

In seiner Antwort willigt Fiedler gewissermaßen in die Lösung der persönlichen Beziehungen ein, versichert aber, seinen selbstauferlegten Pflichten in jedem Fall weiter nachkommen zu wollen. Marées nimmt dieses Entgegenkommen wie selbstverständlich hin; er quittiert »die Anerkennung der Fiedlerschen ›Pflichten‹ wie eine ihm von Rechts wegen zukommende Schuld und behandelt die Sache rein geschäftsmäßig«.[2] Die von ihm erwähnten eigenen Pflichten werden nicht weiter konkretisiert. Fiedler selbst erwähnt sie ebenfalls mit keinem Wort. Marées' Lebensunterhalt bleibt bis zu seinem Tode (3.6.1887) gesichert, seine Bilder werden weiterhin nicht vor die Augen der Öffentlichkeit gestellt. Die Nachwelt aber besitzt ein Monument sich aufbäumenden Künstlerstolzes: »Der ritterliche Meister [...] im Kampf mit dem Drachen des Unverstandes.«[3]

Ein ritterlicher Meister ganz anderer Art begeistert die Gesellschaft im Jahre 1882: Franz Lenbach, seit vier Jahren Träger des Ritterkreuzes erster Klasse des kgl. Bayerischen Verdienstordens vom Heiligen Michael, wird zusätzlich mit dem Ritterkreuz des Verdienstordens der Bayerischen Krone ausgezeichnet. Damit verbunden ist die persönliche Nobilitierung: Franz Ritter von Lenbach, gefeierter Mittelpunkt der römischen und Münchener Gesellschaft, Porträtist all derer, die Rang und Namen haben am Ende des Jahrhunderts, ist seine gesellschaftliche Stellung mit dem Adelsdiplom verbrieft worden. Er heiratet standesgemäß – gleich zweimal: 1887 Magdalena Gräfin Moltke, 1896 Charlotte Freiin von Hornstein. In der Zwischenzeit baut er ein Stadtpalais in München, in feinster Zeitmanier renaissancistisch erdacht von Gabriel von Seidl, angemessenes Ambiente bedeutendster gesellschaftlicher Ereignisse und seiner selbst. Sein Tod am 6. Mai 1904 beraubt die Gesellschaftsspalten der Zeitungen eines ihrer Fixsterne.

Anfang der sechziger Jahre des Jahrhunderts standen beide Maler am Beginn ihrer Karriere. Beide arbeiteten gleichzeitig als Kopisten für den Grafen Schack, ihr weiterer künstlerischer und gesellschaftlicher Werdegang lag noch im dunkeln. Damals fertigte Marées sein Doppelporträt mit Lenbach an (Abb. 2). Es erscheint dem heutigen Betrachter wie eine vorwegnehmende Verkehrung dessen, was zwanzig Jahre später Wirklichkeit geworden ist, gewissermaßen eine antizipierende Travestie von Brechts Mackie-Messer-Ballade:

> Denn die einen sind im Dunkeln
> Und die andern sind im Licht.
> Und man siehet die im Lichte,
> Die im Dunkeln sieht man nicht.

Rund ein halbes Jahrhundert lang ist die Kunst des 19. Jahrhunderts fast ausnahmslos recht einseitig betrachtet worden. Die Kunsthistorikergenerationen, die seit der Jahrhundertwende ihre Stimme erhoben, standen unter dem Eindruck der endgültigen Anerkennung des Impressionismus und des nachfolgenden Aufstiegs der gegenstandslosen Kunst, in der man den Endpunkt der Entwicklung zur Autonomie der Kunst erkannt zu haben glaubte. Für die Kunstwissenschaft galt es – ganz im Sinne des allgemeinen ›Fortschritts‹-Denkens –, diesen scheinbaren Endpunkt als logisches Ziel darzustellen. Aus der Erscheinungsvielfalt der Kunstproduktion vor allem der zweiten Hälfte des Jahrhunderts wurde so eine schlüssige Stilabfolge herausgefiltert, die – in Kenntnis ihres Ziels und Erfolgs – als ›hohe Kunst‹ bezeichnet werden konnte. Es waren dies ausnahmslos jene Strömungen, die sich mit der Wiedergabe der Erscheinungswelt befaßt hatten und die über den Realismus der sechziger zum Impressionismus der siebziger und achtziger Jahre sowie in einer Seitenlinie über Cézanne zur gegenstandslosen Kunst am Beginn des neuen Jahrhunderts führten.

Ein soziologisches Phänomen scheint diese Konstruktion zu untermauern. Den im beschriebenen Sinne zukunftsweisenden Künstlern des 19. Jahrhunderts bleibt durchweg die unmittelbare künstlerische Anerkennung versagt. Sie stehen deshalb nicht nur in offenem Konflikt mit der anerkannten Kunst ihrer Zeit, sondern sind anscheinend sowohl im Willen als auch in der Möglichkeit gesellschaftlicher Integration deutlich behindert und benachteiligt. Das Verhältnis von Kunst und Gesellschaft gibt sich so als offenbar diskrepant zu erkennen, was im Umkehrschluß schließlich als Voraussetzung anerkennenswerten Kunstschaffens überhaupt angesehen zu werden scheint: Soziale Desintegration wird zum Maßstab kunsthistorischer Werturteile des 20. Jahrhunderts. Wer sich als Künstler in der zweiten Hälfte des 19. Jahrhunderts gesellschaftlichen Ansehens erfreut, wird dem 20. verdächtig. Seine Werke werden als ›Salonkunst‹ zur Unkunst degradiert und können deshalb guten Gewissens der Vergessenheit anheimfallen, in Depots und Fußnoten verbannt werden.

Ein solches Verfahren ist offensichtlich hilfreich, will man die Vielfalt künstlerischer Produktion im 19. Jahrhundert zu einem »Gänsemarsch der Stile« (W. Pinder)[4] schablonisieren. Es findet seinen Niederschlag noch in den entsprechenden Bänden der großen kunsthistorischen Überblickswerke der Nachkriegszeit. Man vergleiche in diesem Zusammenhang nur die Kapiteleinteilung des von Fritz Novotny verfaßten Bandes der *Pelican History of Art* aus dem Jahre 1960, der gleichzeitig ein beredtes Beispiel dafür ist, wie wenig die formalistische Aneinanderreihung von Stilbegriffen geeignet ist, allen relevanten Erscheinungen der Kunst vor allem der zweiten Hälfte des 19. Jahrhunderts gerecht zu werden: Eine Kapitelüberschrift wie »Intellectual Painting in the Latter Half of the 19th Century« belegt deutlich das Versagen der Stilbegriffe vor schwer klassifizierbaren Einzelphänomenen. Für den deutschen Bereich wird dieses Kapitel zum Sammelbecken all derer, die Richard Hamann die »größten Namen in der Geschichte des 19. Jahrhunderts« genannt hat.[5]

Hamann hatte bereits in seiner *Deutschen Malerei des 19. Jahrhunderts* 1914 zwei komplementäre Periodisierungen des Jahrhunderts vorgeschlagen. Neben drei Phasen malerischen Wachstums – Romantik, Biedermeier, Naturalismus/Impressionismus – konstatiert er drei Phasen der Dominanz der Form: Nazarenertum, Gründerzeit, Neuidealismus. Diese Terminologie ist fraglos unorganisch und unscharf und orientiert sich ebenfalls weitgehend an formalästhetischen Kategorien, überrascht jedoch durch die Einführung des Begriffs ›Gründerzeit‹ in den Kanon der Stile. Der Autor widmet gerade diesem Zeitabschnitt das ausführlichste Kapitel. »Nicht was sie [die Gründerzeit] uns zu bieten vermag«, bemerkt er zur Begründung, »sondern, was sie in sich gewesen ist, müssen wir fragen: die größte Zeit des 19. Jahrhunderts. [...] Bürgerlicher Geschmack großen Stils« sei ihr bestimmender Faktor.[6]

Gerade diese Feststellung führt ihn fünfzig Jahre später zu einem Verdikt der Epoche. In dem 1965 erschienenen, *Gründerzeit* betitelten ersten Band seiner gemeinsam mit dem Literaturwissenschaftler Jost Hermand publizierten Reihe *Epochen deutscher Kultur von der Gründerzeit bis zum Expressionismus* wird vor allem die Legitimationsfunktion der Kunst im Kontext eines vermeintlichen Identitätsverlusts des dritten Standes bei gleichzeitiger Ignoranz gegenüber dem wachsenden Industrieproletariat angeprangert: »Der Name Gründerzeit ist für viele mit dem Odium tiefsten Kulturverfalls verbunden«, liest man dort. »Man denkt an eine Zeit rücksichtslosesten Kapitalismus, deren Hauptbestreben es war, durch betrügerische Spekulationen Macht und Besitz an sich zu reißen und zugleich einem hemmungslosen Genußleben zu huldigen. [...] Aus dieser Situation heraus erwarten wir eine Kunst und einen Stil, wie er in unserer Vorstellung lebt, eine Kunst von Emporkömmlingen, die sich weniger für die persönliche Vertiefung in Kunstwerke mit gemütbewegender Intimität interessierten, als für Renommage mit durch Geld erworbener Fürstlichkeit.«[7] Es ist einleuchtend, daß solche apriorischen Abqualifizierungen der Kunstproduktion der Epoche ebenfalls nicht gerecht werden können, doch kommt Hamann/Hermand das Verdienst zu, Gründerzeit als »Epoche deutscher Kultur« eindeutig fixiert zu haben.

Der Begriff selbst ist jedoch kein kulturhistorischer Terminus im eigentlichen Sinne. Er entstammt dem sozioökonomischen Bereich und umreißt als deutsche Ausformung eines gesamteuropäischen Phänomens Höhepunkt und Ende des 19. Jahrhunderts als einer dezidiert bürgerlichen Epoche. Mit einer gewissen Phasenverschiebung gegenüber Westeuropa vollzieht sich im Gebiet des nachmaligen Kaiserreichs ungefähr seit der Jahrhundertmitte die Industrielle Revolution, die eine grundsätzliche Umstrukturierung des gesamten Wirtschafts- und Sozialgefüges nach sich zieht. Das zentrale politische Ereignis der Epoche ist die Reichsgründung 1871 nach dem Deutsch-Französischen Krieg und der Wirtschaftsboom der nächsten Jahre als Folge der hohen französischen Reparationszahlungen. ›Gründerzeit‹ im engeren Sinne bezeichnet den kurzen Zeitraum sprunghaften Wirtschaftswachstums zwischen dem preußisch-österreichischen Krieg 1866 und dem Wiener Börsenkrach 1873.

Ökonomische Prozesse durch solch konkrete Ereignisse scharf begrenzen zu wollen, wäre jedoch verfehlt. Die Wandlung Deutschlands vom Agrarstaat zur schließlich führenden Industrienation Europas nimmt ihren Ausgang von der Verbesserung der Infrastruktur durch den schnellen Ausbau des Eisenbahnnetzes und vollzieht sich kontinuierlich bis zum Ausbruch des Ersten Weltkriegs. Diese Entwicklung führt zu Kapitalakkumulation größten Ausmaßes in bürgerlichen Händen, so daß sich dem klassischen deutschen Bildungsbürgertum und dem schlichten kleinstädtischen Handwerker oder Kaufmann des Biedermeier der kapitalstarke Industriemagnat als neue Facette des Spektrums bürgerlicher Gesellschaft hinzugesellt, der schließlich neue schichtenspezifische Verhaltensnormen entwickelt.

Entscheidend ist dabei, daß trotz der Dominanz im ökonomischen Bereich der politische Einfluß des Großbürgertums weitgehend eingeschränkt bleibt. Zwar wird das Parlament des deutschen Einheitsstaats in gleicher Wahl von allen Männern über 25 Jahren gewählt, doch sind die Parlamentarier von der Ausübung der politischen Macht vollständig ausgeschlossen. Die Laufbahnen des Militärs, der Verwaltung und des diplomatischen Dienstes bleiben dem Adel vorbehalten. So kommt es, daß die überkommene, adelig bestimmte Sozialordnung faktisch bestehen bleibt. Die ererbte Stellung der Aristokratie bleibt gegenüber der selbsterworbenen Position der ›Gründer‹ weiterhin gesellschaftliches Leitbild. Diese Diskrepanz von wirtschaftlicher Macht und gesellschaftlichem Ansehen hat ein soziales Kompensationsverhalten des wohlhabenden Bürgertums zur Folge: Es drängt entschieden zur Nobilitierung oder konzentriert sich zumindest darauf, seinen Reichtum nach außen deutlich zu bekunden. Repräsentative Selbstdarstellung des Industriebürgertums bestimmt so das letzte Drittel des 19. Jahrhunderts. Ihr Orientierungspunkt ist die Aristokratie, die Kunst dient ihr als probates Mittel zum Zweck. Daß dem quasiaristokratischen Erscheinungsbild der Epoche ein bürgerlich-dynamisches Selbstverständnis zugrunde liegt, wird dabei leicht übersehen.

Seine deutlichste geistesgeschichtliche Ausformung findet ›Gründergeist‹ in der Heroisierung des großen Einzelnen. Nicht ohne Grund ist auch der Epochenbegriff personenbezogen: ›Gründerzeit‹ – nicht ›Gründungszeit‹, eine Welt von Selfmademen in allen gesellschaftsrelevanten Bereichen, sei es nun Politik, Wirtschaft oder Wissenschaft. Die Geschichte, favorisierte geisteswissenschaftliche Disziplin der Epoche, leistet dieser Ideologie Vorschub durch einen ausgeprägten Biografismus (Treitschke, Hermann Grimm, Carl Justi).

Bezeichnend ist in diesem Zusammenhang Carl Werckmeisters fünfbändiges Werk zur Zeitgeschichte, *Das 19. Jahrhundert in Bildnissen*, erschienen 1898–1901, dem folgende Bemerkung vorausgeschickt wird: »In den Gesichtszügen seiner großen Männer spiegelt sich der Charakter des Jahrhunderts. Was dieser Zeit innewohnte an Willenskraft, Arbeitslust und Tatendrang, an Unerschrockenheit und kühnen Entschlüssen, an strengem Forschergeist und Grüblersinn, an Träumereien und künstlicher [!] Phantasiefreude: alles das kommt in den Zügen unserer Geisteshelden zum Ausdruck. Große Männer – und große Frauen – sind unsere wahren Erzieher; sie befreien unsere Persönlichkeit aus den Fesseln der Gewohnheit und der Trägheit, ihre Bildnisse sollen uns wie unsere besten Freunde vertraut sein.«[8]

Für die Kunst können solche ideologischen, ökonomischen und politischen Umwälzungen nicht ohne Folgen bleiben. Ideengeschichtlich-ikonografische Untersuchungen, die deutlich einem romantischen Kunstideal verpflichtet bleiben, wie zum Beispiel die Arbeiten Beenkens oder Hofmanns aus den Jahren 1944 und 1960 (Neuaufl. 1979), werden deshalb, allen erhellenden Einzelerkenntnissen zum Trotz, dem letzten Drittel des Jahrhunderts auch nur schwer gerecht, wenn sie die leidvolle Perpetuierung des dichotomischen Charakters des Verhältnisses von Kunst und Gesellschaft feststellen. Vor allem was die Person des Künstlers selbst angeht, sind die Ergebnisse dieser Untersuchungen im gleichen Maße Produkt vorgefaßter Meinungen wie solche, die von einem starr ökonomisch argumentierenden marxistischen Ansatz ausgehen.

Dolf Sternberger versuchte 1938, solche Deutungsmuster zu umgehen, indem er sich der an Benjamin orientierten ›physiognomischen Methode‹ bediente. Es gelang ihm damit, durch die Beschreibung assoziativ aneinandergereihter Einzelphänomene der deutschen Kulturlandschaft zwischen 1860 und 1900 die Komplexität der Erscheinungen dieses Zeitraums erstmals zumindest ansatzweise darzustellen.

Es ist nämlich ebensowenig angebracht, Formen bürgerlicher Kultur von vornherein abzuqualifizieren, wie ein romantisches Bild vom Künstler zu verabsolutieren. Wenn die bürgerliche Klasse »als prägende Kraft hervortritt und mehr oder minder stark die allgemeinen Gesinnungen und Lebensformen bestimmt«[9] und sich zudem die sozioökonomischen Bedingungen so grundlegend wie oben angedeutet von denen der ersten Jahrhunderthälfte unterscheiden, bleibt dies zwangsläufig nicht ohne Folgen für die materielle Existenz wie für das Bewußtsein der Künstler. Veränderungen des Marktes in Form eines sich wandelnden Auftraggeberkreises oder geänderter technischer Gegebenheiten – zu denken ist hier unter anderem an die wachsende Mobilität durch die verbesserte Infrastruktur in ganz Europa, die Entwicklung neuer synthetischer Malmittel durch die aufblühende chemische Industrie, geänderte Beleuchtungsmöglichkeiten durch Gas und Elektrizität – schaffen neue Produktionsbedingungen. Die Umstrukturierung des Gesellschaftsgefüges auf der anderen Seite macht es für den per definitionem ungebundenen Einzelnen notwendig, seinen Sozialstatus neu zu bestimmen, die ihm zugewiesene Rolle zu akzeptieren oder abzulehnen.

Das Künstlerpaar Lenbach/Mareés – zweckdienlich auf dem Doppelporträt von 1865 vereint (Abb. 2) – verdeutlicht für weite Teile der Kunstkritik und -wissenschaft des 20. Jahrhunderts eben diese Polarität von Akzeptanz und Opposition. ›Malerfürst‹ und ›verkannter Künstler‹ sind die probaten Epitheta zu ihrer Klassifizierung. Sie werden bereits von Zeitgenossen des ausgehenden 19. Jahrhunderts zur Fixierung von Einzelphänomenen künstlerischer Existenz und Lebensform der Gründerzeit verwandt.

Die klare Definition des Begriffs ›Malerfürst‹ fällt nicht weiter schwer. In der Kunstliteratur der Gründerzeit wird er gerne – und vorbehaltlos anerkennend – verwandt. Künstler wie Tizian, Rubens und van Dyck sind seine Ahnherren. Seine Bedeutung erklärt sich damit von selbst: Der Malerfürst der Gründerzeit ist der Prototyp des anerkannten, offiziellen – wenn nicht offiziösen – Künstlers, dessen künstlerisches Ansehen in Wechselwirkung steht mit der herausragenden Stellung, die er im gesellschaftlichen Leben seiner Zeit einnimmt.

Eine eindeutige Bestimmung des ›verkannten Künstlers‹ ist dagegen erheblich schwieriger. ›Verkanntsein‹ – das bedeutet für den Kunsthistoriker und Biografen im günstigsten Fall das Ausbleiben der angemessenen Beurteilung und Würdigung des jeweiligen Künstlers durch seine Zeitgenossen. Um einen Künstler aber als ›verkannt‹ erkennen zu können, bedarf es einer späteren, im Idealfall postumen Rehabilitierung und Neubewertung seiner Person und seines Werkes. Gerade in den euphorischen Anfangsphasen solcher ›Umwertungsprozesse‹, besonders in der Kunstkritik und -geschichtsschreibung der Jahrhundertwende und des frühen 20. Jahrhunderts, gerinnt ein solcher Sachverhalt bei den Apologeten des Betreffenden häufig zum Topos, der den Blick auf dessen reale Lebens- und Arbeitsumstände verstellt. Das Fehlurteil der Zeitgenossen wird zu schroffer, kurzsichtig-konventionsverhafteter Feindseligkeit stilisiert, Desinteresse oder Ablehnung von seiten des Publikums als Mangel an Kennerschaft oder als generelle Kunstunkundigkeit, ja Kunstunwürdigkeit der Massen ausgelegt. Folge solchen Fehlverhaltens der Umwelt ist dann die völlige Vereinsamung des Künstlers, sein Rückzug in eine hehre Ideen- und Kunstwelt, schließlich sein seelisches Zerbrechen an der Diskrepanz zwischen seiner künstlerischen Potenz und der ausbleibenden Anerkennung. Folge ist auch ein Leben in Not und Bitternis, stets höchstens mit dem Nötigsten versehen, dessen es zum Existieren bedarf.

Die grundsätzliche Fragwürdigkeit des Begriffs verdeutlichen am besten Franz Rohs gleichnamige »Studien zur Geschichte und Theorie des kulturellen Mißverstehens« aus dem Jahre 1948. Im historischen Teil der umfangreichen Arbeit beschäftigt er sich in biografischen Einzelkapiteln hauptsächlich – im Bereich der bildenden Kunst ausschließlich – mit Künstlern des 19. Jahrhunderts. Man vermißt keinen der geläufigen Namen dieser Epoche. Dabei beruft sich der Autor weitgehend auf Aussagen der Künstler selbst, die in der Regel nicht an der Lebenswirklichkeit der Betroffenen gemessen werden. Je pathetischer deren Klage, um so dramatischer und anklagender wird auch Rohs Darstellung. Durch die Anhäufung großer Namen wird ›Verkanntsein‹ so letztendlich zum Qualitätsmerkmal. Rohs Werk, das man durchaus als verspätete Reaktion auf den Schock faschistischer Bücherverbrennung und nationalsozialistischen Bildersturms begreifen kann, stellt in seinem topisch-affirmativen Charakter eine authentische Quelle dar für das, was Kris/Kurz die »Legende vom Künstler« genannt haben[10], indem es nämlich eine offenbar unabdingbare Komponente wahren Künstlertums fixiert.

Ähnliches leistet die Arbeit von Rudolf und Margot Wittkower für die bildenden Künstler des 16. bis 18. Jahrhunderts.[11] Sie sucht, weniger pathetisch als Franz Roh und in vollem Bewußtsein der Vitentopik, den idealtypischen Künstler in seiner Andersartigkeit, seiner Entfremdung von der Gesellschaft festzumachen. Die nachaufklärerische Idee des zwangsläufigen Zusammengehens von Künstlertum und gesellschaftlicher Desintegration wird jedoch auch in dieser Untersuchung quasi-ideologisch festgeschrieben.

Es sei hier nicht in Abrede gestellt, daß der Künstler, vor allen Dingen der nicht marktkonforme, innovative und/oder individualistische Künstler, in der entstehenden und fortschreitenden Industriegesellschaft in der Tat eine Sonderexistenz darstellt. Man muß sich jedoch davor hüten, von künstlerischer Andersartigkeit oder Einzelgängertum quasi-mechanistisch Rückschlüsse zu ziehen sowohl auf die Haltung des Künstlers gegenüber der ihn umgebenden Gesellschaft und umgekehrt als auch auf seine reale soziale Stellung: Nicht jeder Avantgardist ist auch Revolutionär, nicht jeder, dessen Bilder nicht gekauft werden, wird gleich ins gesellschaftliche Abseits gedrängt.

Um den Versuch einer Antwort auf die Frage, welche reale gesellschaftliche Stellung der Künstler im ausgehenden 19. Jahrhundert einnimmt und – *vice versa* – welche Stellung er für sich beansprucht und wie er seine Ansprüche deutlich macht, soll es in dieser Arbeit gehen, nicht also darum, zu fragen, ob ein Künstler eigene Wege geht, künstlerischer Außenseiter in seinen Absichten und mit seinem Werk ist. Bei der eminenten Bedeutung, die der Kunst in der Gründerzeit zukommt, spricht große Wahrscheinlichkeit für eine grundsätzliche Bereitschaft der Gesellschaft, den Künstler als außergewöhnliches Mitglied in ihre Reihen aufzunehmen oder ihn sogar als Leitbild anzuerkennen, in intellektueller Hinsicht wie auch in Fragen praktischer Lebensführung. Der Makartstil der siebziger und achtziger Jahre ist in diesem Zusammenhang ebenso aussagekräftig wie die Entwicklung der aus dem *épater le bourgeois* geborenen Lebensformen der Boheme und des Dandy zum extravaganten Spektakel des Bürgers für den Bürger.

Was nun die gesellschaftlichen Ambitionen der Künstler selbst angeht, erscheint es wenig sinnvoll, sich zu sehr auf die überlieferten Äußerungen der Betroffenen zu verlassen. Aus ihnen spricht allzu oft pathetisches Selbstmitleid. Ihre unkritische Übernahme verstärkt die Mythenbildung, wofür die oben angeführte Arbeit Rohs aussagekräftiges Beispiel ist. Der Mythenbildung aber soll entgegengewirkt werden, gerade derjenigen, die die deutsche Kunstliteratur an Gestalten des ausgehenden 19. Jahrhunderts vollzogen hat. Deshalb konzentriert sich die vorliegende Arbeit auf drei Künstler, deren Leben und Werk sich als besonders geeignet und anfällig erwiesen haben für solche Argumentationsweisen. Gemeint sind die sogenannten ›Deutschrömer‹ Mareés, Böcklin, Feuerbach. Alle drei gelten als ›verkannt‹ – wenn auch in unterschiedlichem Ausmaß und auf verschiedene Weise. An ihrem ›Verkanntsein‹ versuchte die nachgründerzeitliche Kunsthistorikergeneration, beispielhaft die Kunstunkundigkeit von Publikum und Kritik dieser Epoche zu verdeutlichen und auf diese Weise ein gleichwertiges deutsches Gegengewicht zum inzwischen siegreichen französischen Impressionismus zu schaffen. Diese Versuche waren damals zumeist stark nationalistisch – wenn nicht gar chauvinistisch – geprägt, wirken jedoch bis heute fort. Denn noch immer scheint es die Hauptaufgabe weiter Teile der mit dem 19. Jahrhundert befaßten Kunstgeschichtsschreibung zu sein, implizite und explizite Verbindungen einzelner Künstler zur ›Moderne‹ herzustellen. Fast alle Werkverzeichnisse und Ausstellungskataloge der Nachkriegszeit zu Künstlern jenes Zeitraums scheinen vornehmlich dieses Ziel zu verfolgen.

Zu Ruhm gelangten die oben genannten Künstler erst postum, mit Ausnahme Böcklins, der noch zu Lebzeiten – etwa seit den achtziger Jahren – hohes Ansehen genoß. Überhaupt nimmt Böcklin unter den ›verkannten‹ Künstlern der zweiten Hälfte des Jahrhunderts eine Sonderstellung ein und vermittelt, was Lebensweg und Rezeption angeht, gewissermaßen zwischen diesen und den Malerfürsten, die als Vergleichsbeispiel herangezogen werden sollen, um zu verdeutlichen, welche realen gesellschaftlichen Möglichkeiten bestanden und wie sie genutzt wurden.

Franz von Lenbach und Hans Makart stehen stellvertretend für den Erfolgskünstler jener Jahre. Als deutliche Orientierungspunkte der Geschmackskultur ihrer Zeit und anerkannte Mittelpunkte der Gesellschaft findet in beiden das Bild des Gründerzeitkünstlers seine entschiedenste Ausprägung. Beide sind vollgültige Repräsentanten ihres Zeitalters in gesellschaftlicher Hinsicht – aber auch in künstlerischer, wenn man einmal den Publikumsgeschmack als maßgeblich ansieht. Denn ihre Kunst ist gefragt, sie werden mit Aufträgen überhäuft. Bei der Nachwelt hingegen findet ihr Ruhm kaum Widerhall. Vernachlässigt vom breiten Publikum, erfreuen sie sich – abgesehen von einer gleichfalls symptomatischen Rezeptionshausse im Rahmen der faschistischen Kulturpolitik – vor allem in den sechziger und siebziger Jahren nachhaltigen Interesses im Zuge der Gesamtaufarbeitung der Kunst des 19. Jahrhunderts. Rezeptionsgeschichtlich betrachtet sind der Typus des ›verkannten‹ Künstlers und der des Malerfürsten einander also in der Tat diametral entgegengesetzt.

Ausgangspunkt der Argumentation werden die Selbstbildnisse der genannten Künstler sein, denn in ihnen thematisieren diese ausdrücklich sich selbst als konkrete Person. Als Produkte des dem Künstler *eo ipso* eigenen Mediums sind sie zweifellos von höherer, weil unmittelbarer Ausdruckskraft als die schriftlichen Einlassungen der betreffenden Maler. Der literarischen Autobiografie vergleichbar, verbinden sich dabei Bewußtes und Unbewußtes, Realität und Fiktion, Dichtung und Wahrheit; das heißt, daß sich im Selbstporträt ebenso die ›objektive‹ Wirklichkeit des Künstlers und seiner Lebensumstände widerspiegeln mag wie auch seine Wunschvorstellungen.

Damit ist nicht in Abrede gestellt, daß das Selbstbildnis in der Regel physiognomisch als richtig anzusehen ist, daß sein Ausgangspunkt der Versuch des Künstlers ist, ein Bild seiner physischen Erscheinung zu geben. Doch ist dies nur einer seiner Bedingungsfaktoren. Zahlreiche Beispiele aus der Geschichte der Selbstporträts seit dem ausgehenden 15. Jahrhundert sprechen dafür, daß der Künstler in erster Linie eine Vorstellung von sich malt, ein Bild, das er seiner Umwelt zu vermitteln beabsichtigt: ›Vorstellung‹ also im reinsten Sinne des Wortes.

Das Selbstporträt soll deshalb verstanden werden als bewußte und gezielte Präsentation des Künstlers vor der Öffentlichkeit. Er setzt sich auf diese Weise in Beziehung zu seiner Umwelt: Dem Publikum stellt er das Bild des Künstlers vor und erfüllt damit ebenso bereits vorhandene Erwartungshaltungen, wie er neue Vorstellungen prägen kann. Er gliedert sich in einen sozialen Kontext ein und bietet bei Betrachtung aus historischer Distanz die Möglichkeit, anhand dieser Bildnisse Rückschlüsse zu ziehen auf seine Standortbestimmung innerhalb dieses Gefüges.

In der allgemein recht dürftigen und häufig populärwissenschaftlichen Literatur zum Selbstbildnis sind Versuche in dieser Richtung nur schwer auszumachen. Für das deutsche Selbstbildnis der zweiten Hälfte des 19. Jahrhunderts kommt dabei erschwerend hinzu, daß seine formalästhetische, kunstimmanente Bedeutung gemeinhin als geringer angesehen wird als diejenige der anerkannten außerdeutschen Avantgarde. In der monografischen Literatur zur Gattung, die 1908 mit einem umfangreichen Kapitel in Wilhelm Waetzoldts *Kunst des Porträts* einsetzt, ist es deshalb weitgehend vernachlässigt und nicht einmal ansatzweise im Zusammenhang gewürdigt worden.

Selbstbildnisse sind beredte Manifestationen des Selbstbewußtseins ihrer Schöpfer. Sie reden in der direkten Konfrontation eine unmittelbare

Sprache. Doch stellen sich der Übertragung der aus der Anschauung gewonnenen Erkenntnis in einen sprachlichen Diskurs offenbar kaum überwindliche Hindernisse entgegen. Die gesamte Literatur zur Gattung redet von nichts anderem. Aus der Machtlosigkeit des Kommentators vor dem losgelöst betrachteten Objekt erwachsen stilkritische oder ikonografische Zustandsbeschreibungen und psychologisierende Deutungen, deren Parameter die Biografie des Künstlers und/oder das Vor-Urteil des Interpreten ist. So ist die spezielle Selbstbildnisliteratur seit ihren Anfängen vornehmlich Tummelplatz projektiver Einfühlungsästhetik; ihre vermeintlichen Ergebnisse entpuppen sich häufig als eine Bestätigung vorab erkannter Wahrheiten, ihr Tenor ist zumeist lebensphilosophisch-idealistisch, ihr Sprachduktus emphatisch. Sie ist anschauliches Beispiel für das, was man, eine Begriffsbildung Aby Warburgs aufnehmend, »enthusiastische Kunstgeschichte«[12] nennen kann, und scheint im großen und ganzen hauptsächlich dazu geeignet, Goethes Distichon zu bestätigen:

»Im Auslegen seid frisch und munter,
Legt ihr's nicht aus, so legt was unter!«[13]

Es wäre vielleicht gar nicht abwegig, für die kunsthistorische Arbeit mit Selbstporträts einen weiteren Gedanken Aby Warburgs aufzugreifen, den nämlich, den er für das unvollendet gebliebene Projekt des Bildatlasses *Mnemosyne* entwickelt hat. Den kommentarlos zusammengestellten Bildnissen würde dabei ihre unmittelbare Aussagekraft bewahrt, der Interpret träte nur noch als Vollstrecker einer Ordnung in Erscheinung, die sich in ihrem Vollzug aus der den Objekten innewohnenden Bedeutung im erkennenden Subjekt quasi von selbst ergibt. Doch da, abgesehen von den rein technischen Problemen solcher Vorgehensweise, gerade in der wissenschaftlichen Argumentation die Notwendigkeit begrifflicher Fixierung ohne weiteres nicht von der Hand zu weisen ist, erscheint es angebracht, neben den vorgeführten Selbstporträts auch sprachlich leichter faßbare Äußerungen der Künstler, ihrer Umwelt und ihrer Nachwelt heranzuziehen, die Licht werfen auf das Selbstverständnis des betreffenden Malers, als dessen unmittelbare Materialisation das Selbstbildnis anzusehen ist.

So werden den Hauptteil der folgenden Arbeit fünf monografische Kapitel zu den Selbstbildnissen der ausgewählten Künstler ausmachen. Bei ihrer Analyse ist die zeitliche Abfolge der einzelnen Werke von sekundärer Bedeutung, denn es geht nicht darum, Entwicklung und Lebensweg eines Künstlers anhand seiner Selbstaussagen zu verfolgen. Auch historisch-ikonografische Probleme, Vorformulierungen von Bildnistypen, werden weitgehend außer acht gelassen. Solche Motivfiliationen sind eher dazu geeignet, historisches Bewußtsein zu belegen, als Zeugnis zu sein für die Zeitgenossenschaft ihres Schöpfers. Bei aller Anerkenntnis der Geschichtsfixiertheit des 19. Jahrhunderts ist der Zeitgeist einer Epoche aber in erster Linie Ausdruck von Gegenwartsbewußtsein. Sucht man ihn in potentiellen Reaktionen auf konkrete soziale Gegebenheiten zu finden, scheint eine ›synchronische‹ Betrachtungsweise eher angebracht.

Denn sinnvoller, als die Kenntnis alter Meister nachzuweisen – was im übrigen für einen Maler des 19. Jahrhunderts, der seine Karriere in der Regel als Kopist beginnt, in jedem Fall eine Selbstverständlichkeit ist –, das heißt, den Schritt von der Gegenwart des Künstlers in dessen Vergangenheit zu tun und dabei weiterhin Erkenntnisse vorzutragen, die gerade für die hier behandelten Meister in der älteren Literatur schon in angemessener Breite vorgestellt wurden – sinnvoller ist es, den Blick auf die Zukunft des Künstlers, das heißt die Gegenwart des Interpreten zu richten. Nicht nur, daß die These Walter Benjamins: »Immer bleibt der Sprechende von der Gegenwart besessen. Also ist er verflucht, nie das Vergangene zu sagen, das er doch meint«[14], grundsätzlich jedem Interpreten historischer Phänomene bewußt sein sollte; darüber hinaus ist gerade die Beschäftigung mit jüngerer Vergangenheit immer deutlich gegenwartsrelevant, und besonders das ausgehende 19. Jahrhundert ist in seinen sozialen, ökonomischen und kulturellen Tendenzen unserer heutigen Gegenwart in starkem Maße verwandt. So wird jede Beschreibung dieser Zeit für den gegenwartsbewußten Interpreten zwangsläufig zur impliziten Auseinandersetzung mit dem Jetzt.

Historisch-ikonografisches Material wird also nur ergänzend und in Einzelfällen herangezogen werden, vornehmlich in solchen, bei denen die zeitgenössische Kritik diesem Aspekt des Bildes besondere Bedeutung beimißt. Es wird somit auch eher dem rezeptionsgeschichtlichen Moment der Analyse zugerechnet werden, das besonderes Gewicht erhalten soll. Denn die durch ein Kunstwerk vermittelte Aussage muß ja letztendlich auf ihre Wirksamkeit hin untersucht werden. Die zeitgenössische Kunst- und Unterhaltungspublizistik sowie die Tagespresse bieten ausreichend Material, um den Bekanntheitsgrad und die Aufnahme einzelner Selbstaussagen der Künstler bei Publikum und Kritik zu überprüfen. Das Verhältnis von Anspruch und Wirklichkeit wird so um vieles deutlicher.

Solches Material ist selbstverständlich reichhaltiger für die Malerfürsten verfügbar. Um beim Bild des ›Fürsten‹ zu bleiben, kann man sogar von einer regelrechten Hofberichterstattung aus ihren Ateliers und Palais sprechen. Ihre Kunst ist nicht losgelöst zu betrachten von ihrer Lebensgestaltung, die sich fast vollständig im Lichte der Öffentlichkeit vollzieht. Was die Kontaktaufnahme des Künstlers mit seinem Publikum betrifft, so stellen Selbstbildnisse für diesen Künstlertyp nur einen Aspekt dar aus einer ganzen Palette anderer Möglichkeiten. Will man das gesamte Spektrum ihrer Selbstpräsentation erfassen, so muß man von der speziellen Form des Selbstporträts zu dem allgemeineren Phänomen künstlerischer Selbstdarstellung übergehen. Darunter ist das Öffentlichmachen weiter Teile des eigentlich privaten Bereichs zu verstehen, der bewußt inszeniert wird. Dies betrifft vor allem den künstlerischen Schaffensprozeß selbst und äußert sich am nachdrücklichsten in der Öffnung der Ateliers für Besucher, wird aber auch in der Zurschaustellung der eigenen Person auf Festen und öffentlichen Veranstaltungen deutlich.

Voraussetzung für die Möglichkeit solcher Selbstdarstellung ist das Aufblühen der (populär-)wissenschaftlichen Kunstliteratur in Buch- und Zeitschriftenform gegen Ende des Jahrhunderts, Hand in Hand mit der ständigen Verbesserung fototechnischer Bildwiedergabe. Der Kunstjournalismus verbreitet die Nachricht von Künstlerfesten, gibt Berichte aus dem Atelier und vom täglichen Leben der Künstler, die garniert werden mit Interieuraufnahmen aus Werkstatt und Wohnung, nicht zuletzt auch mit Wiedergaben von Selbstbildnissen. Nur so wird die immense Popularität einzelner Künstlerpersönlichkeiten der Zeit verständlich, die Tatsache, daß ihre Züge ebenso bekannt sind wie die eines Herrschers oder Staatsmanns und ihre Lebens- und Wohnkultur für Jahrzehnte stilbildend wirken kann.

Die fünf für diese Arbeit ausgewählten Künstler umreißen trotz der fraglosen Begrenztheit der Auswahl ein relativ breites Spektrum von Möglichkeiten, sowohl, was ihr Leben, als auch, was ihre Kunst betrifft. Dies hat zur Folge, daß die einzelnen Kapitel der Arbeit sich relativ stark voneinander unterscheiden, denn es sollte versucht werden, die jeweils angemessene Darstellungsform zu finden. Erst in der Gesamtschau werden die anfänglich heterogen anmutenden Erscheinungen als einander ergänzende Facetten deutlich.

Zur Klärung einzelner Verbindungsstränge sind zwischen die fünf Hauptkapitel Exkurse eingeschoben. Diese sind im Gegensatz zu den auf die Selbstäußerungen der Künstler bezogenen Hauptkapiteln eher an der

Rezeption von Mensch und Werk orientiert. Sie stellen jeweils einen Einzelaspekt im Vergleich vor, sind jedoch stets von besonderer Relevanz für den gerade zuvor behandelten Künstler. Die Selbstäußerungen und ihre Wirkung bedingen sich wechselseitig und ergänzen einander zum vollständigen Bild des konkreten Künstlers wie des allgemeinen Künstlertyps. Der Reflex des Publikums wirft ein bezeichnendes Licht auf das Selbstverständnis des Künstlers.

So soll der erste Exkurs im Anschluß an die Ausführungen zu Hans von Marées die Fixierung einer realen Person auf den Typus ›verkannter Künstler‹ durch deren postume Apologeten aufzeigen. Das auf Lenbach folgende Zwischenkapitel beschreibt den eigentümlichen Denkmalcharakter des Lebens- und Arbeitsbereichs eines Künstlers für dessen Mit- und Nachwelt. Am Beispiel Böcklins soll die Unangemessenheit von Selbstbildnisdeutungen durch ihre offensichtliche Willkürlichkeit demonstriert werden, die eine explizite Gegenbeweisführung unnötig macht. Schließlich folgt auf Makart ein letzter Exkurs, der den Bestattungsfeierlichkeiten für die Künstler gewidmet ist. Der Tod eines Künstlers ist der historische Moment, an dem sein Wirken, sein schöpferischer Eingriff in die Gegenwart, übergeht in sein Andenken, das seinem tätigen Einfluß entzogen ist, die Wende von Zeitlichkeit in Überzeitlichkeit. Einzelne ausführlich zitierte zeitgenössische Beschreibungen der Feierlichkeiten illustrieren diesen Vorgang.

Zwar werden die Exkurse Unterschiede zwischen den Künstlern aufzeigen, doch sollen sie in der kontrastierenden Gegenüberstellung innerhalb dieser Zwischenkapitel selbst wie auch zu den deskriptiv-deutenden Hauptkapiteln strukturelle Identitäten herauskristallisieren, mittels derer schließlich eine Grundkonstante des Selbstverständnisses von Künstlern der Gründerzeit gefunden werden kann, die dazu geeignet ist, die von ganzen Kunsthistoriker- und -kritikergenerationen konstruierte und bewahrte Antinomie, die den Erfolgskünstler einem vermeintlich mißachteten Künstlertypus entgegenstellt, vermeintlich gedankenlose Salonkunst und offenbar gedankenschwere Außenseiterkunst strikt voneinander trennt, zumindest teilweise in Frage zu stellen. Denn zumindest eine Gemeinsamkeit fällt bereits vorab auf: Alle fünf Maler sind im ersten Drittel des 19. Jahrhunderts geboren und wuchsen so aus der beengten Welt des Biedermeier bruchlos in die Gesellschaft des sich politisch konsolidierenden und wirtschaftlich expandierenden Zweiten Deutschen Kaiserreichs hinein. Sie sind nicht Kinder dieses Gesellschaftssystems, sondern gehören der Generation seiner Gründer an. Solche Übergangszeiten aber bieten vielerlei Möglichkeiten affirmativen wie oppositionellen Verhaltens, ein weites Feld der Bewährung also für ritterliche Veranlagungen jedweder Art.

Hans von Marées

»Hätte man die Welt der Ungerechtigkeit zeihen, hätte man ihr Schuld geben können, daß sie aus Unverstand oder bösem Willen ein ihr dargebotenes Gutes und Bedeutendes zurückgewiesen, in notgedrungene Vereinsamung gebannt habe, man würde in der Äußerung solcher Anklagen eine gewisse Befriedigung haben finden können. Aber der Welt war tatsächlich kaum Gelegenheit geboten worden, einen Blick in das geheimnisvolle Schaffen dieser merkwürdigen Persönlichkeit zu tun.«[1]

Die »merkwürdige Persönlichkeit«, von der hier die Rede ist, heißt Hans von Marées. Sein Freund und Mäzen Konrad Fiedler fällt dieses Urteil in einer Würdigungsschrift für den Künstler, die 1889, zwei Jahre nach dem Tod des Malers, als Privatdruck erschien und später an verschiedenen Stellen nachgedruckt wurde.

Man kann und sollte Fiedler ruhig Glauben schenken: Seit 1868 nimmt er Anteil am künstlerischen Werdegang Marées', mehr als das, erst die finanzielle Unterstützung, die er dem Maler von diesem Zeitpunkt an bis zu seinem Tode gewährt, ermöglicht diesem eine Existenzform, bei der er auf Öffentlichkeitswirksamkeit seiner Kunst völlig verzichten kann, da er sie nicht mehr zur Sicherung seines Lebensunterhalts einzusetzen braucht.

Fiedler tritt zu diesem Zeitpunkt an die Stelle des Münchener Kunstmäzens Graf Adolf von Schack, der Marées ab 1864 mit Geld und Aufträgen bedacht hatte. Der Künstler, 1837 geboren, war damals 26 Jahre alt und weilte nach einer kurzen Lehrzeit im Atelier Carl Steffecks in Berlin seit 1857 in München, wo er sich, Ausbildungstraditionen wie Zeittendenzen folgend, zunächst Militärdarstellungen widmete.

Nur für diesen Zeitraum bis 1864 hat Meier-Graefe die Ausstellung einer Reihe von Bildern vornehmlich im Münchener Kunstverein nachweisen können. Das letzte ausgestellte Gemälde ist *Die Schwemme*[2], eben jenes Bild, das Schack auf den jungen Künstler aufmerksam machte und das er für seine Galerie erwarb. Bezeichnenderweise ist dies mit Ausnahme zweier ebenfalls für Schack gemalter römischer Landschaften[3] auch das letzte bezeichnete Werk des Künstlers, deutliches Indiz für den bewußten Öffentlichkeitsverzicht des Malers Marées.

Kaum ein Künstler des 19. Jahrhunderts kann sich einer solch uneingeschränkten Förderung erfreuen und sich – auf diese Weise befreit von materieller Bedrängnis – ganz seinen persönlichen künstlerischen Ambitionen widmen. Erst das hinterlassene Gesamtwerk, das sich bei allem Fragmentcharakter der Einzelstudien doch als in sich abgerundet zu erkennen gibt, wird der Öffentlichkeit zugänglich gemacht.

Trotzdem wird Marées gerne als das Musterbeispiel eines ›verkannten‹ Künstlers angeführt. Rohs Ausführungen sind hier symptomatisch. Zwar weiß er »gar nicht viel zu berichten«, kommt schließlich jedoch zu einem dem Fiedlerschen Urteil diametral entgegengesetzten Ergebnis: »Hier verkennt man weniger durch heftiges Befehden als vielmehr durch bares Übergehen, glattes Vorbeisehen.«[4] In der Tat beginnen Wissenschaft, Kritik und Publikum, abgesehen von wenigen ganz vereinzelten Publikationen im letzten Jahrzehnt des 19. Jahrhunderts[5], eigentlich erst zwanzig Jahre nach dem Tod des Malers, dessen Werk zur Kenntnis zu nehmen. Die zuerst zögernde, dann aber stürmisch einsetzende Reaktion ist jedoch auf Anhieb positiv.[6] Marées wird zum Vorläufer der Moderne, der unerkannt den Weg zur Autonomie der Form beschritt. Die historische Warte des Kunstwissenschaftlers im beginnenden 20. Jahrhundert macht nun eine Kritik undenkbar, die den Zeitgenossen des Malers evident erschienen wäre.

»Unter den Malern des 19. Jahrhunderts ist Marées vielleicht der am schwierigsten zu Begreifende und zu Erklärende, weil bei ihm der Kunststoff gar nichts mehr bedeutet, weil das Problem seines Schaffens ein reines Formproblem ist«, vermerkt Karl Scheffler 1912.[7] Ludwig Justi erklärt Marées' Kunstschaffen zum »äußersten Pol eines Formwillens«[8], der ihm als Ausdruck des L'art – pour – l'art-Gedankens erscheint, »nicht für den Bürger gedacht, sondern für den Kenner und Feinschmecker«.[9]

Für den Bürger und nicht für den Kenner gedacht waren hingegen die Porträts Lenbachs. Das Doppelporträt, das Marées während der gemeinsamen Münchener Zeit beider Künstler von sich und Lenbach malte (Abb. 2), schien deshalb vielen geeignet, den unversöhnlichen Gegensatz beider Künstlertypen zu verdeutlichen.

Im formalen Sinne ist das Bild allerdings ungewöhnlich. Beide Dargestellte erscheinen als Brustbild, frontal, in flachen Raumschichten dicht hintereinander gestaffelt. Das Gesicht des bärtigen Lenbach im Vordergrund ist beschattet von einem breitkrempigen Hut, seine Augen sind verdeckt durch kleine Brillengläser, die infolge von Lichtreflexion Spiegelcharakter angenommen haben. Marées' linke Gesichtshälfte ist vom Kopf des Malerkollegen überschnitten, sein linkes Auge nicht sichtbar. Der Rest ist in helles, fast gleißendes Licht getaucht. Sein Haupt ist unbedeckt, wodurch die beleuchtete Gesichtsfläche entscheidend vergrößert wird. Ein Lächeln umspielt seine Lippen.

Das Bild wirkt skizzenhaft, was besonders an der nur angedeuteten Hand Marées' deutlich wird. So läßt sich auch über die Kleidung der Dargestellten keine andere Aussage machen, als daß sie der gängigen Dunkeltonigkeit der Herrenmode des 19. Jahrhunderts entspricht. Deutlich ist die axiale Anordnung der beiden Köpfe – ihre Schnittlinie bildet die senkrechte Mittelachse des Bildes –, was den Eindruck starrer Monumentalität, der durch die frontale Wiedergabe hervorgerufen wird, noch verstärkt. Der angedeutete Vorhang am rechten Bildrand kann dies kaum abmildern.

Die Betonung des Hell-Dunkel-Kontrasts ist sicher der augenfälligste Aspekt des Gemäldes. Die erste Hälfte der sechziger Jahre steht für Marées deutlich im Zeichen der Rembrandtrezeption. Überraschend ist jedoch die Konzentration des Lichts auf die hintere Raumschicht, die Person des Malers selbst. Eben dies hat in der Literatur durchweg zu psychologisierenden Spekulationen Anlaß gegeben. Als nämlich Marées zu Anfang unseres Jahrhunderts ins Blickfeld der Öffentlichkeit rückt, ist der Stern Franz von Lenbachs schon weitgehend verblaßt. Die Forschung bringt seiner Kunst nicht mehr die Wertschätzung entgegen, die ihr die Zeitgenossen gezollt hatten. So fällt es nicht schwer, die ›Ironie der Geschichte‹ zu zitieren und vor allem auf deren Vorwegnahme in diesem Bild zu verweisen, denn Ironie scheint sich doch auch im Lächeln Marées' zu äußern.

Kontrastierende Charakterstudie bestimmt so die Deutung des Doppelbildnisses. Kuttner setzt die »dunkle, brillenbewehrte Weltklugheit« gegen »die lichte rosige Schalkheit. In all ihrer Torheit weiß sie mehr von des Lebens Bedeutung als der urgescheite Vordermann.«[10] »Gewiß haben die überlauten Erfolge des Porträtisten Lenbach [. . .] zu der langen Marées-Finsternis beigetragen, die jetzt endlich im Schwinden ist«[11], bemerkt Franz Dülberg in einer Umkehranalogie zu den Lichtverhältnissen im Bild. »Sprühende Überlegenheit und Ironie«[12] Marées' konstatiert Liebmann noch 1972, und schon Wilhelm Hausenstein beschreibt: »Lenbach fordert für sich eine Art Lehrerverhältnis ein. Davon kann ernstlich nicht die Rede sein. [...] Das Lächeln auf den Lippen des angeblichen Schülers hat einen sorgfältig ausgewogenen Feingehalt verbindlich-maliziösen Selbstbewußtseins, mit dem etwa der Edelmann den nicht ebenbürtigen Hofmeister erträgt.«[13]

Von einer solch gezielten Distanzierung Marées' von seinem Malerkollegen kann nicht die Rede sein. Das Doppelbildnis steht in der romantischen Tradition des Freundschaftsbilds.[14] Beide Maler befinden sich zum Zeitpunkt seiner Entstehung am Anfang ihrer Karriere, deren Entwicklung noch nicht abzusehen ist und deren Start für beide unter dem Patronat des Grafen Schack steht, für den sie kurze Zeit gemeinsam tätig sind.

Auch Hofmanns Interpretation des Doppelporträts im Sinne eines Vergänglichkeitsbilds überzeugt nicht. Sie erweist sich als ausgesprochen subjektiver Eindruck unter einem vorgeprägten Deutungsmuster.[15] Die Feststellung, der Darstellung liege »doch vorrangig eine formale Absicht zugrunde«[16], trägt dagegen nichts zur Klärung ihres Gehalts bei.

Das Skizzenhafte des Gemäldes geht zusammen mit dem schalkhaft amüsierten Ausdruck, der vor allem Marées auszeichnet, doch auch im Gesicht Lenbachs seine Spuren hinterlassen hat. Das Doppelbildnis ist als »Aperçu«[17] anzusehen, als geistreicher Einfall, der vielleicht den Köpfen beider Maler entsprungen ist. Die Dargestellten sind nicht miteinander konfrontiert, sondern stellen sich gemeinsam frontal dem Betrachter entgegen, auf den ihre Blicke fixierend gerichtet sind. Daß hell und dunkel dabei sofort die Assoziation ›gut‹ und ›böse‹ hervorrufen, liegt durchaus in der Absicht des Malers. Seine angedeutete Hand mit dem erhobenen Zeigefinger, die er einer Anekdote zufolge erst später hinzugefügt haben soll, hat deutlich mahnenden oder belehrenden Charakter. Die durch die Nähe zum Betrachter erzeugte gespenstische Monumentalität der beiden Männer im Hell-Dunkel-Kontrast rückt das Bild in die Nähe des Schauerstücks. Es bekommt parodistischen Charakter. Zwei Freunde treten der Welt belustigt-belehrend gegenüber.

Marées' unbestrittenes Hauptwerk ist der Freskenzyklus der zoologischen Station in Neapel. Die Arbeit an diesem Auftrag nimmt eine zentrale Stellung sowohl im Leben wie auch im Schaffen des Malers ein.

Die zoologische Station selbst (Abb. 3) ist ein Produkt der Gründerzeit par excellence. Initiator der Forschungsstätte ist der Meeresbiologe Anton Dohrn, der als treibende Kraft des Unternehmens mehr ist als nur sein geistiger Vater: ein Beispiel für die Manifestation von Gründergeist

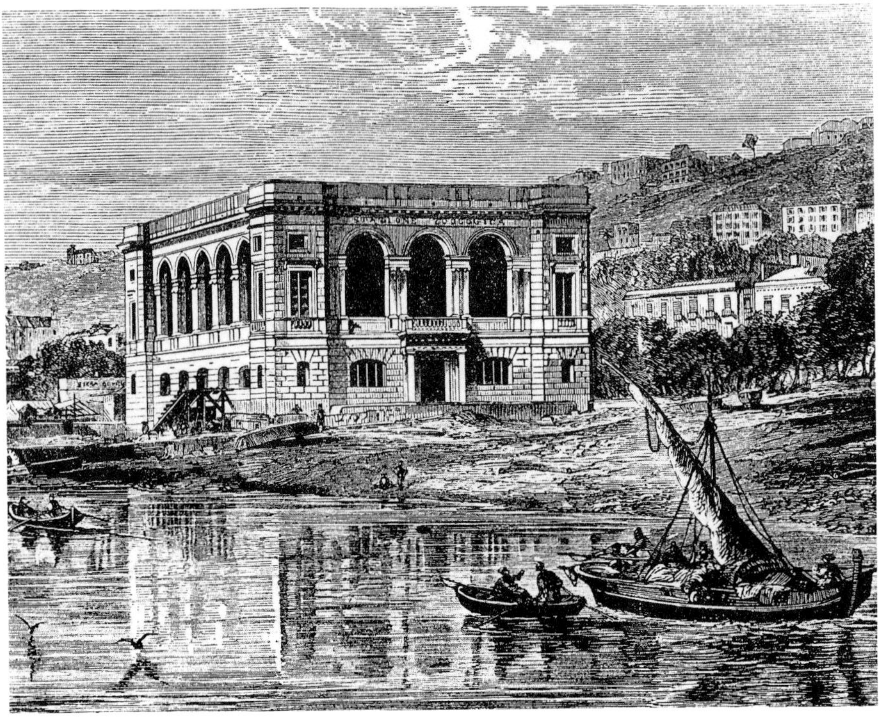

3 Die zoologische Station in Neapel 1873

im Bereich der Wissenschaft im besten Sinne. Indem er seine Forschungsstation in direkten lokalen Bezug zu dem zu erforschenden Objekt bringt, schlägt er für Biologie und Zoologie völlig neue Wege ein. Gründergeist äußert sich auch in der starken Bindung der Gründung an die Person des Gründers: Aus reiner Privatinitiative entstanden, verbleibt sie in privatem Besitz und wird zum Denkmal ihres Initiators.

Die Beteiligung der Künste an einem solchen Unternehmen ist eine selbstverständliche Forderung der Zeit. Sicher nicht nur im 19. Jahrhundert vertreten, wird sie gerade in dieser Zeit immer wieder erhoben und kommt der Tendenz der Kunst zu monumentaler Gestaltung entgegen. Das Fresko ist eine der selbstgestellten Hauptaufgaben der Kunst des 19. Jahrhunderts, doch nur wenige Künstler erhalten die Chance, sie in die Tat umzusetzen.

Dohrn und Marées lernten sich im Januar 1873 in Dresden kennen. Entscheidender Beweggrund für den Wissenschaftler, gerade diesen

Künstler mit der Ausgestaltung seiner Station zu betrauen, wird wohl die Tatsache gewesen sein, daß Konrad Fiedler sich bereit erklärte, für alle Kosten aufzukommen. Marées war so völlige Entscheidungsfreiheit gelassen, was die Themenauswahl und die Ausführung betraf, sehr wahrscheinlich wohl auch in bezug auf den Ort, an dem sich seine künstlerische Tätigkeit entfalten sollte. Seine Wahl fiel auf die Loggia der Seefassade, denn »dieser Saal ist der Ruhe gewidmet und so der einzige Raum, der die Beteiligung der schönen Künste gestattet«.[18] Deutlich spricht aus dieser Begründung die Tendenz zur Ausgrenzung der Künste aus dem Bereich des tätigen Lebens. Ihre Zuordnung zum Bereich der Ruhe und Muße entspricht durchaus dem ihnen andernorts gleichzeitig zugewiesenen Unterhaltungs- und Festcharakter.

Marées' Themenwahl und -gestaltung ist fraglos unkonventionell. Bestimmungszweck und Standort des Gebäudes zum Ausgangspunkt nehmend, verzichtet er auf die übliche symbolische Verdeutlichung seiner Funktion durch Mythos oder Allegorie, sondern bedient sich sogenannter Alltagsszenen, »die in zusammengehender Weise den Reiz des Meeres- und Strandlebens ausdrücken sollen«.[19] West-, Nord- und Ostwand sind

4 Zoologische Station Neapel, südlicher Winkel der Bibliothek mit Pergola-Fresko, Zustand um 1909/10

dabei durch eine gleichhohe Horizontlinie zu einem umlaufenden Meerespanorama verbunden. Dieses wird durch die Darstellung eines Orangenhains in den beiden hochformatigen Feldern der Südwand, der Fensterwand, ergänzt. Mensch und Landschaft werden jedoch nicht als bloßes Abbild in den Innenraum transponiert, sondern deutlich ins Idealtypische gewendet. Dies äußert sich motivlich vor allem in der wie selbstverständlichen Zusammenfügung bekleideter und unbekleideter Gestalten und ihrer statuarischen Monumentalität, die der Szene bei aller lokalen Konkretheit ein hohes Maß an Überzeitlichkeit verleiht.

Marées hat dem Zyklus sein Selbstporträt eingefügt. Es findet sich im Fresko an der Ostwand (Abb. 4). Diese ist zwar durch den kleinen Seestreifen am linken Bildrand und die Horizontlinie dem Meerespanorama angegliedert, hebt sich jedoch schon durch die bildbestimmende Architekturdarstellung, die nur an dieser Wand auftaucht, von den übrigen Fresken ab. Dargestellt ist eine Osteria am Ufer des Meeres, in deren Hintergrund sich die Ruine eines alten Palastes erhebt (Abb. 5). Gerahmt von dieser Architekturkulisse, befindet sich in der linken unteren Bildecke eine Gruppe von fünf Männer, die um einen Tisch versammelt sind. Es handelt sich nicht um ideale Figuren, sondern um konkrete Personen aus dem Kreis der Neapeler Station: an der linken vorderen Ecke des Tisches sitzend, frontal, Anton Dohrn, der Gründer und Leiter der Station; hinter ihm stehend, ebenfalls frontal, sein Mitarbeiter Nikolaus Kleinenberg; daneben sitzend, den Kopf in die linke Hand gestützt, der schottische Dichter Charles Grant, ein Freund und Mitarbeiter Dohrns; ganz rechts, in strengem Profil wiedergegeben, der Bildhauer Adolf von Hildebrand; dahinter, von diesem fast völlig verdeckt, Hans von Marées, im Dreiviertelprofil, den Blick auf den Freund und Schüler Hildebrand gelenkt.

Der Künstler selbst beschreibt die dargestellte Situation folgendermaßen: »... meine Lieblingsfahrt ist nach dem Schloß am Meer. Nicht weit davon ist die Ruine der sogenannten Regina Giovanna; das ist unsere Kneipe. Wie reizend wäre es, wenn dort einmal alle Freunde zusammensäßen.«[20]

Der höhere Wirklichkeitsgehalt der Freundesgruppe gegenüber den anderen Figuren kommt durch die Kleidung der Dargestellten zum Ausdruck. Im Gegensatz zu den Fischern, Frauen, Orangenpflückern und anderen, deren Kleidung nicht weniger zeitlos ist als ihre Nacktheit, bekunden die Anzüge jener fünf Männer ihre Zeitgenossenschaft.

5 Hans von Marées, Pergola-Fresko, 1873, Neapel, Ostwand der Bibliothek der zoologischen Station

Nach Lankheit[21] steht auch diese Darstellung in der Tradition des Freundschaftsbilds, überrascht jedoch dadurch, daß die thematisierte Freundesgruppe nur den kleineren Teil des Freskos in Anspruch nimmt. Die Gruppe selbst ist durch den von Osteria und Palast gebildeten Winkel völlig isoliert. Zu den beiden anderen Gestalten des Bildes, der Frau auf dem Treppengeländer und der Alten in der rechten unteren Bildecke, bestehen keinerlei Beziehungen. Die Herren und Schöpfer der Station, die sich in dieser Personenkonstellation auch in dem vom Fresko geschmückten Raum real zusammengefunden haben werden, spiegeln ihr Elitebewußtsein in der Abgeschlossenheit der Gruppe.

Doch nicht nur das: Die Freundesgruppe selbst ist deutlich zweigeteilt. Zwischen den beiden Wissenschaftlern, die über eine vereinheitlichende Körperkontur zur Gruppe verschmolzen sind, und den drei Künst-

6 Hans von Marées, Pergola, 1873, Öl auf Leinwand (doubliert), 73,5 × 63 cm, Wuppertal, Von der Heydt-Museum

lern besteht eine deutliche Zäsur. Eine Ölstudie zeigt noch eine andere Figurenkonstellation (Abb. 6). Die stehende Figur Kleinenbergs ist hier noch nicht frontal wiedergegeben, sondern der Künstlergruppe zugewandt. Abgesondert wird dagegen Anton Dohrn, der, sitzend, im Dreiviertelprofil nach links, sich von den übrigen vier Personen abwendet, den Blick aufs Meer statt aus dem Bild gerichtet. Hier erscheint der geistige Vater und Leiter des Neapeler Projekts isoliert. Die endgültige Fassung deutet hingegen auf eine Trennung von Wissenschaft und Kunst, tätigem, nach außen gerichtetem Leben und verinnerlichendem Kunstschaffen. Die beiden Wissenschaftler wenden sich frontal aus dem Bild, werden direkt mit der Wirklichkeit konfrontiert. Im Rahmen des Gesamtzyklus vermitteln sie zwischen Landschaft und Architektur, Natur und Menschenwerk.

Die Künstlergruppe hingegen ist vollständig in sich geschlossen. Marées hat dieser Gruppe ein selbständiges Leinwandbild gewidmet (Abb. 7), das »in seiner bildmäßigen Ausführung über die anderen Ölstudien« hinausgeht[22] und völlig identisch ist mit dem Bildausschnitt des Freskos. Es ist »als Freundschaftsbild im eigentlichen Sinne

7 Hans von Marées, Selbstbildnis mit Hildebrand und Grant, 1873, Öl auf Leinwand, 80 × 81 cm, Wuppertal, Von der Heydt-Museum

anzusehen«.[23] Die drei Männer erscheinen zusammengedrängt an der Ecke des Tisches, als Künstler jedoch in keiner Weise kenntlich gemacht. Grant in reinem Enface, die Augen ohne Fokusbildung starr geradeaus gerichtet, Hildebrand in strengem Profil, mit ebenso starrem Blick. Zwischen diesen »Möglichkeiten archaischer Menschendarstellung«[24] wirkt das eher zurückhaltende Selbstporträt Marées' im Dreiviertelprofil vermittelnd. Sein Blick ist auf Hildebrand gerichtet und sucht so anscheinend als einziger der Isolation der anderen Gestalten entgegenzuwirken. Doch bleibt er ohne Erwiderung.

Das Urteil Degenharts, daß man beim Pergola-Bild über dessen »großer Anordnung« vergißt, »daß es die triste Herrenmode der Zeit abbildet«[25], geht an der eigentlichen Absicht des Freskos vorbei und basiert auf der Überbetonung des formalen Aspekts gegenüber dem Sachgehalt. Das Zeitkostüm der Männer ist vielmehr bewußt eingesetzt und Kristallisationspunkt sowohl der Aussage des gesamten Zyklus als auch der Art und Weise der Wirklichkeitsanverwandlung seines Schöpfers. Beides zeigt augenfällige Verwandtschaft, wenn auch nicht Abhängigkeit, zu

Courbets *Atelier*.[26] Auch Courbet stellt sich dar sowohl mit ins Typische transformierten Figuren und Figurenkonstellationen als auch mit konkret faßbaren Persönlichkeiten seiner Umgebung, Idealem und Realem, Bereichen, die bei Marées deutlich durch die Kleidung der dargestellten Personen differenziert sind. Doch ist auch hier der reale Bereich der Pergola nicht Abbild, sondern Wunschbild, wie aus der zitierten Briefstelle hervorgeht.[27] Als »allégorie réelle determinant une phase de sept années de ma vie« beschreibt Courbet sein Bild im Untertitel. Die Person des Künstlers selbst und der schöpferische Prozeß stehen also im Mittelpunkt seines Gemäldes, sowohl was seinen Sinn als auch den augenfälligen Befund am Objekt betrifft. Marées hingegen erscheint von allen Gestalten des Freskos am weitesten in den Hintergrund gedrängt und gibt sich als Künstler und Schöpfer des Werkes nicht zu erkennen. Doch hebt er sich durch Wendung und Neigung des Kopfes wie durch die Ausrichtung seines Blicks von den anderen Figuren ab. Seine Gestalt bezeichnet den höchsten Realitätsgrad des gesamten Zyklus. Als Beobachter werden ihm Freund wie Umwelt zum Objekt.

Die Einordnung in die Tradition des Freundschaftsbilds erscheint von daher fragwürdig, sein geforderter »innerer Zusammenhalt«[28] gar nicht angestrebt. Viel eher rückt es in die Nähe des Courbetschen Programmbilds. Der Künstler, der als Beobachter der Erscheinungsvielfalt der Wirklichkeit ausgesetzt ist, formt diese im Bild zu einer Art neuer Realität. Courbet setzt die eigene Person dabei jedoch entschiedener ins Zentrum und wirkt dadurch auch isolierter als Marées. Die anscheinend noch gelungene Eingliederung des Malers in den Figurenzusammenhang des Freskos korrespondiert dabei sicher mit seiner fehlenden ausdrücklichen Kennzeichnung als Künstler.

Sucht man im selbstbildnerischen Schaffen Marées' nach einer weiteren dezidierten Bezugnahme des Künstlers zur Umwelt, dürfte man eigentlich am *Drachentöter* des Jahres 1880 (Abb. 1) nicht vorbeisehen. Doch ist das selbstporträthafte Element hier nur akzidentell, auf einen konkreten Anlaß zurückführbar, die erwähnte kurze Verstimmung im Verhältnis zu Fiedler nämlich. Das Bild mag also durchaus eine verbindliche Aussage kommunizieren im Sinne der »großen Weltdichtungen [...], deren Helden gegen die Gefährdung des Lebens kämpfen«[29], ist jedoch in bezug auf Person und Rolle des Künstlers selbst kaum zu verallgemeinern. An ihm exemplarisch eine verbindliche Aussage zum Titanenbewußtsein eines Außenseiterkünstlers als »Sieger ›mit der Fahne im Arm‹«[30] machen zu wollen, geht völlig am ganz konkreten Anlaß des Bildes vorbei.

Ausgehend von den frühen Bearbeitungen des Werkes Marées' durch Fiedler und Meier-Graefe, ist das Kunstschaffen des Malers bis heute in weiten Teilen der Literatur auf ein reines Formproblem reduziert worden, und dieses Deutungsmuster bestimmt auch die Klassifizierung des Künstlers in den kunsthistorischen Handbüchern. Erst in den siebziger Jahren richtete man das Augenmerk neben dem Formproblem auch darauf, der gewünschten und realen Wirklichkeit des Malers in seinem Werk nachzuspüren. Das Bild des Menschen und die arkadische Idyllik im Werke Marées' werden damit vom bloßen Medium zum Transport formaler Ideen wieder zu einem wirklichkeitsbezogenen Ausdrucksmittel, zu konkreten Stellungnahmen des Künstlers zu seiner Gegenwart.[31]

Obwohl auch die Selbstbildnisse Marées' wiederholt in den Zusammenhang der Bewältigung des Formproblems eingeordnet worden sind[32], sollte bereits die Skepsis, die Meier-Graefe gegen eine große Zahl von ihnen ihren Kunstwert betreffend hegt, aufmerksam machen. Meier-Graefe äußert diese Bedenken im ersten Band seiner Marées-Monografie anläßlich der Besprechung der vier in San Domenico aufgefundenen Selbstbildnisse, die alle um das Jahr 1874 entstanden sein müssen.

»Ich gestehe«, schreibt er, »daß mich im ersten Augenblick, als sie zum Tageslicht kamen, ein Fälschergelüst packte. Ich hätte sie gern in dem Winkel gelassen, in dem sie einige Jahrzehnte zusammengewickelt gelegen hatten.«[33] Sie passen offensichtlich nicht in das von ihm gezeichnete Bild des zur reinen Form, zur Abstraktion drängenden Künstlers Marées. Ihre Inhaltskomponente wiegt zu schwer. »Aus Posen und Gesichtern lassen sich vielerlei biographische Aufschlüsse gewinnen. [...] aber ließen sich solche Zwecke nicht vielleicht auch mit Photographie erreichen? [...] Das bis zur Pein verstimmende der Bilder ist [...] der Schein der Vollendung. [...] Es gibt andere Werke, die ein gewisses Unbehagen, Widersprüche, schwere Bedenken hervorrufen. Die Dresdener Selbstbildnisse gehören dazu. Auch sie wirken fertig [...].«[34] Die rein formale Analyse führt den Marées-Biografen hier zu keinem befriedigenden Ergebnis. Die Aussage der Bilder scheint sich nicht über das Medium der Form zu vermitteln.

Sieben Stücke sind es, die Meier-Graefe an dieser Stelle explizit in seine Kritik miteinbezieht. Das ist exakt die Hälfte der Selbstbildnisse

8 Hans von Marées, Selbstbildnis mit gelbem Hut, 1873/74, Öl auf Leinwand, 97 × 80 cm, Berlin, Staatliche Museen Preußischer Kulturbesitz, Nationalgalerie

9 Hans von Marées, Selbstbildnis mit dem Hut in der Hand, 1873/74, Öl auf Leinwand über Karton, 97 × 80 cm, Kunsthaus Zürich

des Künstlers. Sie verteilen sich über einen Zeitraum von fünf Jahren, zwischen 1870 und 1874, und bilden somit den quantitativen Höhepunkt seines selbstbildnerischen Schaffens. Sie ordnen sich chronologisch und motivlich in zwei Gruppen und stehen zumindest zeitlich in deutlichem Bezug zum Freskenzyklus der zoologischen Station in Neapel.

Nach der Vollendung der Fresken, für deren Fertigstellung der Maler nur fünf Monate benötigte – er selbst hatte die Dauer der Arbeit auf zwei Jahre veranschlagt –, zog Marées im November 1873 mit Adolf von Hildebrand in das ehemalige Kloster San Francesco di Paola bei Florenz, wo er sich bis zum Bruch mit Hildebrand im September 1875 Wohnung und Atelier einrichtete. In diesem Zeitraum sind vier einander sehr ähnliche Selbstbildnisse entstanden, nämlich das *Selbstbildnis mit gelbem Hut* (Abb. 8), das *Selbstbildnis mit dem Hut in der Hand* (Abb. 9), das *Selbstbildnis ohne Hut* (Abb. 10) und das *Selbstbildnis mit schwarzem (hohem) Hut* (Abb. 11). Alle vier sind ausgesprochen großen Formats und stellen den Künstler in Halbfigur, sitzend oder stehend, enface und weitgehend frontal vor einer Landschaft dar. Die Landschaft gibt sich besonders im Berliner Bild (Abb. 8) unschwer als italienisch zu erkennen, wobei wohl in erster Linie an die Umgebung von Florenz als realem Lebensraum des Künstlers zu denken ist.

Der Dargestellte ist in allen Fällen modisch gekleidet, am deutlichsten wieder im Berliner Bild. Gerade aufgerichtet sitzend, gibt sich Marées hier mit ernstem Gesichtsausdruck wieder, einen gelben Strohhut auf dem Haupt, dessen breite Krempe links hochgeschlagen ist. Über einem hellen Sommeranzug mit doppelreihig geknöpfter Weste mit breiten Revers trägt er einen offenen dunklen Mantel. Ein weißes Hemd mit Stehkragen und modisch gebundener Krawatte vervollständigt den Anzug ebenso wie der auf den Knien gehaltene Stock. Den Hintergrund bildet ein von links weit in die Bildmitte hineinwachsendes Gebüsch, hinter dem sich die hügelige Landschaft mit einer Baumgruppe und einem ländlich anmutenden Gebäude erstreckt.

10 Hans von Marées, Selbstbildnis ohne Hut, 1873/74, Öl auf Leinwand, 115 × 85 cm, Privatbesitz

11 Hans von Marées, Selbstbildnis mit hohem Hut, 1873/74, Öl auf Leinwand, 100,5 × 65 cm, Kunstmuseum Basel

Das Züricher Porträt (Abb. 9) stellt den Maler wie das Berliner in die Mittelachse des Bildes. Die lange schwarze, oben geschlossene Jacke ist rechts nach hinten zurückgeschlagen, da der Dargestellte den Daumen der linken Hand mit anscheinend lässiger Gebärde in die Tasche der hellen Hose gesteckt hat. Sein Haupt ist unbedeckt, doch hält er einen Hut in der rechten Hand. Der Ausblick auf die hügelige Landschaft mit Baum und Gesträuch im Mittelgrund und einem burgähnlichen Gebäude im Hintergrund ist unverstellt.

Im dritten Bild dieser Serie (Abb. 10) ist der Anzug ganz dunkel gehalten und bis auf Hemd und Krawatte nicht differenziert. Der Körper ist nach rechts, das Gesicht dem Betrachter zugewandt. Der Ausdruck ist ins Nachdenkliche verwandelt durch die zum Kinn geführte Linke des Dargestellten. Das Gebüsch ist etwas nach links zurückgenommen, die Landschaft durch einen Turm bereichert.

Im sehr hohen und schmalen Baseler Porträt (Abb. 11) ist die Landschaft weitgehend undifferenziert, die Bäume rechts im Mittelgrund, das Buschwerk im Hintergrund links wie auch Hügelsilhouette und Himmel sind nur angedeutet. Die Figur des Dargestellten ragt obeliskartig im Vordergrund auf, ein Eindruck, der durch die überschlanke Gestalt und den hohen schwarzen Hut auf dem schmalen Kopf hervorgerufen wird. Das enface wiedergegebene Gesicht weist den gewohnten ernsten Ausdruck auf, die linke Gesichtshälfte ist vom Hut beschattet. Die schwarze Kleidung ähnelt der des zuvor beschriebenen Bildes. Die linke Hand ist aufgestützt, die Rechte um den Saum des Rockes geschlossen.

Stilistisch weisen die Bilder deutlich den Weg vom Realismus der Neapeler Fresken zum Spätwerk des Künstlers, wobei in der Wirklichkeitsnähe der Wiedergabe das Berliner Selbstbildnis (Abb. 8) das Freskenwerk noch übertrifft. Es ist dadurch als das früheste der Reihe gekennzeichnet. Die Tendenz zur Rücknahme der Realistik bei den drei übrigen ist unverkennbar. Während in dem einzigen heute noch in Privatbesitz befindlichen Bild (Abb. 10) Haltung und Ausdruck der Figur noch sehr natürlich wirken, die Landschaft aber zu verschwimmen beginnt, scheint die lässige Haltung des Künstlers im Züricher Selbstbildnis (Abb. 9) mit der starren Frontalität und Axialität im Widerspruch zu stehen. Das so entstehende Spannungsfeld zwischen streng formalisiertem Bildaufbau und dargestellter Person wird im Baseler Bild (Abb. 11) zugunsten des formalen Prinzips aufgelöst. Die Details der Landschaft bleiben, anders als im vorangegangenen Selbstporträt, weitgehend undifferenziert. Der Hintergrund wird zur Folie, vor dem die Figur aufragt, ohne eine Verbindung mit ihm einzugehen. Der Dargestellte ist dem Format des Bildes angepaßt und nimmt dadurch die überlängte Gestalt an, die für das spätere Werk des Malers typisch wird.

Trotz der Tendenz zur formalen Straffung bleibt der gegenständliche Bereich, soweit er die Figur des Dargestellten betrifft, weiter von Interesse. Dies ist es, was das bereits angedeutete Mißfallen Meier-Graefes hervorruft, denn hier »tritt [...] das Objektive [...] stärker als das Malerische hervor«.[35] Die Bilder sind »mehr oder weniger interessante Abbildungen, aber nichts weniger als Selbstbildnisse in dem Sinne, in dem jedes Werk eines großen Menschen, ob er sich selbst zum Gegenstand nimmt oder nicht, Selbstbildnis sein muß«.[36] Kuttner konkretisiert diese abstrakte Forschermeinung in einer überaus prägnanten Formulierung: Die vier Florentiner Selbstbildnisse »hatten [...] mit Marées' künstlerischer Entwicklung dieser Zeit wenig zu tun. Ihre Auffassung war hart und realistisch, dazu trug schon der Krimskrams von Stock, Hut, Kragen, Schlips und Weste seinen Teil bei.«[37]

Gerade aber der ›Krimskrams‹ und die Tatsache, daß er selbst auf dem Baseler Bild beibehalten wird, für das am ehesten Dülbergs Bemerkung zuzutreffen scheint, nichts enthebe »einen Menschen so sehr von der Verpflichtung, nach seinem Tode als Gespenst zu erscheinen, wie die Tatsache, daß Marées ihn porträtiert hat«[38], machen die Selbstbildnisse dieser Reihe aufschlußreich. Der Maler unterscheidet sich in seinem Auftreten in keiner Weise vom gutsituierten Bürger seiner Zeit. Als unabdingbare Attribute der Gesellschaftsfähigkeit stattet er sich mit Stock und Hut aus. Eine zusätzliche Komponente tritt jedoch durch die Hintergrundlandschaft hinzu, deren fortschreitende Stilisierung und Vereinfachung auch der von ihr hinterfangenen Person eine über den Porträtcharakter hinausgehende Bedeutung zumißt. Diese »Urlandschaft epischer Zeitlosigkeit«[39] steht aber vorerst noch im Widerspruch zur Zeitgebundenheit des Dargestellten. Nur beim Berliner Bild wird dies nicht offenbar. Landschaft und Figur kennzeichnet derselbe Realitätsgrad. Der Eindruck, mit dem Porträt eines vornehmen Italienreisenden der Zeit konfrontiert zu sein und nicht mit dem Selbstbildnis eines Malers, drängt sich auf.

Vom Sommer 1871 bis zur Reise nach Neapel lebt Hans von Marées in Dresden. Damit er ungestört seiner Arbeit nachgehen kann, baut ihm Fiedler dort ein Atelierhaus im Garten der Villa der Familie Koppel. Im Herbst und Winter 1872 entstehen hier zwei Selbstporträts, ein großes

12 Hans von Marées, Selbstbildnis im japanischen Mantel, 1872, Öl auf Leinwand, 107 × 80 cm, Staatliche Kunstsammlungen Dresden, Gemäldegalerie Neue Meister

13 Hans von Marées, Lachendes Selbstbildnis, 1872, Öl auf Leinwand, 67 × 55 cm, durch Kriegseinwirkung zerstört

halbfiguriges und ein kleines Bruststück, das eine fast identische Wiederholung dieses Ausschnitts des größeren darstellt.

Im großen *Selbstbildnis im japanischen Mantel* (Abb. 12) erscheint der Maler vor einem undifferenzierten Hintergrund, der sich nach rechts hin aufhellt, aufrecht stehend in Schrägansicht nach rechts, den Kopf zum Enface gewendet. Er ist mit einem schwarzen Anzug und weißem Hemd mit hohem, steifem Stehkragen und schwarzer Krawatte bekleidet. Darüber trägt er einen weiten, offenen Mantel. Die Rechte ist in die Seite gestemmt, die ungewöhnlich differenziert gemalte Linke halb geöffnet, die Handinnenfläche vorweisend. Der Gesichtsausdruck ist ernst. Das im Bildausschnitt kleinere, gleichzeitig entstandene und ehemals in Magdeburg aufbewahrte Bild (Abb. 13) unterscheidet sich nur in der Mimik vom vorangegangenen, da der Mund des Dargestellten deutlich von einem Lächeln umspielt ist. Außerdem wirkt der Stehkragen geschlossener und strenger.

Auch in bezug auf diese beiden Selbstbildnisse ist Meier-Graefe skeptisch. Er betont, es seien die »objektivsten, [...] die sachlichsten Marées', und sie verdienen das Prädikat ›fertig‹«, ein Urteil, das aus der Feder dieses Autors einen deutlich negativen Beigeschmack hat, so daß sich für ihn die logische Frage anschließt: »Ist das, diese spröde Sachlichkeit, diese saure Selbstironie, wirklich Marées?«[40]

Es ist jedoch fraglich, ob die Urteile »spröde Sachlichkeit« und »saure Selbstironie« wirklich den Kern der Bildnisse treffen. Die Pose des Malers weist deutlich zurück auf die Tradition des herrschaftlichen Bildnisses – und Selbstbildnisse – des 16. und 17. Jahrhunderts. Der Mantel ist einerseits Kostüm, verleiht aber andererseits der Figur größeres Volumen. Dies alles ist mit unübersehbarem Ernst vorgetragen, nichts deutet auf »Don-Quichotterie«[41] hin. Der Betrachter steht hier offensichtlich dem eindringlichen Versuch vornehmer Selbstmonumentalisierung gegenüber.

Durch die Verkleinerung des Bildausschnitts ist dieser Aspekt im ehemals Magdeburger Bildnis (Abb. 13) abgeschwächt. Dies korrespondiert mit dem Anlaß seiner Entstehung, wie er in der Bezeichnung angedeutet ist: Das Selbstporträt war als Weihnachtsgeschenk des Jahres 1872 der Familie Koppel zugedacht. Das Auftreten des Künstlers wirkt hier zeitgebunden-formeller, feiertäglicher. Verbindlichkeit jedoch spricht aus dem Lächeln des Künstlers. Dieses als »das bittere Lächeln des Mannes, der sich aus der residenzlichen Mittelmäßigkeit in hohe Narrheit rettet«[42], zu deuten, oder in ihm »etwas vom Spott des Menschen, der seinen Cervantes nicht ohne Nutzanwendung zu lesen verstand«[43], zu sehen, läßt den eigentlichen Zweck des Bildes außer acht, Weihnachtsgeschenk für gute Freunde zu sein.

1870, im Jahr des Krieges mit Frankreich, wird Marées für kurze Zeit zum Heeresdienst einberufen. Im gleichen Jahr entsteht ein anderes Selbstbildnis (Abb. 14). In flüchtiger, skizzenhafter Manier gemalt und unvollendet belassen, trägt es den Charakter einer Studie, ein Eindruck, der durch die Detailstudie eines Auges rechts oben im Bild noch verstärkt wird. Der Künstler trägt, soweit erkennbar, die übliche konventionelle Kleidung, die vervollständigt wird durch die Andeutung einer Ordenskette mit Kreuz. Mit der Lebenswirklichkeit des Malers hat dieser Schmuck wenig gemein und gibt sich so als Ausdruck der »Selbstwürdigung«[44], besser der Selbstüberhöhung, zu erkennen. Auch dieses Detail ist mehr als »lediglich dekoratives Beiwerk«[45]. Unübersehbar wird man auf die Selbstdarstellungen eines van Dyck oder Tizian verwiesen, deren stolzes

14 Hans von Marées, Selbstbildnis, 1870, Öl auf Leinwand, 74 × 52,8 cm, Kunsthalle Bremen

Vorweisen von Ordensketten jedoch realen Ehrungen der Künstler entsprachen. Als »ein konsolidierter van Dyck«[46] war Meier-Graefe auch der Marées der Dresdener Porträts erschienen. Selbstheroisierung in vermeintlich heroischer Zeit? – Man sollte eine solche Möglichkeit nicht außer acht lassen.

Ein anderes Indiz spricht durchaus für diese Vermutung. Im Jahre 1855 malt Marées sein erstes Selbstbildnis (Abb. 15). Der erst achtzehnjährige Maler stellt sich in dem erstaunlich großen halbfigurigen Porträt aufrecht stehend nach links dar, den Kopf zum Enface gewendet. Der Gesichtsausdruck ist ernst, die Haltung streng, wozu der angewinkelte rechte Arm, dessen Hand in den Rock gesteckt ist, entscheidend beiträgt. Die Linke scheint in die Hüfte gestemmt, die Kleidung ist bürgerlich konventionell.

Auch das Jahr 1855 ist im Leben Marées' gekennzeichnet durch ein militärisches Moment, den Beginn seines Pflichtjahres im 25. Infanterieregiment. Militärischen Ernst und Strenge in dem frühen Selbstporträt erkennen zu können, scheint also nicht abwegig, zumal Offizierslaufbahn und Beamtentum in der Familie des Künstlers eine lange Tradition ha-

15 Hans von Marées, Selbstbildnis, 1855, Öl auf Leinwand, 85 × 71 cm, Wuppertal, Von der Heydt-Museum

ben. Es ist in diesem Zusammenhang auch daran zu erinnern, daß Marées in seiner frühen Schaffensphase sich überwiegend Militärdarstellungen widmete. Dies soll nicht im Sinne nationalistischer Kriegsverherrlichung verstanden werden oder im konkreten Zusammenhang der Studie von 1870 als »Sehnsucht, an die Front zu kommen«[47], sondern im Sinne einer grundlegenden Eigenart Marées', die sowohl in der Lebensführung als auch in der künstlerischen Praxis des Malers zum Ausdruck kommt und die Neumeyer folgendermaßen beschreibt: "Military spirit as an expression of the young painter's aristocratic predilection, is turning into [...] the spirit of order, of organisation."[48]

Fünf weitere Selbstbildnisse aus den frühen sechziger Jahren bleiben hier noch zu erwähnen, und zwar drei kleinformatige Schulterstücke aus den Jahren 1860 – 1862 und zwei Brustbilder, dem Bildausschnitt entsprechend größeren Formats, 1862 und 1864.[49] Alle stehen mehr oder weniger unter dem Einfluß rembrandtschen Hell-Dunkels; alle zeigen den Künstler, soweit erkennbar, in konventioneller Straßenkleidung und weisen motivlich nur wenige Besonderheiten auf. Das kleine Münchener und das verschollene, ehemals Bremer Bild wirken wie spiegelbildliche Pendants; beide geben den Künstler nicht enface, sondern im Dreiviertelprofil wieder.

Die beiden Brustbilder sind dagegen enface und frontal gehalten. Die vor der Brust verschränkten Arme im Winterthurer Porträt deuten bereits die Statuarik an, mit der Marées dem Betrachter auf dem Münchener Bild entgegentritt. Dieses nimmt den Ernst und die Strenge des Selbstbildnisses von 1855 (Abb. 15) wieder auf. Dagegen scheint im Porträt mit dem Hut in Winterthur eher ein komödiantisches Moment mitzuschwingen, erinnert es doch nicht nur in seiner Malweise an Rembrandt, sondern gemahnt durch den eigenartigen und deplaziert wirkenden Hut auch motivlich an die Selbstbildnisse, auf denen sich der niederländische Maler mit absonderlichen Kopfbedeckungen darstellt. Das Gemälde bekundet damit seine Nähe zum Doppelporträt mit Lenbach (Abb. 2).

Nur ein einziges Mal gibt sich Marées im Selbstporträt als Maler zu erkennen, im letzten Bild, in dem er die eigene Person als Bildthema wählt (Abb. 16). 1883, vier Jahre vor seinem Tode, entstanden, ist der Dargestellte hier mit einem Pinsel ausgezeichnet, den er mit der angewinkelten Rechten waagerecht vor die Brust hält. Abgesehen von diesem Attribut entspricht das Bildnis im Motiv weitgehend den vorangegangenen (Abb. 8–11). Dreiviertelfigurig, in starrer Frontalität und enface gibt sich der Maler in dem großformatigen Bild stehend vor dunklem Hintergrund wieder. Er trägt einen dunklen Anzug, dessen Jacke hochgeschlossen und ein weißes Hemd, um dessen umgeschlagenen Kragen ein von einer Perle gezierter weißer Schal geschlungen ist. Der Rockschoß rechts ist zurückgeschlagen, der Daumen der linken Hand steckt in der Hosentasche. Der Kopf des Malers ist unbedeckt, der Ausdruck des Gesichts feierlich, die Augen sind starr aus dem Bild gerichtet.

Nur der Pinsel in der Rechten deutet auf das Künstlertum des Dargestellten hin, der aber nicht den Eindruck macht, »als betrachte er pausierend sein in der Entstehung begriffenes Werk«.[50] Nichts deutet auf den eigentlichen Arbeitsprozeß hin, selbst die Palette fehlt. Statt dessen weist die Darstellungsweise eindeutig auf die Florentiner Selbstbildnisse zurück, wobei die Pose des Künstlers fast identisch ist mit der des Züricher Porträts (Abb. 9).

Als letztes Selbstporträt des Malers und eines seiner letzten Gemälde überhaupt hat das Bild die Interpreten zu vielerlei Deutungen angeregt.

Daß Marées hier konsequent die in seiner späten Schaffensphase entwickelten formalen Prinzipien der Bildordnung auf das Selbstporträt anwendet, ist evident. Was sich aber in dieser Darstellungsweise, die »das Subjektive in den Bereich des Allgemeingültigen hebt«[51], ausdrückt, ist nicht unbestritten. Die Meinungen decken das gesamte Spektrum von Resignation und Verbitterung[52] bis zu selbstsicherer Siegesgewißheit[53] ab.

Dabei sind Anlaß und Absichten dieser Bildschöpfung wie in keinem anderen Fall im Œuvre des Malers belegt. Laut Angaben Meier-Graefes fand im Jahre 1885 eine Ausstellung einiger weniger Bilder des Künstlers bei Gurlitt in Berlin statt, die jedoch von der Kritik völlig unbeachtet blieb. Zu den ausgestellten Bildern gehörten unter anderem Kopien des *Lob der Bescheidenheit*[54] und der *Unschuld*[55]. Die Ausstellung ging auf eine Anregung Georg von Marées', des Bruders des Künstlers, zurück und wird seit 1883 wiederholt in den Briefen erwähnt. In diesem Zusammenhang schreibt der Maler nun: »Um die Bilder als Geschöpfe unserer Zeit gewissermaßen zu beglaubigen, habe ich mein eigenes, lebensgroßes Bildnis, halbe Figur hinzugefügt. Sechs Bilder sind so der Vollendung nahe und da ich mir vorgenommen habe, mich bis Ende Juni dieser Abschlußarbeit zu widmen, so wird hoffentlich die heilige Sieben vollwerden.«[56]

Meier-Graefe qualifiziert diese Äußerung als halb scherzhaft ab, doch liefert gerade sie den Schlüssel zumindest für das späte, wenn nicht für das gesamte selbstbildnerische Schaffen des Künstlers. Es überrascht doch auf den ersten Blick nicht wenig, einen Maler, dessen Bestreben auf die Gewinnung einer überzeitlichen Bildform gerichtet ist, dessen Bilder selbst die nackte menschliche Gestalt der Zeit entrückt in arkadischer Idylle zeigen, immer wieder ausdrücklich in zeitgenössischem, zum Teil extrem modischem Kostüm vor Augen gestellt zu bekommen. Dieser scheinbare Widerspruch löst sich anhand des Selbstzeugnisses von 1883 auf. Die eigene Person dient dem Künstler zur Bekundung der Zeitgenossenschaft seiner Kunst. Er selbst sieht sich und seine Kunst nicht der Zeit entrückt, sondern in Korrespondenz und direktem Bezug zur Gegenwart. Er bedient sich dabei von Anfang an des bürgerlichen Kostüms der zweiten Hälfte des 19. Jahrhunderts, das er zum Teil mit rembrandtscher Malweise verbrämt, zum Teil durch van dyksche Pose vervollkommnet, schließlich aber völlig solcher vergangenheitsorientierter Momente entkleidet. Mit den

16 Hans von Marées, Selbstbildnis, 1883, Öl auf Holz, 99,2 × 64,1 cm, ▷ München, Bayerische Staatsgemäldesammlungen, Neue Pinakothek

Florentiner Selbstbildnissen steht der Bürger klar und ungeschminkt vor dem Betrachter, der Zeitgenosse der Gründerzeit.

Das Urteil, Marées male sich, »wie er ist und nicht wie er gesehen werden will«[57], stellt die Tatsachen jedoch auf den Kopf. Gerade die späten Selbstbildnisse stilisieren den Menschen zum Typus. H. Marwitz hat diesen in seinem gleichlautenden Aufsatz von 1976 als Der ›Herr‹ klassifiziert.[58] Der ›Herr‹ ist immer der dominante Faktor eines Gesellschaftsgefüges, in früheren Jahrhunderten der Adelige, mit der Konsolidierung der bürgerlichen Gesellschaft der Bourgeois. Die ihm angemessene Darstellungsweise ist das monumentale, großformatige, möglichst ganzfigurige Porträt des stehenden Mannes.

Marwitz bezieht sich in seiner Untersuchung ausdrücklich auf das Selbstporträt von 1883. Das verblüfft auf den ersten Blick, denn gerade dieses Bildnis ist das einzige, das der Künstler zumindest mit einem Attribut seines Künstlertums ausstattet. Doch wie wenig ist dieses Attribut akzentuiert, wie sehr überwiegt dagegen in der ganzen Erscheinung des Dargestellten der Eindruck bürgerlicher Konvenienz. Vor allen Dingen der Vergleich mit dem in der Haltung der Figur nahezu identischen Bild in Zürich (Abb. 9) macht deutlich, daß hier nur das Beiwerk ausgetauscht wurde: Die etwas stärker angewinkelte Rechte hält statt des Hutes den Pinsel. Vornehm reservierte Bürgerlichkeit und ernstes Künstlertum fallen zusammen.

»Der vornehme Mensch, der sich ständig in Gesellschaft fühlt und sich deshalb standesgemäß kleidet, kann nicht in einem Malerkittel auftreten wie Rembrandt«, bemerken Hamann/Hermand.[59] Alle 14 Selbstbildnisse, die Marées in der Zeit von 1855 bis 1883 malt, zeigen einen solchen vornehmen Menschen mehr oder weniger deutlich. Der aufs Vornehme, Repräsentative gerichtete Charakter der Darstellung verstärkt sich im Laufe der Entwicklung parallel zur Vergrößerung von Format und Bildausschnitt. Nur drei bescheidenen kleinen Schulterstücken der Frühzeit stehen vier Brustbilder und sieben halb- und dreiviertelfigurige Porträts gegenüber. Korrespondierend zum Format ändert sich die Ansicht des Dargestellten von Dreiviertelprofil und Seitenansicht in den Schulterstücken zu strenger Frontalität und Enface. Repräsentativ wirken auch die durchweg gepflegte, zum Teil äußerst formelle Kleidung, die straffe, aufrechte Körperhaltung, die beruhigte Geste, der strenge Ausdruck und die Bildordnung, die der dargestellten Figur deutlich die senkrechte Achse des Bildes zuweist. Den kämpfenden Außenseiter und in seiner Existenz bedrohten Künstler erkennt man nur schwerlich, es sei denn im psychologisierenden Umkehrschluß oder indem man ausschließlich vom Physiognomischen her argumentiert, dabei aber den Rest des Bildes unberücksichtigt lassen muß.[60]

Entgegen allen anderslautenden Beteuerungen ist der bürgerlich-repräsentative Charakter der Selbstbildnisse Marées' augenfällig. Sie bringen die Zeitgenossenschaft des Künstlers nicht nur explizit zum Ausdruck, sondern sind auch Zeugnisse seines Eingliederungsversuchs in das Gesellschaftsgefüge seiner Zeit; nichts liegt ihm ferner, als sich in gesellschaftlicher Hinsicht die Rolle des oppositionellen Außenseiters zuzuweisen, die er mit seiner Kunst zweifellos eingenommen hat und die das Pergola-Fresko dokumentiert.

Exkurs: Nachlaßverwalter und Gralshüter

»Die härteste Nuß, welche die moderne Kunst starken Zähnen zu beißen gibt, wird jetzt von hunderttausend Mündern täglich aufgeknackt«, schreibt Ferdinand Avernarius in seinem Beitrag »Marées als Mode« für den von ihm herausgegebenen *Kunstwart* im Jahre 1909.

In der Tat setzt die intensive Auseinandersetzung mit dem Werk Marées' erst gegen Ende des ersten Jahrzehnts des 20. Jahrhunderts ein; der Künstler ist zu diesem Zeitpunkt bereits seit 20 Jahren tot. Erwähnenswert im Rahmen der frühen Marées-Rezeption sind nur die Arbeiten Fiedlers von 1889 und Pidolls von 1890. Bezeichnenderweise ist der eine der Autoren lebenslanger Freund und Förderer des Künstlers, der andere sein Schüler. Hinzu kommt ein früher Aufsatz Heinrich Wölfflins aus dem jahre 1892.

Alles übrige läßt sich in wenigen Sätzen zusammenfassen: »Bei Lebzeiten wurde sein Name nur selten genannt, einige Male während seiner Münchener Zeit, also bis 1864 gelegentlich der Ausstellungen, die der Maler damals beschickte. Damals ist Pecht entschieden für ihn eingetreten. Von da an bis zu seinem Tode ist meines Wissens nicht ein bemerkenswerter Hinweis auf seine Kunst gedruckt worden. Zum Tode Marées begnügte sich die Kritik mit den obligatorischen Notizen im Telegrammstil, die übrigens zumeist von Fiedler stammten oder von ihm angeregt wurden. [. . .] Von etwa 100 Aufsätzen über die Jahresausstellung des Glaspalastes[1], die mir vorlagen, fand ich drei- oder viermal seinen Namen erwähnt, einmal mit Anerkennung. [. . .] 1893 führte Muther den Meister in die Kunstgeschichte ein. Die außerordentliche Ausdehnung des Schrifttums über Kunst in den neunziger Jahren war für Marées belanglos, und noch in den ersten Jahren des 20. Jahrhunderts sind die Studien über seine Kunst sehr wenige. Erst mit der Jahrhundertausstellung von 1906 beginnt sich die Tagespresse eingehender mit Marées zu beschäftigen. Die Kunstwissenschaft hält sich auch heute noch zurück.«[2]

Dieses kurze Resümee schickt Julius Meier-Graefe (Abb. 17) der Sammlung von Texten zur Marées-Rezeption voraus, die einen beträchtlichen Teil des Dokumentationsbandes seiner Marées-Biografie ausmacht.

17 Julius Meier-Graefe in seinem Arbeitszimmer

Sie erscheint in drei opulent ausgestatteten Bänden 1909/10 und ist in Umfang und Gründlichkeit bis heute unübertroffen. Parallel dazu finden zwei große Ausstellungen des Gesamtwerks des Malers in München und Berlin statt, eine kleinere in Frankfurt und eine weitere im Rahmen des Salon d'automne in Paris. Die Rehabilitierung des Meisters ist damit vollzogen, eine Flut von Publikationen setzt ein, Marées wird Mode.

Was Konrad Fiedler zu Lebzeiten des Künstlers und gleich nach seinem Tode nicht erreicht hatte, gelingt so einem Kunsthistoriker der nachfolgenden Generation. Die Zeitumstände und der sich verändernde Geschmack des Publikums begünstigen sein Unternehmen. Er selbst hatte entscheidende Vorarbeit geleistet mit seinem 1904 erschienenen dreibändigen Hauptwerk *Entwicklungsgeschichte der modernen Kunst*. Erstmals hatte damit ein deutscher Kunsthistoriker die Konsequenz aus der bereits vollzogenen Anerkennung des französischen Impressionismus als Manifestation der Moderne schlechthin gezogen. Rund zwanzig Jahre zu spät wird die Vorbildlichkeit der französischen Malerei für die gesamte europäische Kunst eingestanden, werden ihre Werke und Meister als Zielpunkt der Kunstentwicklung des 19. Jahrhunderts kanonisiert.

Aus kulturpolitischen Gründen muß nun ein deutscher Künstlermythos gestaltet werden. Ein Künstler wird gesucht und gefunden, der ohne Einfluß des neidvoll beäugten Nachbarn in völliger Abgeschiedenheit Vergleichbares geleistet hat, jemand, der zum Beispiel Cézanne zur Seite gestellt werden kann, jemand, der aus eigener Kraft der vorgefundenen Wirklichkeit das gestalterische Prinzip, die Form, abgerungen hat. Marées' gesamtes Leben und Schaffen kommt dieser Intention sehr entgegen. »Mir scheint, es bietet sich hier eine Gelegenheit, den Forderungen des Deutschtums, das in unserem Kunstleben oft eine so seltsame Rolle spielt, eine konkrete und unangreifbare Bedeutung zu geben«, schreibt Meier-Graefe.[3]

Der anderen, fatalen Seite des Deutschtums in der Kunst widmete der gleiche Verfasser 1905 ebenfalls eine Schrift: *Der Fall Böcklin und die Lehre von den Einheiten*. Vor allem in dieser Publikation wird Meier-Graefes Position in aller Schärfe deutlich, denn hier erläutert der Autor eloquent, was er für das Gegenteil des Künstlers schlechthin hält: Arnold Böcklin nämlich, den Hauptvertreter der ›neudeutschen‹ Kunst.

Die Konstituierung eines Gegensatzpaars Böcklin – Marées ist um so überraschender, da beide, allen künstlerischen Gegensätzen zum Trotz, als ›Deutschrömer‹ gerne zusammen gesehen werden und auch Böcklin tendenziell der Gruppe der ›Verkannten‹, der Außenseiterkünstler, zugeordnet werden kann. Nur setzt seine Anerkennung schon zu Lebzeiten ein, um die Mitte der siebziger Jahre des 19. Jahrhunderts. Die Ursachen dafür sind im außerkünstlerischen Bereich zu suchen. Das noch lange nicht festgefügte und zusammengewachsene Kaiserreich bedarf einer nationalen Kultur, um sich zumindest innerhalb seiner Grenzen gegen den Einfluß Frankreichs behaupten zu können, oder besser, es bedarf eher einiger Kulturheroen als Kristallisationspunkte dieser Kultur. So wird Böcklin bis zur Jahrhundertwende vollständig für die sogenannte ›neudeutsche‹ Kunst vereinnahmt, ebenso wie Wagner in dieser Zeit gewissermaßen zum Nationalhelden stilisiert wird. Die Parallele in der Rezeption beider Künstler kommt nicht von ungefähr. Die von der Kunstliteratur ins Mystische umgedeutete Mythenanverwandlung Böcklins und Wagners wird als einzig dem deutschen Denken angemessen reklamiert. Hinzu kommt der als prototypisch für die jüngere deutsche Geschichte erfahrbare Entwicklungsgang Böcklins: Der Spätanerkannte wird zur Identifikationsfigur der Deutschen, die sich selbst als Spätlinge der europäischen Geschichte begreifen.

Bald nach dem Tod des Malers setzt eine grundsätzliche Neubewertung seines Werks ein. Ursache dafür ist die Abwehrhaltung der nachgeborenen Künstler- und Kritikergeneration gegen gründerzeitliches Kulturbewußtsein und wilhelminische Kunstpraxis und der zitierte späte Versuch, an die Intentionen des französischen Impressionismus anzuknüpfen. Meier-Graefes Kampfschrift, die nicht ohne Grund im Titel an Nietzsches *Der Fall Wagner* anknüpft, verdeutlicht diesen Austausch der künstlerischen Leitbilder. Sein Urteil richtet sich neben den künstlerischen Unzulänglichkeiten Böcklins auch gegen den mit der Böcklinverehrung einhergehenden Pangermanismus sowie die mangelnde Trennung von Person und Werk. Bezeichnend sind seine Bemerkungen zum *Selbstbildnis mit fiedelndem Tod*, das ihm als beispielhaft für das gesamte Kunstschaffen Böcklins gilt. Seiner Meinung nach wird durch die »Zutat des Symbolischen [...] der Blick vom Werk abgezogen«[4]. Die »sonderbare Situation«, in der der Maler sich darstellt, interessiere den Betrachter in erster Linie »biographisch«.[5] Sie gebe zu Spekulationen Anlaß und »erfüllt weder den Selbstzweck des Denkens« – was auch immer damit gemeint sein mag – noch irgendeinen »Kunstzweck«.[6]

Vor diesem Hintergrund werden die im vorangegangenen Kapitel mehrfach zitierten skeptischen Bemerkungen Meier-Graefes zu den Selbstbildnissen Marées' verständlich. Sie sind Folge einer stark eingeengten Sicht des Künstlers, der beinahe monomanischen Reduzierung seines Schaffens auf die Verwirklichung des Formprinzips, welche wiederum Grundvoraussetzung und Leitmotiv seiner Stilisierung zum deutschen Kunstheros des beginnenden 20. Jahrhunderts ist. Sie sind gleichzeitig symptomatisch für die Hilflosigkeit des apologetischen Interpreten vor Äußerungen des Selbstbewußtseins eines Künstlers, die offenkundig den vom Biografen selbstgesteckten Bedeutungsrahmen sprengen. Ihre deutliche Aussage wird mit lässiger Geste ignoriert, wenn sie geeignet ist, den soeben konstruierten Mythos zu unterminieren.

Die gleichen Mechanismen der Kunstheroenapologetik werden auch bei Feuerbach wirksam, der seinen großen nachgeborenen Streiter in Hermann Uhde-Bernays findet. Dessen Wirken unterscheidet sich von dem Meier-Graefes dadurch, daß er keinen neuen Mythos ins Leben zu rufen braucht. Diese Arbeit hatte die (Stief-)Mutter des Künstlers bereits unmittelbar nach dessen Tode geleistet.

Henriette Feuerbach (Abb. 18), die schon zu Lebzeiten des Künstlers dessen Anerkennung nach Kräften durchzusetzen bemüht gewesen ist, betreibt nach dessen Ableben einen ›Rehabilitierungsfeldzug‹, dessen Raffinement und Vehemenz im 19. Jahrhundert seinesgleichen sucht und in der Ausnutzung aller zur Verfügung stehenden Mittel nur mit den großangelegten Kampagnen moderner Public Relations zu vergleichen ist. Die Zeichen der Zeit klar erkennend, ist ihr Ziel dabei die Ablenkung vom schwer zu popularisierenden Werk des Sohnes auf dessen Persönlichkeit. Sie stilisiert ihn zum olympischen Kunstheros, zum Propheten, dem das Vaterland die Anerkennung schmählich versagt hat.

Das Unternehmen beginnt 1880 mit der bedeutungsschwangeren Heimholung des in Venedig Verstorbenen und seiner pompösen Bestattung in Nürnberg unter Anteilnahme sowohl der Honoratioren wie der Künstler der Stadt, nahe den Gräbern Dürers, Pirkheimers und Veit Stoß', wodurch die Voraussetzung zur nachfolgenden Umdeutung des Malers zum Nationalhelden geschaffen wird. Um die negative Kritik am Werk des Sohnes als rein persönliche Anfeindung hinzustellen und ihr damit den Boden zu entziehen, geht die Stiefmutter daraufhin unverzüglich daran, Tragik und erhabene Größe dieses Künstlerschicksals herauszustellen. So entsteht das Gerücht, der frühe Tod des Meisters sei zu nicht geringem Teil auf ein Verschulden seiner Kritiker zurückzuführen.

1882 erscheint das von ihr geschickt redigierte *Vermächtnis*, die vorgeblich autobiografische Schrift des Malers, die den Dreh- und Angelpunkt der gesamten Feuerbachrezeption bis in die vierziger, ja fünfziger Jahre unseres Jahrhunderts bildet. Wenn diese geschickte Nachlaßverfälschung auch seit der Jahrhundertwende als solche erkannt ist[7], wenn auch als weitere Quellen die Originalbriefe sowohl des Malers als auch seiner Mutter herausgegeben werden[8], so geschieht dies in jedem Fall mit solcher Pietät und Achtung vor dem entsagungsvollen Leben der Mutter und der Tragik des Sohnes, daß das Bild des Künstlers bis in die jüngste Zeit keiner Revision unterzogen wurde. Der heutige Betrachter steht vor dem erstaunlichen Phänomen, daß, von wenigen Ausnahmen abgesehen, mehrere Forschergenerationen es kaum vermochten, über die Person des Künstlers zu dessen Werk vorzudringen, ja selbst jener kaum habhaft wurden, sondern seiner Selbsteinschätzung mehr oder weniger kritiklos folgten.

Doch dieses so erfolgreich inszenierte Unternehmen wäre undenkbar gewesen ohne die über Jahrzehnte hinweg in Briefen an die Stiefmutter niedergelegten Schmäh- und Verzweiflungstiraden des Sohnes über seine ihm vermeintlich feindlich gesonnene Umwelt. Besonders schwer

18 Anselm Feuerbach, Bildnis Henriette Feuerbach, 1877, Öl auf Leinwand, 86,5 × 69,5 cm, Berlin, Staatliche Museen Preußischer Kulturbesitz, Nationalgalerie

zu schaffen macht dem Künstler immer wieder die Tageskritik, die er pauschal als ablehnend, eher noch als feindselig ansieht. Eine unvoreingenommene Analyse solcher Kritiken beweist jedoch das genaue Gegenteil: Feuerbachs Begabung wird eigentlich nirgends angezweifelt, kritisiert werden nur einzelne Aspekte des jeweiligen Werkes.[9] Aus lokalpatriotischem Interesse ist der Tenor häufig eher positiv, werden selbst frühere Gegner schließlich zu Befürwortern seiner Kunst.[10]

Auch von einer mangelnden Breitenwirkung der Kunst Feuerbachs kann nicht die Rede sein. Daß seine Werke nicht den Geschmack breiterer Publikums- und Käuferschichten getroffen haben, ist zwar nicht zu bezweifeln, doch steht der Maler sein Leben lang im Blickfeld der Öffentlichkeit. Seine Gemälde sind auf jeder größeren Ausstellung anzutreffen, zu jedem seiner maßgeblichen Werke sind eine Vielzahl von Kritiken auszumachen. Zum Zeitpunkt seines Todes ist er durchaus kein Unbekannter, nur ist er in den großen öffentlichen Galerien eben nicht in dem Ausmaß vertreten, das er und seine Stiefmutter für angemessen erachtet hätten.

Feuerbachs überarbeitetes und in der schließlich publizierten Form nie zur Veröffentlichung bestimmt gewesenes *Vermächtnis* erlangt ungeheure Popularität und wird in den vier Jahrzehnten nach seinem Tod durch weiteres vorgeblich authentisches Schrifttum ergänzt.[11] 1926 geht die 45. Auflage in Druck.[12] Das Bild des Künstlers wird damit festgeschrieben als das eines in bitterer Armut lebenden, vergrämten und durch seine Quasi-Expatriierung tiefsten Depressionen ausgesetzten deutschen Kunstheros.

Hermann Uhde-Bernays tritt im zweiten und dritten Jahrzehnt unseres Jahrhunderts gewissermaßen die Nachfolge Henriette Feuerbachs an, indem er das bereits fixierte Bild des Malers diesmal mit wissenschaftlichen und populärwissenschaftlichen Publikationen weiter untermauert. Die Ursachen seiner intensiven Beschäftigung mit dem Werk Feuerbachs sind einerseits zwar ausgeprägt familiärer Natur – sein Stiefvater, der Germanist Michael Bernays, gilt als einer der engsten Vertrauten Henriette Feuerbachs während ihrer letzten Lebensjahre –, rühren jedoch ebenso aus einer unübersehbaren Geistesverwandtschaft des fest in deutsch-humanistischen Traditionen wurzelnden Wissenschaftlers mit dem Maler.

So nimmt es kaum Wunder, daß auch er, ähnlich wie Meier-Graefe, das umfangreiche selbstbildnerische Schaffen des Künstlers deutlich vernachlässigt. Denn der Zeit seines Lebens arrogant-stutzerhaft posierende Dandy, der dem Betrachter aus den Selbstbildnissen entgegentritt, paßt für das deutsche Publikum recht wenig zum Bild des ›verkannten Künstlers‹, des leidenden Genies des *Vermächtnis*, dem man schuldbewußt gebeugten Hauptes bereitwillig seine Anerkennung zollt.

Auch Böcklin behält, den Angriffen Meier-Graefes zum Trotz, eine Gemeinde von Jüngern und Verehrern. Zwar steht die Kunstwissenschaft des 20. Jahrhunderts den Werken der sogenannten idealistischen Kunst für lange Zeit fremd gegenüber, sie bleiben jedoch vor allem durch fortgesetzte großformatige Reproduktionen populär. Hinzu kommt, daß so leicht wohl kein zweiter Künstler zu finden ist, dem sich so viele ›Eckermänner‹ angeschlossen haben wie Böcklin: Schüler, Vertraute und Freunde, die die Äußerungen ihres Meisters sammelten und diese in den Jahrzehnten nach seinem Tode veröffentlichten.[13] Daneben führt eine kleine Gruppe von Kunstwissenschaftlern bis heute einen ›Kampf um Böcklin‹, initiiert durch A. Grabowskys gleichnamige Antwort aus dem Jahre 1906 auf die Schrift Meier-Graefes und angeführt von Heinrich Alfred Schmid, dem das umfassende Œuvreverzeichnis des Künstlers aus den Jahren 1892–

1902 zu verdanken ist und der bis 1942 zahllose Aufsätze zu dem von ihm favorisierten Künstler publiziert. »Über Böcklin schreiben, das heißt Krieg führen«, kann deshalb Carl Georg Heise in seinem Böcklinartikel von 1936 für das biografische Standardwerk *Die großen Deutschen* konstatieren.

Für Makart und Lenbach hingegen kämpft nach ihrem Tode niemand mehr. Offenbar war ihr Ruhm eher weltlicher Art. Die postume Apotheose bleibt den ›Verkannten‹ vorbehalten. Ihre Grabmäler sprechen für sich und für den Mythos, an dessen Ausgangspunkt sie stehen (Abb. 92–94).

Franz von Lenbach

»Was er uns gab, der seltne Mann,
Was er gewollt und was er gewann,
Wird man wohl lang noch umstreiten –
Aber ein Kranz ist, der ihn kränzt,
Aber ein Ruhm ist, der ihn umglänzt
Bis in die fernsten Zeiten:

Daß er uns Bismarcks Bild gewahrt,
Daß er den Besten von deutscher Art
So für die Zukunft gerettet,
Macht ihn allein uns lieb genug!
Fest ist der Name, den er trug,
Jenem geweihten verkettet!

Und wenn ein Deutscher von Bismarck spricht,
Schaut er im Geiste das Heldengesicht,
Wie es uns Lenbach umrissen!
Und wenn ein Deutscher an Lenbach denkt,
Ist auch der Sinn auf den Großen gelenkt,
Den wir so schmerzlich noch missen!

Grüße ihn drüben in Walhalls Hut,
Meister, ihn, den mit flammender Glut
Hier du geliebt und bewundert!
Sag ihm, sein Deutschland sei froh und stolz,
Daß ihm zwei Männer aus solchem Holz
Wuchsen in einem Jahrhundert.«[1]

Wie bei keinem anderen deutschen Künstler sind Leben und Werk Franz von Lenbachs (1836–1904) mit dem historischen Phänomen Gründerzeit verbunden. Wie er mit seinem Schaffen zum Chronisten dieser Zeit wird, so ist sein Lebensweg, seine Karriere, prototypisch für das

Menschenbild, das gesellschaftliche Ideal seiner Epoche. Die zeitgenössische Kritik hat dies bereits gesehen und anerkannt. Sein Leben, ein »aus Nacht zum Licht führendes Märchen«[2], läßt ihn »wie jene Kraftnaturen der Renaissance«[3] erscheinen, die dem dem Kult des Individuums huldigenden Menschen der Gründerzeit als Leitbild vor Augen stehen. Seine Kunst aber »verkörpert im wahrsten Sinne des Wortes ein Stück Zeithistorie«[4], denn »alle, welche der gewaltigen Zeit ihr Gepräge gegeben, waren zu ihm ins Atelier gekommen, daß er die Kulturgeschichte des Jahrhunderts so umfassend interessant und charakteristisch, wie kein Schriftwerk es vermochte, in Bildnissen der Nachwelt überlieferte«.[5]

Von entscheidender Bedeutung für die Popularität und Breitenwirkung Lenbachs ist seine Verbindung mit den Reichsgründern von 1871, den ›Vätern der Nation‹, Wilhelm I., Moltke und Bismarck. Vor allem die Person Bismarcks ist aufs engste mit der des Malers verknüpft, der ab 1879 unzählige Porträts des Reichskanzlers geschaffen hat. Hans von Faber du Faur berichtet in seinen Erinnerungen von einem Besuch bei Lenbach »Ende der neunziger Jahre, wo er [Lenbach] mir, als ich ihn beim Malen eines großen Bismarckbildes traf, sagte: Das ist jetzt der sechsundsiebzigste, den ich male. Der ist für das Städelsche Institut in Frankfurt.«[6] Wie dieses entstand der größte Teil der Bismarckbilder in öffentlichem Auftrag, was dem Porträtmaler zu Lebzeiten eine unverhältnismäßig starke Präsenz in öffentlichen Museen sicherte. »Lenbach war dem deutschen Volk sicher der bekannteste Maler«, kann Karl Storck deshalb mit Fug und Recht in seinem Nekrolog konstatieren.[7]

Wie sehr das Verhältnis zu Bismarck das Bild Lenbachs in der Öffentlichkeit geprägt hat, geht besonders aus den zahlreichen zum Tode des Künstlers erschienenen Artikeln hervor, von denen es keiner unterläßt, auf das herzliche Verhältnis der »beiden urdeutschen Kraftnaturen«[8] hinzuweisen; Lenbach war »nicht nur der Maler und Vertrauensmann des Kanzlers, er war auch sein Freund«, heißt es in der *Neuen Freien Presse*.[9] Selbst der dem Maler nicht gerade freundlich gesonnene konservativ-katholische Kritiker der *Allgemeinen Rundschau* kann nicht umhin, ihm für die Bismarckbildnisse hohe Anerkennung zuteil werden zu lassen: »Indem Lenbach durch ein günstiges Geschick zum Maler des Fürsten Bismarck geworden, konnte er mittels seiner eminenten Fähigkeiten dem deutschen Volk einen wahrhaft historischen und nationalen Bildschatz darreichen und dadurch in der Kunst- und Vaterlandsgeschichte zu einer

Stellung aufrücken, wie sie eben nur unter außerordentlichen Zeitverhältnissen begünstigten, genialen Menschen erblühen kann.«[10] Auch Fritz von Ostini, publizistischer Vorkämpfer der Sezessionsbewegung und damit den von Lenbach befehdeten und Lenbach befehdenden ›Modernen‹ zugehörig, verfällt in diesem Zusammenhang in hymnisches Lob, obwohl er gleichzeitig andernorts des Malers veraltete Kunstauffassung weiterhin tadelt, »weil die Zeit, die Lenbach vertrat, nicht die allerjüngste war, sondern wohl mit den achtziger Jahren abschloß«.[11] Das eingangs zitierte Gedicht aus der Münchener Sezessionszeitschrift *Die Jugend* stammt aus seiner Feder.

Lenbach dokumentiert dem deutschen Volk seinen nationalen Aufschwung durch die Gestalten der zu Volkshelden avancierten Reichsgründer. Der Maler bringt seine eigene Person auf diese Weise in unauflösbaren Zusammenhang mit dem jungen deutschen Nationalstaat und rückt selbst in die Nähe der Hauptidentifikationsfigur des gründerzeitlichen Bürgertums, lebt »in dem Glanz dieser Zentralsonne des neuen Deutschlands«.[12]

Es mag sein, daß zwischen Lenbach und Bismarck wirklich ein freundschaftliches Verhältnis bestanden hat, wie von der zeitgenössischen Presse fortwährend betont wird und wie es seine zweite Frau Lolo noch 1936 in einem ausführlichen Artikel für die *Kölnische Zeitung* beschwört, doch dient dem Maler die Figur des Reichskanzlers unzweifelhaft zur Akzentuierung seiner eigenen Stellung innerhalb des Gesellschaftsgefüges der Gründerzeit. Dies wird besonders deutlich anläßlich des Bismarckbesuchs in München 1892, zu einem Zeitpunkt also, als der ehemalige Reichskanzler – politisch bereits aufs Abstellgleis geschoben – zur Kristallisationsfigur der konservativ-bürgerlichen Opposition zu dem noch unpopulären Wilhelm II. wird. Einladung und Initiative zu dieser Visite gehen – unter Umgehung aller öffentlichen Stellen – allein von Lenbach aus, der es jedoch versteht, der ganzen Aktion ein quasi-offizielles Gepräge zu verleihen.

Wie selbstverständlich nimmt Bismarck Wohnung in der Villa des Malers. Lolo von Lenbach erinnert sich: »Den ganzen nächsten Tag über blieb die Villa Lenbach in einer Art Belagerungszustand. Deputationen und Körperschaften, betagte Besucher wechselten mit Kindern, die, von ihren Müttern geleitet, dem Fürsten Blumen bringen wollten. Und immer standen längs des Gartengitters harrende Menschen, die nach dem Anblick des Kanzlers verlangten. Lenbach war stets sein Herold, kam zu den

Wartenden ans Gitter, teilte mit, daß der Fürst jetzt auf den Balkon treten oder ausfahren werde.«

»Lenbach, der seinen großen Gast überallhin begleitete und die Seele aller Veranstaltungen zu dessen Ehre war, befand sich in einer Stimmung, wie man sie selten an ihm gesehen. Er strahlte vor Gehobenheit. Einer Dame, die ihm nachträglich sagte, daß sie sich nicht getraut hatte, in seinen Garten zu kommen, um einmal Bismarck in der Nähe zu sehen, erwiderte er tadelnd: ›Das war sehr ungeschickt von Ihnen. Denn ich habe ihn ja nicht für mich eingeladen, wo ich ihn doch auch sonst haben kann, sondern ich habe ihn eingeladen, damit ihr alle ihn seht, und er eure Liebe sieht.‹ «

»Den wundervollen Abschluß der Bismarcktage bildete der große Fackelzug der Münchener Studentenschaft, währenddessen eine kleine erlesene Gesellschaft den Abend im Lenbachhaus um Bismarck geschart zubrachte [...]. Als nun der Fackelzug herannahte, erschien der Fürst mit weißer Halsbinde, den Schlapphut auf dem Haupte und eine Rose im Knopfloch auf der Veranda der Lenbach-Villa. Dorthin waren zwei Lehnsessel gebracht worden, in denen der Fürst und die Fürstin Platz nahmen.«[13]

Lenbach arrangiert ›seinen‹ Bismarck als lebendes Bild in seinem Hause in ähnlicher Weise, wie er ihn wiederholt gemalt hatte. Der Maler selbst ist Mittler, ›Herold‹, zwischen Volk und Held und macht sich damit zur Kristallisationsfigur gründerzeitlichen National- und Geschichtsbewußtseins.

Die Gestalt des Reichskanzlers wird zum Attribut des Künstlers, unabdingbar für jeden, der Wesen und Wirken des Malers dem Publikum eindeutig vermitteln will. Das Abbildungsmaterial des Lenbach gewidmeten Bandes der um die Jahrhundertwende überaus populären *Künstlermonographien* liefert dafür eindeutige Indizien. Abgesehen von neun Bismarckporträts und -studien finden sich dort zwei Fotografien, die während des Besuchs in München entstanden sind (Abb. 19, 20). Die Aufnahmen, die im Zusammenhang mit der Beschreibung der Villa Lenbachs erscheinen, sind von eher mäßiger Qualität. Sie bilden beide keinen charakteristischen Aspekt des Objekts ab, das sie eigentlich wiederzugeben vorgeben, der »Villa Lenbach in München«.[14] Bedeutung erlangen sie nur durch die jeweils der Abbildungsbezeichnung zugefügten Erklärungen: »Haupteingang des Quergebäudes. Auf dem Balkon Fürst und Fürstin Bismarck«; »Fassade des Quergebäudes. Vor dem Portal Fürst Bismarck

19 »Villa Lenbach in München. Haupteingang des Quergebäudes. Auf dem Balkon Fürst und Fürstin Bismarck.« Fotografie, 1892

20 »Villa Lenbach in München. Fassade des Quergebäudes. Vor dem Portal Fürst Bismarck und Lenbach.« Fotografie, 1892

und Lenbach«. »Lenbach hatte auf der Terrasse seines Hauses in der Luisenstraße seinen Bismarck dekorativ aufgebaut«, erinnert sich Franz Naager 1936.[15] Die erwähnten Fotografien bestätigen diese Erinnerung.

Der Kontakt zu Bismarck ist aber nur der krönende Abschluß eines sorgsam geplanten und gepflegten Systems gesellschaftlicher Beziehungen. Einer der Angelpunkte dieses Systems ist die Bekanntschaft mit Richard Wagner, einem der Fixsterne der Münchener Gesellschaft in den sechziger Jahren. Durch ihn öffnen sich dem Maler die aristokratischen und großbürgerlichen Kreise der Anhängerschaft des Komponisten. Ausgehend vom Münchener Wagnerkreis um die Gräfin Usedom gelangt er in die Berliner Gruppe der Gräfin Schleinitz, die ihn am kaiserlichen Hof einführt. Bildnisse des Kronprinzenpaares, des Grafen Moltke und Wilhelms I. sind die Folge. Zu den Wagneranhängern gehört auch Marie Muchanoff in Wien, die gleich der Familie des italienischen Politikers Marco Minghetti dem engeren Bekanntenkreis Lenbachs zugerechnet wird. Die Damen Minghetti vermitteln den ersten Kontakt zu Bismarck in

Bad Kissingen 1874. Moritz von Schwind und Hans Makart öffnen Lenbach den Zugang zum Rest der Wiener Gesellschaft, vor allem über den Salon der Damen von Wertheimstein, in dem alle die ein- und ausgehen, die in Wien Rang und Namen haben.

Das konsequente Bemühen des Malers um Zugang zu den höchsten gesellschaftlichen Kreisen in den sechziger und siebziger Jahren ist überdeutlich. Lenbachs Modelle rekrutieren sich schließlich alle aus dieser Gesellschaftssphäre: Hocharistokratie, Geldadel, Industriemagnaten und Politiker. Sein Ansehen, seine gesellschaftliche Stellung und seine Preise sind unmittelbar vom sozialen Status dieser Modelle abhängig. Spätestens durch die Porträts Bismarcks, Moltkes und Wilhelms I., schließlich auch Papst Leos XIII. rückt er selbst in eine solche Stellung auf, denn er »war mit autokratischem Recht Maler der Großen, weil er nicht Diener, sondern Herr war«.[16]

Indem es schließlich zur Prestigefrage wird, von Lenbach porträtiert zu werden, findet eine vollständige Umkehrung des Verhältnisses von Künstler und Publikum statt. Der Maler fixiert das Menschenbild einer Epoche und setzt damit Leitbilder für das Selbstverständnis der gesellschaftlichen Gruppe, an der er sich zuvor selbst orientiert hatte. »Sie alle können wir nur noch mit den Augen sehen, mit denen Lenbach sie sah«, bemerkt ein Kritiker anläßlich seines Todes.[17] Aus nur kurzer zeitlicher Distanz hat Richard Hamann dies 1914, mitten in einer Zeit globaler Ablehnung Lenbachscher Kunst, als Verdienst des Malers herausgestellt: »Und das muß man Lenbach lassen. Die Physiognomie der Zeit hat er in seinen Porträts glänzend herausgebracht, das Imponierende des Auftretens, das Bedeutende, immer nach außen Gewandte der Persönlichkeit, das doch niemals nur Pose war, sondern geisterfüllt, eine wunderbare Mischung von aristokratischer Gesinnung und bürgerlicher Tatkraft.«[18]

Lenbachs künstlerische Entwicklung erweist sich unter diesem Blickwinkel als geschickter Vorstoß in eine Marktlücke. Hervorgegangen aus dem Atelier Carl von Pilotys, zeigt er zu Beginn seiner Laufbahn entschiedene Tendenzen zur Freilichtmalerei, die noch während seiner Kopistentätigkeit für den Grafen Schack 1864–1868 in Rom, Florenz und Madrid weiter verfolgt werden. Als er sich Ende der sechziger Jahre endgültig dem Porträtfach zuwendet, ist er jedoch vollständig auf die für ihn von nun an typische altmeisterliche Malweise eingeschwenkt. Seine Porträts zeichnen sich durchweg durch den von ihm entwickelten ›Galerieton‹ aus, eine künstlich erzeugte Patina, die die Bilder in ihrem Erscheinungsbild gezielt den natürlich nachgedunkelten Werken der alten Meister angleicht.

Die Bildnisse passen sich so in verschiedener Hinsicht dem Zeitgeschmack an. Einerseits fügen sie sich bruchlos in das gründerzeitliche Interieur ein. Pecht beschreibt diese dezidierte Absicht des Malers folgendermaßen: »Angesichts der Vereinigung aller möglichen Kostbarkeiten in den herrlichen italienischen Palästen [...] fiel ihm dann auch zuerst auf, daß jedes wirklich gut gemalte [...] Bild nicht nur die Nachbarschaft jedes anderen, sondern ebensowohl auch die der Kostbarkeiten aller Art [...] vertragen konnte, ohne in seiner Wirkung beeinträchtigt zu werden. Die Seinigen soweit zu bringen, daß sie solche gefährliche Umgebung auch vertrügen, das ward fortan das Ziel seines Lebens.«[19]

Andererseits kam der altmeisterliche Duktus aber auch dem Bedürfnis der Porträtierten nach historischer Legitimation entgegen. Die durch den Galerieton hervorgerufene Verunklärung der Körpersilhouette, ihr weitgehend fließender Übergang zum Hintergrund, erregte anfangs wohl den Unwillen einiger Kritiker und Kunden, da sie den Anforderungen offensiver Repräsentativität nicht entsprachen. »Lenbach ist einmal nicht für die repräsentative Malerei gemacht«[20], denn »Toiletten der Damen und Schmucksachen, Orden und Uniformstücke malte er ganz ohne den nötigen Respekt vor diesen Gegenständen«.[21] Die in scharfem Kontrast zu solch vernachlässigten Partien stehende deutliche Akzentuierung des Kopfes, vor allem der Augenpartie, erweckte dagegen den Eindruck scharfsichtiger psychologischer Deutung des Dargestellten.

Dieser vermeintlich private Charakter der Bildnisse wird schließlich als der eigentliche Vorzug Lenbachs angesehen. »Wenn die moderne Malerei seit van Dyck die Menschen gewöhnlich so gibt, wie sie aussehen, wenn sie sich beobachtet wissen, so faßt sie jene [Lenbachs] auf, als ob wir sie im Gespräch oder allein belauschen.«[22] Dabei kommt begünstigend hinzu, daß das Unmalerische des »modernen Kostüms«[23] dieses System nahelegt. »Frei von jeder Gelecktheit und Modekoketterie«[24] glaubt man die Dargestellten zu erkennen, »in ihren besten Augenblicken belauscht; sie zeigen uns ihr Innerstes, nicht ihre Uniformen und Orden oder das, wozu ihre Pariser Modistin sie herausputzte.«[25]

Nur vereinzelt und auch erst nach dem Tode des Malers ist die subtile Repräsentativität solcher Darstellungsweise von den Zeitgenossen erkannt und beschrieben worden: »Seine Porträts haben das Feierliche, Geheimnisvolle alter Ahnenbilder und eine Ausstellung Lenbachscher Bilder, wie er sie oft in einem heute leider verloren gegangenen Geschmack zusammengestellt hatte, gebot den Beschauern unwillkürlich Flüstern und Schweigen.«[26]

Siegfried Wichmann hat in seiner großen Lenbach-Monografie von 1973 die vom Maler eingesetzten Methoden differenzierter Charakterisierung im Porträt in ihrer Subtilität scharf analysiert. Bestimmte Darstellungsmodi werden seiner Meinung nach von Lenbach gezielt auf Vertreter verschiedener Gruppierungen der gründerzeitlichen Oberschicht angewandt. Das einzelne Porträt vermittelt dabei oberflächlich den Eindruck scharfer Individualisierung, verfolgt aber unterschwellig nur die Absicht, »den Dargestellten elitär gruppenreif«[27] zu machen, im Sinne »einer aktiven Feudalgruppe, die als Gegenbewegung zur aktiven Masse der marxistischen Ideologie der Zeit steht. In der Auswahl der Dargestellten sind exemplarische Normen aufgestellt.«[28] Es wird verständlich, warum für eine gewisse Zeit ein Porträt von der Hand Lenbachs zu den unabdingbaren Bestandteilen großbürgerlicher Selbstdarstellung gehört. Sich einer Gruppe ausgezeichneter Individuen zuzählen zu können, entspricht dem Selbstverständnis der herrschenden Schicht. »Lenbach war gerade im Sinne der heutigen Weltanschauung einer der modernsten Menschen«, bemerkt Max Schmid 1906.[29]

Lenbach huldigt in der Tat dem Individualitätskult gründerzeitlicher Prägung. »Jeder Mensch ist ein Unikum. Jeder hat etwas an sich, was kein anderer hat, jeder kann etwas, was kein anderer kann.« Diesen bezeichnenden Ausspruch hat Wilhelm Wyl überliefert.[30]

Bezeichnender noch ist die Antwort des Künstlers auf die Umfrage Eduard Engels bezüglich »Münchens Niedergang als Kunststadt« aus dem Jahre 1902: »Immer und überall waren es die großen Persönlichkeiten, denen die Kunst ihren Fortschritt zu verdanken hatte. [...] Die Stadt, wo gerade ein führender Künstler wirkt, ist eine führende Kunststadt.«[31] Hier ist nun fraglos die eigene Person in den Kreis der großen Persönlichkeiten miteinbezogen, wozu ihm seine Stellung im Münchener Kunstleben auch durchaus das Recht gibt. Lenbach wirkt weiterhin in München – von Niedergang kann also keine Rede sein.

Auch Lenbachs Selbstbildnisse begleiten seine gesamte Malerlaufbahn.[32] Bezeichnenderweise findet seine Selbstporträtproduktion ihren Höhepunkt in den neunziger Jahren, als ganze Bildserien entstehen, die motivlich nur geringfügig voneinander abweichen.

Aus der Frühzeit des Malers sind einige Bleistiftzeichnungen erhalten geblieben.[33] Ein kleines Bildnis in Öl aus Kölner Privatbesitz, das lange Zeit als erstes Selbstbildnis in Öl gegolten hat und 1853 datiert wurde[34], ist inzwischen als Bildnis des jüngeren Bruders des Künstlers, Ludwig Konrad Lenbach, aus dem Jahre 1855 erkannt.[35] Ölbild und Bleistiftzeichnungen sprechen jedoch die gleiche Sprache (Abb. 21). Das Selbstverständnis des Malers ist offenbar noch ungebrochen realitätsverhaftet. Der Versuch einer Transponierung der eigenen Person aus dem eigentlichen Lebenszusammenhang der ländlichen Heimat heraus ist nicht einmal andeutungsweise feststellbar.

Eine Wandlung erfolgt schnell, doch nicht unvermittelt. Das Selbstbildnis in der Neuen Pinakothek (Abb. 22), entstanden »spätestens 1858, wahrscheinlich 1856«[36], liefert einen ersten Beleg für die selbstbildnerische Auseinandersetzung mit den späterhin so hochverehrten alten Meistern. Gelegenheit dazu ist ihm ausreichend geboten, da er seit 1864 Schüler der Münchener Akademie der bildenden Künste ist. Das kleinformatige Brustbild nach halblinks, das Gesicht nahezu enface mit verschatteter linker Gesichtshälfte, stellt in seiner im Vergleich zum vorgenannten Bild scharfen Licht-Schatten-Kontrastierung eine noch weitgehend unselbständige Aufnahme rembrandtschen Helldunkels dar. Dieser Versuch des Malers in der Manier alter Meister ist jedoch nicht nur ein technisches Problem, sondern in seinem deutlichen Naivitätsverlust auch ein Indiz für die Suche nach einer zeitgemäßen Künstleridentität.

Experimente mit gezielten Lichteffekten in Anlehnung an Rembrandt bestimmen auch die Selbstbildnisse der sechziger Jahre. Davon zeugt ein kleinformatiges Bruststück nach halblinks, das Gesicht im Dreiviertelprofil nach links, im Lenbachhaus (Abb. 23). Vielleicht schließt der Künstler mit der turbanartigen Kopfbedeckung hier sogar motivlich an den niederländischen Maler an, der sich im selbstbildnerischen Rollenspiel gern exotisch-extravaganter Kopfbedeckungen bediente. Entscheidend aber ist die deutliche Konzentration auf die Augen, die nicht mehr, wie beim vorangegangenen Bild, aus dem Dunkel verschatteter Höhen blicken, sondern gezielt beleuchtet das Licht reflektieren.

23 Franz von Lenbach, Selbstbildnis, 1868, Öl auf Leinwand, 45 × 30 cm, ▷ München, Städtische Galerie im Lenbachhaus

24 Franz von Lenbach, Selbstbildnis, 1866, Öl auf Leinwand, 47 × 38 cm, ▷▷ München, Bayerische Staatsgemäldesammlungen, Schack-Galerie

21 Franz von Lenbach, Selbstbildnis, 1852, Bleistift auf Papier, 39 × 29 cm, Schrobenhausen, Lenbachmuseum

22 Franz von Lenbach, Selbstbildnis, 1856–58, Öl auf Leinwand (doubliert), 49,6 × 39,8 cm, München, Bayerische Staatsgemäldesammlungen, Neue Pinakothek

Den Höhepunkt unter den Selbstporträts der sechziger Jahre bildet zweifellos dasjenige in der Schackgalerie (Abb. 24). Das kleinformatige Bruststück nach links, den Kopf im Dreiviertelprofil nach links, gibt die nunmehr charakteristische Lenbachphysiognomie wieder: Der zerzauste Vollbart und die runden Brillengläser sind unverkennbare Merkmale des Künstlers bis zu seinem Tode. Der große, breitkrempige Hut hat seine Ursache vielleicht in zwei gleichzeitig entstandenen Kopien nach Rubens' Selbstbildnis in den Uffizien.[37] Die typisch Lenbachsche Anverwandlung rembrandtschen Helldunkels ist hier voll entwickelt: Das Licht ist auf die entscheidenden Partien des Gesichts gelenkt, die Körperkonturen verschwimmen weitgehend mit dem Dunkel des Hintergrunds. Die Augen sind zum eigentlichen Blickfang geworden.

Das Bild hat programmatischen Charakter für das weitere Schaffen Lenbachs. Zusammen mit einem Porträt Ludwigs von Hagn erscheint es auf der Weltausstellung 1867 in Paris und erntet dort höchstes Lob des einflußreichen Münchener Kritikers Friedrich Pecht.[38] Pecht wiederholt dieses Urteil in seinem Sammelwerk *Deutsche Künstler des 19. Jahrhunderts* 1880 und 1888. Beide Bilder sind für ihn Angelpunkt Lenbachschen Kunstwollens, erste vollendete Dokumente seiner Schulung an den alten Meistern, damit aber auch der Ausgangspunkt seines anschließenden Erfolgs.[39] Nur auf das Gesicht ergieße sich gleißendes Licht, die Augen seien scharf akzentuiert und alles übrige, die »Nebendinge«[40], weitgehend vernachlässigt, um »durch solche Konzentration jene Harmonie und Wirkung zu erreichen, welche die erste Erfordernis dessen ist, was man ein Bild nennt«.[41]

Lenbach, der sich inzwischen von der Freilichtmalerei vollständig abgewandt hat, vermittelt dem Publikum seine neuen künstlerischen Absichten mit Hilfe des Selbstbildnisses. Dieses entledigt sich damit seines reflektorischen Charakters und wird zum offensichtlichen Werbemittel an einem Ort, der zu diesem Zweck besser nicht hätte ausgewählt werden können, wo Geschichts- und Gegenwartsbewußtsein zu einer ästhetischen Einheit verschmelzen, wie sie nur dem Gründergeist möglich war. Als sein eigenes Modell formuliert der Maler das Selbstverständnis seines potentiellen Kundenkreises: Die Tradition wahrend, gibt er sich unbezweifelbar als Mensch der Gegenwart zu erkennen.

Die beiden folgenden Jahrzehnte bringen eine Vervollständigung und Verfestigung der ›Lenbach-Ikonografie‹. Ein undatiertes Bild, dessen Abbildung sich bei Wichmann findet, zeigt den Maler leicht nach rechts ge-

25 Franz von Lenbach, Selbstbildnis, Daten und Verbleib unbekannt
26 Franz von Defregger, Bildnis Franz von Lenbach, 1895, Öl auf Leinwand, 61 × 52 cm, München, Städtische Galerie im Lenbachhaus

wandt (Abb. 25). Eine lange Strähne des schütter werdenden Haares fällt ihm in die Stirn. Der enface wiedergegebene Kopf ist etwas nach links und nach vorne geneigt, wodurch die Andeutung des Fixierens über den Brillenrand entsteht. Das rechte Auge ist weit geöffnet, das linke leicht zugekniffen. Der so entstehende grimmig-genialische Ausdruck des Malers hat konkret fixierbare Ursachen: Lenbachs Kurzsichtigkeit ist allgemein verbürgt, sein stechender Blick ist »hervorgerufen durch verstärkte Anstrengung des besseren rechten Auges und ›Zukneifen‹ des schwächeren linken«.[42]

Seit J.A. Schmoll gen. Eisenwerth zu Beginn der siebziger Jahre in zwei großen Ausstellungen nachdrücklich auf die eminente Bedeutung der Fotografie für das Werk Lenbachs hingewiesen hat[43], ist die Heranziehung dieses neuen Mediums bei der Konzipierung zahlloser seiner Bildnisse unumstritten. Solche Vorstudien stammen häufig von Berufsfotografen, sind jedoch vor allen Dingen in späteren Jahren in immer größerem Ausmaß vom Künstler selbst angefertigt worden. Pose, Gestik und Mimik in gemalten Porträts entpuppen sich in vielen Fällen als Substrat ganzer Fotoserien. Auch die Selbstporträts entstehen nicht mehr aufgrund des Studiums der eigenen Physiognomie im Spiegel, sondern werden durch

27 Franz von Lenbach, Selbstbildnis, 1895, Öl auf Leinwand, 97 × 76 cm, München, Städtische Galerie im Lenbachhaus
28 Franz von Lenbach, Selbstbildnis, 1887–93 (unvollendet), Öl auf Pappe, 65 × 51,5 cm, Florenz, Selbstbildnisgalerie der Uffizien

fotografische Aufnahmen mit dem Selbstauslöser vorbereitet. Der Blick über den Brillenrand hinweg erklärt sich so als Fixieren eines weiter entfernten Gegenstands, scheint gleichzeitig aber auch als geeigneter Modus der Selbstdarstellung kultiviert worden zu sein.[44] Diese Darstellungsweise wird mit nur leichten Modifikationen in allen späteren Selbstporträts beibehalten. Offensichtlich kann man in ihnen die verbindliche Formulierung Lenbachschen Selbstbewußtseins und Selbstverständnisses auf dem Höhepunkt seines Ruhms sehen.

Das Taillenstück nach halbrechts, Gesicht nach halbrechts, nahezu en-face, aus dem Jahre 1895 im Lenbachhaus kann dafür beispielhaft herangezogen werden (Abb. 27). Bildausschnitt und Format sind ebenso typisch für diese letzten Jahre wie die Haltung des Kopfes. Sie wird offensichtlich von den Zeitgenossen als Lenbachpose schlechthin verstanden. Ein Bildnis Lenbachs von Franz von Defregger gibt den Maler in exakt derselben Haltung wieder, unterscheidet sich freilich in Kleidung und Gestik (Abb. 26). Defregger stellt seinen Künstlerkollegen in schlichtem schwarzem Anzug dar, die Rückseite eines Bildes vorweisend, um ihn so als Maler kenntlich zu machen. Auch Lenbach selbst gibt sich als Maler

29 Franz von Lenbach, Selbstbildnis, um 1902/03, Öl auf Pappe, 95 × 75,2 cm, Köln, Wallraf-Richartz-Museum

zu erkennen, indem er, sich aus einem angedeuteten ovalen Rahmen dem Betrachter zuneigend, in der Linken deutlich einen Pinsel hält.

Das ins Bild eingeschriebene Oval schafft die Illusion räumlicher Tiefe und bildet gleichzeitig eine Barriere zwischen dem Dargestellten und dem Betrachter, eine Methode, die Lenbach in dieser Zeit nicht nur für das Selbstbildnis anwendet. Das Spannungsfeld zwischen Distanz und Hinwendung gibt dem Bild eine gebieterisch-dämonische Note, gleichsam als Verlebendigung eines Bildes im Bilde. Seine Deutung als »Altersbild des Tizian, dem er [Lenbach] seinen Bart und seine Brille einmalt«[45], ist nicht von der Hand zu weisen, zumal offenbar und ganz ausnahmsweise der Maler in ein Kostüm des 16. Jahrhunderts gekleidet zu sein scheint.

»Er hat sich bisweilen in einem Kostüm dargestellt, das an die italienisch-spanische Kavalierstracht der zweiten Hälfte des 16. Jahrhunderts erinnert. Dem würdigen Nebenbuhler des Tizian steht eine solche poetische Lizenz aber gut. [...] Wie frei und rücksichtslos Lenbach bisweilen auch mit den Kleidern der Männer und Frauen umspringt, die er porträtiert, so wird er doch niemals irgendeine Person in eine Tracht stecken, die mit ihrem ganzen Wesen in Widerspruch steht.«[46] Auch die seltene Andeutung eines zeitfremden Kostüms erweist sich somit als deutlich publikumsbezogene Selbstdefinition.

Eine nahezu identische Wiederholung des Münchener Bildes bewahrt das Wallraf-Richartz-Museum in Köln als Depotstück auf (Abb. 29). Das Fehlen des eingeschriebenen Ovals bestätigt im Vergleich die eminente Bedeutung dieses Motivs für die Intensität der Bildaussage. Das Bild ist 1982 anläßlich der Selbstporträtausstellung des Wallraf-Richartz-Museums aus eigenen Beständen für kurze Zeit aus dem Depot hervorgeholt worden. Im Begleitheft der Ausstellung wird es folgendermaßen beschrieben und gedeutet: »Der Maler fixiert den Betrachter streng über die Nickelbrille hinweg. Lenbachs Kopf, von ›genialisch‹ weißem Haar gekrönt, taucht wie eine Erscheinung aus dem Bilddunkel auf, so, als ob der Sitz des künstlerischen Ingeniums aus der Finsternis herausleuchtet. Hände und Pinsel, die bloßen Werkzeuge, sind nur flüchtig angedeutet. Das ›Genie‹ achtet das Handwerkliche als zweitrangig, in erster Linie ist es ›Gelehrter‹.«[47]

Diese Erklärung ist bis ins Detail unsinnig und stellt sowohl ein erstaunliches Dokument realitätsfern-deutelnder Selbstbildnisinterpretation dar als auch vorurteilsbelasteten Herangehens an Kunstphänomene des späten 19. Jahrhunderts. Der Bildtyp läßt sich, wie oben dargelegt wurde, statt ihn mit pejorativen Formeln zu beschreiben, auch rational erklären. Der im zitierten Text vermittelte Eindruck, die Akzentuierung des Kopfes unter Vernachlässigung anderer Details sei von Lenbach gezielt zur Selbstdarstellung eingesetzt worden, entspricht nachweislich nicht den Tatsachen, sondern wird vom Maler auch für den größten Teil seiner übrigen Porträts angewandt. Schon Böcklin hatte Otto Lasius gegenüber gerade diese Darstellungsweise als den entscheidenden Vorzug der Bildnismalerei Lenbachs hervorgehoben.[48]

Die angedeuteten Pinsel in beiden Händen stellen eher eine Betonung des Handwerklichen dar, das vernachlässigt zu haben man besonders Lenbach nicht vorwerfen kann. Gerade er hat auch öffentlich wiederholt nachdrücklich auf die Bedeutung der handwerklichen Aspekte des Kunstschaffens aufmerksam gemacht. Es sei in diesem Zusammenhang nur darauf hingewiesen, daß er zu den Gründungsmitgliedern der Deutschen Gesellschaft zur Beförderung rationaler Malverfahren gehörte.[49] Daß hiermit natürlich nicht überkommene Handwerkstraditionen gemeint sind, sondern der zeitgemäße Einsatz der modernen technischen Möglichkeiten gefordert wird, wie Lenbach selbst sie praktizierte, spricht eher für

30 Franz von Lenbach, Selbstbildnis, 1902/03, Öl auf Pappe, 98 × 78 cm, München, Städtische Galerie im Lenbachhaus

als gegen ihn. Das Selbstverständnis des Malers ist weder genialisch noch gelehrt, obwohl er, wie berichtet wird, großen Wert auf die ihm 1894 von der Universität Halle verliehene Ehrendoktorwürde legte. Bücher oder Traktate, notwendiges Beiwerk des *pictor doctus*, finden sich nur auf einem seiner Selbstbildnisse (Abb. 30). Die Gestalt des Tizian, zu der er sich in einigen der späten Selbstbildnisse in Beziehung setzt, ist nicht intellektuelles, sondern gesellschaftliches Leitbild. Die solchermaßen vollzogene Selbstbestimmung hat eindeutig sozialen Charakter: Maler der Fürsten und Fürst der Maler; Tizian, dem Karl V. den Pinsel aufhob, Lenbach, der den Reichsgründer Bismarck in seinem Haus beherbergt – nicht Diener, sondern Herr.

Lenbachs letztes Selbstbildnis (Abb. 30) bestätigt diese Vermutung. Statt eines Ovals gibt hier ein Tondo den Blick auf die Gestalt des Künstlers frei, der als Hüftstück, stehend, enface, in strenger Frontalität erscheint. Die ›Nebendinge‹ sind erstaunlich gut ausgearbeitet. Der linke Arm ist auf ein Podest mit Büchern gestützt, die gespreizte Hand vor den Leib gehalten, in der Rechten hält er einen Pinsel und eine leere Palette.

31 Franz von Lenbach, Fotostudie mit Selbstauslöser, um 1895
32 Franz von Lenbach, Fotostudie mit Selbstauslöser, um 1890

»Sein letztes Bild, ein Selbstbildnis, für mich zu Weihnachten bestimmt«, erinnert sich Lolo von Lenbach, »ist meisterhaft als malerisch-technische Schöpfung. Aber er sieht darauf krank und traurig aus, und die Palette, die er hält, ist leer und ohne Farbe.«[50]

Diesem Urteil der Gattin Lenbachs liegt wohl eine – entschuldbare – Tendenz zur Mystifizierung zugrunde. Das letzte Selbstporträt erscheint in seiner Kombination von Haltung, Gestik und Beiwerk eher als ultimate Lösung malerischer Selbstdarstellung unter propagandistischem Aspekt, zu dem sich vorläufige Formulierungen nicht nur in den vorangegangenen Selbstbildnissen, sondern im gesamten Porträtschaffen sowie in zahlreichen Fotostudien Lenbachs finden. Man kann das ganze Bild gut als Kombination zweier rund zehn Jahre älterer Fotovorlagen ansehen, die Wichmann veröffentlicht hat.[51] Die eine gibt Lenbach bei der Arbeit wieder, den Pinsel in der rechten, die Palette in der linken Hand (Abb. 31). Die andere Vorlage, bei der er die angewinkelte Rechte gespreizt vor den Leib hält, zeigt ihn, zum Ausgehen bereit, in schwarzem Wintermantel mit Pelzkragen, eine Pelzkappe auf dem Kopf (Abb. 32). Maler und Herr, auf den Fotos der neunziger Jahre noch getrennt, werden im Gemälde zu einer Einheit verschmolzen. Die historischen Bezüge der vorangegangenen Selbstbildnisse können vom Maler als bekannt vorausgesetzt werden. Er hat sie sich für die Gegenwart dienstbar gemacht. Die Durchdringung von künstlerischem und gesellschaftlichem Status, ihre wechselseitige Bedingtheit im ausgehenden 19. Jahrhundert sind im letzten Selbstbildnis Lenbachs auf eine schlüssige Formel gebracht.

Das Selbstverständnis, das Lenbach spätestens in den Selbstbildnissen seit Mitte der achtziger Jahre verbindlich und immer pointierter formuliert, findet seinen Ausdruck auch in einer diesem angemessenen Lebensform. Ein Hang zu repräsentativer Haushaltsführung ist dem Künstler von Anfang an eigen. Er kulminiert in der Errichtung des Gebäudeskomplexes der Villa Lenbach an der Luisenstraße in München, in direkter Nachbarschaft zu den Propyläen, in den Jahren 1887–1891.

Zuvor begnügte sich Lenbach lange Zeit mit der Umgestaltung bereits vorhandener Räumlichkeiten. Dabei ist ein entschiedener Hang zu fürstlichen Architekturen nicht zu übersehen. Mit Makart zusammen bewohnt er in Kairo den Palast des Khediven, während der siebziger Jahre in Wien arbeitet er nicht nur im Atelier seines berühmten Malerkollegen, sondern auch in den Stadtpalais des Fürsten zu Fürstenberg und des Grafen Hojos. Der Hof der Hohenzollern in Berlin und die Aufenthalte auf Bismarcks Gut Friedrichsruh sind weitere Stationen. Schließlich bezieht er 1882 eine Raumflucht im Palazzo Borghese in Rom.

Mitte der achtziger Jahre wird das Bedürfnis nach einer angemessenen, dauerhaften, auf die Bedürfnisse des Künstlers zugeschnittenen Wohnung immer konkreter. Dies mag in ursächlichem Zusammenhang mit der 1882 erfolgten Nobilitierung Lenbachs stehen, wie auch mit der beabsichtigten, aber erst 1887 realisierten Einheirat in die preußische Hocharistokratie, der Ehe mit Magdalena Gräfin Moltke, der Nichte des Feldmarschalls. Seine Absichten verdeutlicht der Maler ab 1885 in Briefen an Freunde und Verwandte. So schreibt er im Mai 1885 an Julie von Wertheimstein, daß er das Atelier des verstorbenen Hans Makart nicht übernehmen werde und sich nunmehr auf München als bleibenden Wohnsitz konzentrieren wolle.[52] Wenige Monate später heißt es der gleichen Adressatin gegenüber deutlicher: »Ich gedenke mir einen Palast zu bauen, der das Dagewesene in den Schatten stellt; die machtvollen Zentren der europäischen Kunst sollen dort mit der Gegenwart verbunden sein.«[53] Diese Absicht bekräftigt er einige Jahre später noch einmal gegenüber seiner Schwester: »Meine Villa soll in München ein Mittelpunkt der Künste und deren gesellschaftlichen [!] Belange werden.«[54]

Der Künstler verfolgt also offensichtlich eine doppelte Absicht, eine gesellschaftliche und eine künstlerische. Der in Zusammenarbeit mit Ga-

33 Villa Lenbach in München 1893

briel von Seidl realisierte Gebäudekomplex (Abb. 33) bringt dies durch zwei Bauten auf den ersten Blick sinnfällig zum Ausdruck, täuscht jedoch über den wahren Sachverhalt hinweg. Die beiden Gebäude werden gemeinhin als Wohn- und Atelierhaus bezeichnet. Sie sind unverbunden im rechten Winkel zueinander angelegt und begrenzen ein längsrechteckiges Grundstück an zwei Seiten. Das Wohnhaus erhebt sich an der hinteren, der Luisenstraße abgewandten Schmalseite als Abschluß eines das Areal zur Straßenseite öffnenden, regelmäßig im Stil der Renaissance angelegten Gartens. Das strenge, kubische, dreigeschossige und mit einer Laterne bekrönte Gebäude mit dorisierenden und ionisierenden Doppelpilasterordnungen in den Untergeschossen, Doppellisenengliederung im Obergeschoß und deutlicher Mittenakzentuierung durch ein Balkonportal mit geschwungener Freitreppe, worüber ein Rundbogenfenster die ›sala‹ des ›piano nobile‹ signalisiert, steht in deutlichem Kontrast zu dem unregelmäßig gestuften Langbau des Atelierhauses.

Die Kontrastwirkung stellt sich aber nicht nur für den Betrachter vom Garten aus ein, sondern bezieht sich auch auf die Gesamterscheinung des Komplexes von der Straßenseite her. Der kubischen Geschlossenheit des Wohnhauses steht die gestufte Öffnung der Atelierfassade durch den vorspringenden, vorn mit apsidialer Rundung abschließenden Terrassenbau des Untergeschosses gegenüber, zu dem seitlich eine Treppe emporführt. Eine von einem übergiebelten Aufsatz bekrönte Loggia führt von hier in die Räume des Obergeschosses. Diese Stufung ist einerseits optisch auf die Propyläen bezogen und macht andererseits aufmerksam auf die im Obergeschoß befindlichen Atelierräume des Künstlers, deren größter und wichtigster sich hinter der Loggia erstreckt. Die Bedeutung des vorderen Gebäudeteils ist weiter durch seine Erhöhung um ein Mezzaningeschoß gegenüber dem hinteren Teil des Baus unterstrichen.

Die Sinnfälligkeit des Charakters der Einzelgebäude wie auch die äußere Ablesbarkeit ihrer inneren Struktur ist für sich genommen schon Beleg genug für die gezielte rationale Planung des Gesamtkomplexes und bereitet die geschickte und bewußte Inszenierung des Innern vor.[55] Dabei kommt es jedoch im Verlauf des Fortgangs der Bauarbeiten zu einer Umorientierung in bezug auf die Zweckbestimmung der beiden Gebäude, die zusammenhängt mit der Verzögerung der Fertigstellung des Wohnhauses, das schließlich als solches nicht mehr genutzt wird.

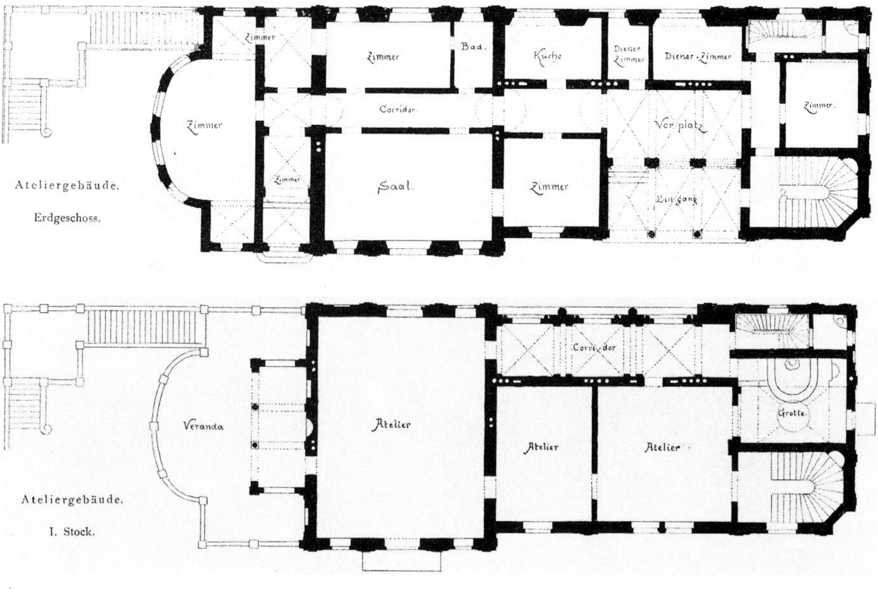

34 Villa Lenbach in München, Ateliergebäude, Grundriß des Erdgeschosses und des ersten Stocks

35 Villa Lenbach in München, Ateliergebäude, erster Stock, erster Vorraum zum Atelier, Fotografie, Ende der 1890er Jahre

36 Villa Lenbach in München, Ateliergebäude, erster Stock, zweiter Vorraum zum Atelier, Fotografie, Ende der 1890er Jahre

37 Villa Lenbach in München, Ateliergebäude, erster Stock, Großes Atelier, Fotografie, Ende der 1890er Jahre

38 Villa Lenbach in München, Ateliergebäude, erster Stock, Großes Atelier, Fotografie, Ende der 1890er Jahre

»Das Ateliergebäude hat im Untergeschoß eine vollständige Wohnung. Sie wird vom Besitzer selbst genutzt und die Räumlichkeiten des ›Wohngebäudes‹ dienen mehr repräsentativen Zwecken«, ist in der *Architektonischen Rundschau* 1893 zu lesen.[56] Das aber heißt nichts anderes, als daß aus der ursprünglichen Zweiteilung in eine künstlerische und eine gesellschaftliche Sphäre nunmehr eine Dreiteilung in einen Bereich gesellschaftlicher Repräsentation, einen weiteren, der der künstlerischen Tätigkeit gewidmet ist, und schließlich einen Privatbereich im engeren Sinne geworden ist.

Dies läßt sich klar anhand der zahlreichen Beschreibungen in der zeitgenössischen Literatur belegen, die die Privatwohnung des Künstlers durchweg nur am Rande erwähnen. Ihr Hauptaugenmerk gilt in der Regel dem Obergeschoß des Ateliergebäudes, der eigentlichen Wirkungsstätte des Künstlers Lenbach. Dieser bedient sich bei der Ausstattung dieses Bereichs eines Systems, das er nachweislich schon bei der Gestaltung der Räume im Palazzo Borghese angewendet, in ähnlicher Weise vielleicht auch in dem gleichzeitig von ihm benutzten Münchener Atelier praktiziert hatte.[57] Es handelt sich dabei um drei hintereinandergestaffelte Räume, die im Grundriß alle die Bezeichnung ›Atelier‹ tragen (Abb. 34), was jedoch im eigentlichen Sinne höchstens für den letzten Saal zutrifft.

»Der Eingang des Ateliergebäudes liegt rückwärts unter einer Säulenhalle, von der ein lichtes Treppenhaus direkt in den oberen Stock führt. Wir müssen denselben in seiner ganzen Länge durchschreiten, bevor wir in die eigentliche Werkstatt des Meisters kommen.«[58]

»Wir betreten [...], nachdem uns eine schwere kassettierte Eichentür geöffnet, das erste Vorzimmer zum Atelier (Abb. 35). Es bemächtigt sich einem sofort ein feierlich gehobenes Gefühl. Dies ist kein Alltagsraum. Kein Alltagsmensch hält sich in ihm auf [...], die goldenen Rahmen der Bilder, in die wir uns gern gleich vertiefen möchten, treten nirgends glänzend hervor und doch trennen sie die Werke von der Umgebung [...]. Es sei überhaupt gleich bemerkt, daß nirgends blendender Glanz zu finden ist [...]. Die Lichtkörper sind in allen diesen Räumen direkt am Fenster ganz unauffällig angebracht. Der Raum empfängt also auch bei künstlichem Lichte etwa dieselbe Beleuchtung wie bei Tage [...]. In diesem wie in den übrigen Räumen empfinden wir nun [...] einen gewissen Mangel an bequemen Möbeln [...].«[59]

Der zweite Vorraum zum Atelier unterscheidet sich nicht grundsätzlich vom ersten (Abb. 36). Auch hier findet sich, zum »Stimmungsraum«[60]

zusammengeordnet, Kunst und Kunstgewerbe aller Art, eingebunden in eine »streng historistische Raumdekoration«[61], was besonders an den aufwendigen, kassettierten Plafonds deutlich wird. Beide Räume sind keine Aufenthaltsräume, sondern gezielt darauf ausgerichtet, den durchschreitenden Besucher einzustimmen. Durch ihr diffuses Licht leiten sie zum großen Ateliersaal hin, der als Kulminationspunkt der ganzen Anlage den Meister selbst im Kreise seiner Werke, vollendeten ebenso wie unvollendeten, präsentiert.

Nach den eher beengenden Vorräumen mit ihrer dichten Anhäufung von Bildern und Kunstgegenständen wirkt die Weite des Ateliersaals befreiend auf den Besucher (Abb. 37, 38). Auch hier findet sich Kunst und Kunsthandwerk aller Art, jedoch nicht üppig arrangiert, sondern in eher musealer Strenge an den Wänden aufgereiht. Der Hauptakzent der Innendekoration liegt auf den großen alten Gobelins, die im Zusammenhang mit der schweren, aber erstaunlich schlichten Kassettendecke ein durchaus einheitlich wirkendes renaissancistisches Ambiente erzeugen, das als ideale Umgebung für den Lenbachschen ›Galerieton‹ anzusehen ist. Zeitgenössischen Berichten zufolge ist das Hauptatelier in der Tat in erster Linie Lenbachschen Gemälden vorbehalten gewesen. Sie stellen sich damit augenfällig in die Nachfolge der Kopien und Originale, die in den Vorräumen aufgehängt waren.

Doch erschöpft sich hierin nicht der Zweck des Saales. Lenbachs Atelier ist weder Werkstatt noch Verkaufsraum im eigentlichen Sinne. Der Künstler malt hier zwar, doch werden die Attribute der Arbeit sorgfältig in einem abgeschlossenen Raum verborgen gehalten, dessen Lage zum Atelier heute nicht mehr mit Sicherheit auszumachen ist.[62] Bilder ausdrücklich zum Verkauf anzubieten, hat der gefragte Porträtist auch nicht nötig, da er in der Regel Auftragswerke malt.

Lenbachs Atelier hat in erster Linie den Charakter eines Salons, eines Treffpunkts der gehobenen Gesellschaft, wo die Entstehung eines Bildes zum Ereignis, der Künstler selbst zur Sensation wird. Die Werbewirksamkeit der Anlage resultiert nicht nur aus der Präsentation einer gehobenen Geschmackskultur, sondern aus der Verdeutlichung des sozialen Standorts des Atelierinhabers. Dieser dokumentiert nicht nur seine Wohlhabenheit, sondern durch die aufgestellten Porträts und durch die ein- und ausgehenden Besucher vor allem seine gesellschaftlichen Beziehungen.

»Schon die Zimmerflucht, die in seinem [Lenbachs] Hause zu diesem [Atelier] hinführte, mag sich mit recht königlichem Gewicht auf die Brust des Besuchers gelegt haben. Wer da etwa meinte, er bringe etwas, weil er für ein Porträt 25 000 Mark bezahlte, der wurde ein schäbiger Bittsteller vor sich selbst, wenn er, um zahlreiche Ecken biegend, begleitet von den berühmten Männern seiner Zeit, dem Atelier entgegenschritt.«[63]

Interieuraufnahmen des großen Ateliers, deren Bilderanordnung zwar mit Sicherheit gestellt ist, geben dennoch einen Eindruck von der hier gezeigten zeitgenössischen Heroen- und Schönheitenversammlung. Lenbachs Kunst wird hier endgültig zu einem zeitgeschichtlichen Dokument, die Idee der Konstituierung einer gründerzeitlichen Elitegruppe nimmt Gestalt an. Unter den Porträts bemerkt man das Selbstbildnis Lenbachs von 1895 (Abb. 27). Dies ist keine Ausstellung Lenbachscher Bildniskunst, sondern ein fiktives Gruppenporträt: der Künstler als gleichberechtigtes Mitglied der ›guten Gesellschaft‹.

Doch Lenbachs Lebensführung beschränkt sich nicht auf die Schaumalerei in seinen Ateliersalons und repräsentative Gesellschaften in seinem opulent ausgestatteten Wohnhaus. Seine eigentlichen Wohnräume im Erdgeschoß des Ateliergebäudes, aus denen die Öffentlichkeit ausgeschlossen bleibt, scheinen auf die Ausgrenzung einer privaten Sphäre hinzuweisen.

Zur Gründung einer Familie entschließt sich Lenbach erst, als er sich dauerhafter materieller Sicherheit gewiß ist. Er ist zu diesem Zeitpunkt, 1887, 51 Jahre alt und zieht bei der Partnerwahl die logische Konsequenz aus seinem bereits errungenen sozialen Status. Magdalena Gräfin Moltke ist nicht nur Mitglied des europäischen Hochadels, sondern auch eine der gefeierten Schönheiten ihrer Zeit. Daß sie 27 Jahre jünger ist als ihr Mann erregt ebensowenig gesellschaftliches Mißfallen wie ihr preußischer Protestantismus im katholischen München. Die 1896 vollzogene Scheidung bleibt gesellschaftlich ebenso folgenlos für Lenbach wie die sofortige Wiederverheiratung des Künstlers mit Charlotte Freiin von Hornstein, trotz der zwangsläufigen Exkommunikation Lenbachs.[64]

Das Wohlverhalten der Umgebung zeugt vom Geschick des Gesellschaftstaktikers Lenbach. Seine Gattinnen entstammen beide der Gesellschaftsschicht, in die er sich selbst emporgearbeitet hat und der auch sein Kundenkreis angehört. Im Sinne der Eliteideologie hat sein Verhalten deutlich affirmativen Charakter. Auch was seinen persönlichen sozialen Status betrifft, wirkt die zweimalige Verbindung mit dem Geburtsadel bestätigend. Seine Nobilitierung wird im nachhinein legitimiert. Der Familienbereich kann deshalb problemlos in die elitäre Selbstbekundung des

39 Franz von Lenbach, Selbstbildnis mit Frau und Töchtern, 1903, Öl auf Pappe, 96,5 × 122 cm, München, Städtische Galerie im Lenbachhaus

Malers integriert werden. Dies erklärt unter anderem die nachdrückliche Thematisierung seiner Familie in der Malerei Lenbachs in den neunziger Jahren. Sie findet ihre endgültige Formulierung in den Familienbildern, deren jüngstes von 1903 im Lenbachhaus aufbewahrt wird (Abb. 39). Sein vermeintlich privater Charakter, von dem Aufbewahrungsort und Provenienz des Bildes aus dem Nachlaß des Künstlers zu zeugen scheinen, täuscht.

Die Villa ist schon zu Lebzeiten Lenbachs auch der breiteren Öffentlichkeit zugänglich, andere, sehr ähnliche Bilder, sind durchaus verkauft worden.[65] Die Komposition des Familienbildes beruht wieder auf fotografischen Vorstudien, weist in der Gruppierung der dargestellten Personen – des Künstlers, seiner zweiten Frau, der Töchter Marion und Gabriele – sogar deutlicher als alle anderen Porträts eine Anpassung an die Erfordernisse eines mit dem Selbstauslöser verfertigten Grupenbildes auf.[66] Sicher ist die Fixierung auf die Kameralinse eine der entscheidenden Be-

40 Franz von Lenbach, Selbstbildnis mit Tochter Marion, 1896, Öl auf Leinwand, Maße unbekannt, Privatbesitz

41 Franz von Lenbach, Selbstbildnis mit Tochter Gabriele, 1900, Öl auf Leinwand, 78 × 73 cm, Schrobenhausen, Lenbachmuseum

42 Franz von Lenbach, Selbstbildnis mit Tochter Gabriele, 1900, Öl auf Leinwand, 82,7 × 74,7 cm, Budapest, Szépmüvészety Múzeum

43 Franz von Lenbach, Gabriel von Seidl mit Tochter Fanny, 1897, Öl auf Leinwand, 82,5 × 74 cm, Münchner Stadtmuseum

dingungsfaktoren sowohl der Anordnung der Gruppe als auch der Posen der Einzelpersonen. Richtet man seine Aufmerksamkeit aber einmal auf das Ergebnis, das Gemälde in seiner endgültigen Fassung, und nicht auf seinen Entstehungsprozeß, so bemerkt man schnell, daß das Bild jedes intimen Charakters entbehrt. Die Beziehung der Dargestellten zueinander – Lenbachs Gattin hält die beiden Mädchen im Arm – ist rein äußerlich. Dominanter Aussagefaktor ist die Ausrichtung aller Familienmitglieder auf den potentiellen Betrachter. Dabei zeichnen sich selbst die Töchter des Künstlers durch den mondänen ›Lady-Gestus‹ aus.[67] Jeder Dargestellte ist in seiner Pose als Einzelporträt denkbar. Die Familie konstituiert sich im einheitlich elitären Bewußtsein jedes ihrer Einzelmitglieder gegenüber der Umwelt.

Häufiger noch als die Familienbildnisse sind Lenbachs Selbstporträts mit seinen Töchtern. Eine beträchtliche Anzahl der bei Mehl aufgeführten 16 Gemälde aus der Zeit von 1894 bis 1902 sind Wiederholungen[68], alle scheinen weitgehend einheitlich in Haltung, Gestik und Personenzusammenstellung zu sein. Frontal oder von der Seite wiedergegeben, enface oder im Profil, hält der Künstler eine seiner Töchter auf dem Arm. Die schon beim Familienbild beobachtete rein äußerliche Beziehung der Dargestellten zueinander fällt auch bei den Doppelporträts auf. Der körperliche Kontakt zwischen Vater und Tochter mag noch so eng sein, die Dargestellten sind einander nie zugewandt, ihre Blickrichtung geht stets aus dem Bild heraus.[69] Dabei entsteht der Eindruck, daß der Künstler das Kind gleich einem Attribut vorweise.

Lenbach erweitert mit diesen Doppelbildnissen die Palette seiner Selbstdarstellungsmöglichkeiten um eine weitere Nuance, deren Aussage ihm relevant genug erscheint, ein Bild dieses Typs auf die Pariser Weltausstellung 1900 zu schicken (Abb. 42). Fragt man nach dem konkreten Gehalt, so ist die naheliegende Antwort wohl Vaterstolz. Doch auch diese Dokumentation von Familiensinn hat nur vermeintlich privaten Charakter. Vor allem Marion, die älteste Tochter aus der Ehe mit der Nichte des Feldmarschalls Moltke, bekundet deutlich Lenbachs verwandtschaftliche Beziehungen zum Hochadel, ja selbst zu den Reichsgründern und damit ebenso wie seine letzten Selbstbildnisse und der Villenkomplex bei den Propyläen seine Zugehörigkeit zur tonangebenden Elite der deutschen Gesellschaft der Gründerzeit. Der Bürgerstolz des Aufsteigers aus eigener Kraft hat sich mit dem Bewußtsein aristokratischer Herrschaftskontinuität verbunden. Eine Karikatur Lenbachs von Olaf Gulbransson,

44 Olaf Gulbransson, Karikatur Franz von Lenbachs, 1905

die diesen Bildtyp aufnimmt (Abb. 44), belegt die Verbindlichkeit seiner Formulierung in den Augen der Öffentlichkeit.

Auch der familiäre Bereich wird für Lenbach so Ausdrucksträger seiner Selbstbekundungen, die einheitlich dem Gedanken der Festigung und Bestätigung seines Sozialprestiges unterworfen sind. Lenbach und Bismarck, Lenbach im Atelier, Lenbach und Marion sind verschiedene Aspekte faktischer Selbstdarstellung, die den der Gesellschaft, der Arbeit und der Familie zugewiesenen Bereichen des Villenkomplexes entsprechen. Alle drei sind gezielt vor die Augen der Öffentlichkeit gestellt und stehen nicht nur in Wechselwirkung untereinander, sondern bestätigen im realen Lebenszusammenhang die Aussage der Selbstbildnisse des Malers, deren elitärer Anspruch voll eingelöst wird. Die selbstbildnerische Präsentation entspricht der repräsentativen Lebensform des Malers der ›Gesellschaft‹ der Gründerzeit.

Exkurs: Atelier und Palast, Museum und Denkmal

»Eine Stadt, in der ein führender Künstler arbeitet, ist eine führende Kunststadt.«[1] München versteht sich um die Jahrhundertwende – allen Unkenrufen zum Trotz – weiterhin als die führende Kunststadt des Reiches. So stellt sie auch die *Leipziger Illustrierte Zeitung* mit der Xylographie »Heimstätten Münchener Künstler« ihren Lesern vor (Frontispiz). Lenbachs Villenkomplex nimmt darauf die exponierteste Stelle ein und ist deutlich auch die ambitionierteste Anlage, konzipiert als repräsentative Dokumentation der herausragenden Stellung ihres Erbauers im künstlerischen und gesellschaftlichen Leben der Stadt und des Reiches.

Lenbachs Absichten gehen jedoch auch darüber noch hinaus: »Muß mich nun doch auf München konzentrieren, allda mit meinem Zeug eine bleibende Sammlung zu stiften«, schreibt er an Julie von Wertheimstein am 24. Mai 1885.[2] Etwas Bleibendes also, eine Erinnerungsstätte gewissermaßen, soll mit dem Bau der Villa geschaffen werden. Schon Zeitgenossen erkennen, daß zumindest das sogenannte Wohnhaus »in Wirklichkeit lediglich als eine Art Galerie bzw. Museum«[3] dient. Denn »wie ein frommer Schloßherr seine Kapelle, so muß ein Mann wie Lenbach, der so tief vom Kulte der alten Meister durchdrungen ist, sein Museum haben«.[4] So erklärt Wilhelm Wyl in seinen Lenbacherinnerungen den Sachverhalt 1904; dabei ist er sich der Doppeldeutigkeit dieses Satzes wohl nicht bewußt. Der Villenkomplex an der Luisenstraße dient natürlich der Aufnahme der von Lenbach angesammelten Kunstschätze. Er dient gleichzeitig der Eingliederung der Kunst seines Erbauers in die Umgebung der von ihm verehrten alten Meister. Schließlich aber wird die Villa selbst als ›Lenbach-Museum‹ inszeniert, Dokumentation der ästhetischen Bildung ihres Besitzers, seiner Kennerschaft und vor allen Dingen seines gesellschaftlichen Status. Die »bleibende Sammlung«, die sogar als »Vorbild für Jedermann's Heim«[5] propagiert wird, ist die vollendete Selbstdarstellung eines Malerfürsten, Künstlers und Herren der Gründerzeit, dessen im Bild geäußerter Anspruch auf Teilhabe an der gesellschaftlichen Elite Erfüllung gefunden hat. Lenbach hat sich damit zu Lebzeiten ein Denkmal errichtet.

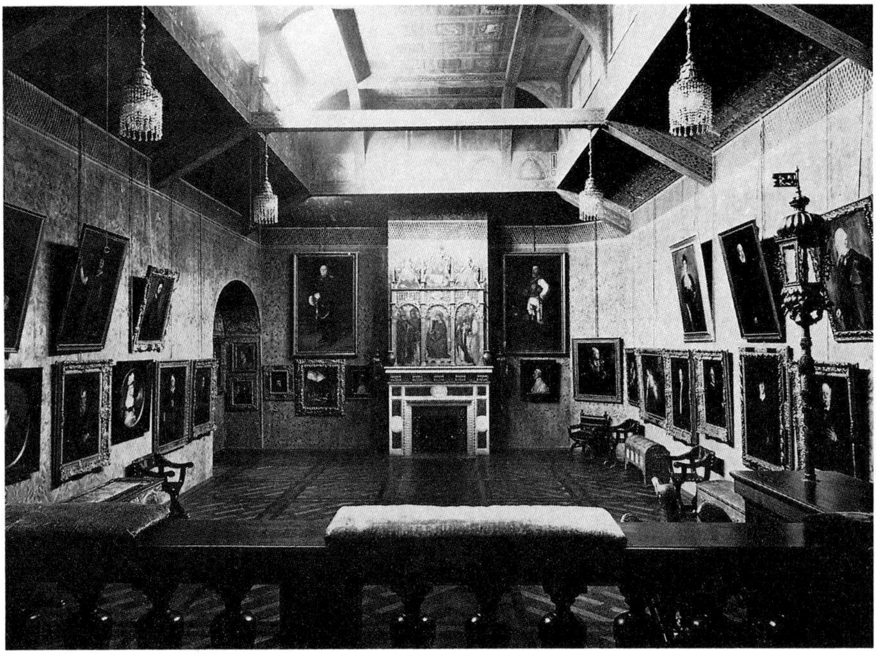

45 Villa Lenbach in München, Ausstellungssaal, um 1912–14

Sieben Jahre nach Lenbachs Tod werden Atelierbau und Wohnhaus miteinander verbunden. Im ersten Geschoß des neuen Verbindungstrakts richten die Erben einen Lenbach-Ausstellungssaal ein. Eine Aufnahme aus der Zeit vor dem Ersten Weltkrieg (Abb. 45), einer damals im Lenbachhaus feilgebotenen Postkarte sehr ähnlich[6], zeigt seine ursprüngliche Ausstattung: In zwei Reihen übereinander hängen hier all die Porträts, die schon für die Interieuraufnahme des Ateliers (Abb. 37, 38) zu Lebzeiten des Malers effektvoll zusammengestellt worden waren, die ›Galerie berühmter Zeitgenossen‹, die Lenbach seit den siebziger Jahren aus Kopien der Bildnisse von ihm gemalter Zeitgrößen zusammengestellt hatte. Sie ist endlich auch real zur Galerie geworden: Zeitgeschichte auf einen Blick. Die strenge museale Präsentation gibt der Versammlung monumentalen Charakter, nimmt ihr das Sensationelle der Aufstellung im Atelier. Wieder ist der Künstler in die Versammlung der Heroen der Gründerzeit mit aufgenommen; sein Selbstbildnis hängt demjenigen Bismarcks gegenüber, die gesellschaftliche Stellung des Malers über seinen Tod hinaus konservierend.

1924/25 wird der gesamte Villenkomplex mit dem größten Teil der Einrichtung und der nachgelassenen Werke von Lenbachs Witwe der Stadt München als Stiftung übereignet. Das selbsterrichtete Denkmal ist damit institutionalisiert.

Ausdrücklicher noch als bei Lenbach wird für Hans Makart sein Lebens- und Arbeitsbereich zum Medium der Selbstdarstellung, ausdrücklicher auch wird es von den Zeitgenossen so beschrieben. Es ist »ein Teil von Makart selbst«[7], »ein organisches Glied von Makarts Wesen und Kunst«[8]. »Bei keinem Künstler war die Lokalität, in welcher er schuf, in gleichem Grade wie bei Makart bezeichnend für seine Kunst, ja ein Teil von seinem Leben selbst.«[9]

Als Hans Makart 1869 dem Ruf nach Wien folgt, tut er dies nur unter der Voraussetzung, daß ihm Atelier und Wohnhaus zur Verfügung gestellt werden. Beides findet sich in der Gußhausrealität, einer ehemaligen Kanonengießerei, die vorher bereits dem Bildhauer Fernkorn als Atelier gedient hatte und nun den Anforderungen des Malers entsprechend umgestaltet wird. Anläßlich der Arbeit an dem Riesengemälde *Venedig huldigt der Katharina Cornaro* erweist sich das alte Atelier als zu klein, so daß in den Jahren 1872/73 eine erheblich größere Werkstatt für den Maler errichtet werden muß (Abb. 46). Aufgrund ihrer aufwendigen Ausstattung (Abb. 47) erlangt sie binnen kurzem Weltruhm. »Es kam kein Fremder nach Wien, der nicht alles aufgeboten hätte, um in dieses Atelier zu gelangen, das zu den vornehmsten Merk- und Sehenswürdigkeiten Wiens gehörte.«[10] Viel Mühe kostete dies den bildungsbeflissenen Touristen jedoch nicht, denn der Arbeitsraum des Malers war täglich von 15.00 bis 17.00 Uhr gegen Entgelt zu besichtigen.

Die erste Sorge der Tagespresse nach dem Tode des Künstlers am 3. Oktober 1884 gilt diesem Atelier. Schon am 4. Oktober 1884 will die *Neue Freie Presse* erfahren haben, »daß einer unserer reichsten Mäzene beschlossen habe, dieses Studio samt seinem wertvollen Inhalte, als der Meister aus dem Leben abberufen werden sollte, für die Summe von 120 000 fl. an sich zu bringen.«[11] Doch bereits am Tage darauf wird skeptisch die Frage gestellt: »Wie lange mag es währen, so wird auch die Stätte seines Schaffens, auch dieses schöne Bild zerstört, auseinandergebrochen, stückweise in alle Winde zerstreut sein?«[12] Gleichzeitig verbreitet die *Gartenlaube* die Nachricht, »daß gegenwärtig sowohl von der Künstlergenossenschaft wie vom Gemeinderate in Wien die Frage

46 Theodor von Hörmann, Makarts Wohnhaus und Atelier, 1885, Aquarell auf Papier, 45,4 × 54,8 cm, Historisches Museum der Stadt Wien

47 Das große Atelier Hans Makarts, Holzschnitt, 1884

48 Speisezimmer im Wohnhaus Hans Makarts, Fotografie, 1885

49 Das kleine Atelier Hans Makarts, Fotografie, 1885

50 Rudolf Alt, Das große Atelier Hans Makarts, Aquarell (Gouache), 69,5 × 100,4 cm, Historisches Museum der Stadt Wien

sehr ernsthaft in Erwägung gezogen wird, wie dieses Kunstwerk in seiner Gesamtheit für die Stadt Wien erhalten werden könnte«.[13]

Rudolf Eitelberger, der Nestor der damaligen Wiener Kunst- und Kulturpolitik, weiß von solchen Projekten anscheinend nichts. In seinem zum Andenken an den Künstler am 16. Oktober 1884 in der Kunstgewerbeschule gehaltenen Vortrag regt er abschließend nur Reproduktionen der Werke Makarts »von echter Künstlerhand« und eine retrospektive Gesamtausstellung im Künstlerhaus an.[14] Ludwig von Hevesi schließlich weist bereits am 11. Oktober alle Vermutungen bezüglich des musealen Erhalts der Gußhausrealität als unbegründet zurück. »Man hat davon gesprochen, das Atelier anzukaufen und dabei vergessen, daß es kaiserlich ist.«[15] Alle derartigen Pläne hält er für undurchführbar.

Seine Ansicht bestätigt sich nur wenige Monate später: Vom 26. März 1885 an wird das Makartsche Atelier aufgelöst, der gesamte Nachlaß versteigert, weil die anfänglich vermuteten hohen finanziellen Rücklagen des Malers sich inzwischen als Gerücht erwiesen haben. Die Auktion gibt der Presse jedoch ein letztes Mal Gelegenheit, ausgiebig über Makart zu berichten. Das Ergebnis der Versteigerung belegt unübersehbar, wie sehr

51 Eduard Charlemont, Hans Makart in seinem Atelier, Öl auf Leinwand, 140 × 85 cm, Historisches Museum der Stadt Wien

52 Anton Romako, Interieur, 1887, Öl auf Holz, 49 × 63 cm, Historisches Museum der Stadt Wien

53 Hans Makart, Entwurf für einen Palast, Fassade, 1882, Öl und Tusche auf Leinwand, 117 (157) × 400 cm, Wien, Österreichische Galerie

54 Hans Makart, Entwurf für einen Palast, Querschnitt, 1883, Öl und Tusche auf Leinwand, 160 × 400 cm, Dortmund, Museum für Kunst und Kulturgeschichte

das Ansehen des Künstlers bereits gelitten hat. Ein reich illustrierter Katalog, »wie hierzulande wohl noch nie einer erschienen ist«[16], aber liefert das wohl authentischste Bildmaterial des Makartschen Interieurs und hält Wohnung und Atelier in zahlreichen Gesamt- wie Detailaufnahmen für die Nachwelt fest (Abb. 48, 49).[17] Gleichzeitig malt Rudolf Alt das Atelier als großformatige Gouache (Abb. 50). Dies hat einerseits dokumentarischen Charakter, steht andererseits aber deutlich für das Wissen um den Porträtcharakter eines Interieurs, dessen hoher Bekanntheitsgrad den Betrachter des Bildes mit großer Wahrscheinlichkeit den Rückschluß auf den Bewohner des dargestellten Raums ziehen läßt.

Was im Falle Lenbachs wohl eher als unerfüllte Forderung anzusehen ist, daß nämlich sein Haus zum »Vorbild für Jedermann's Heim« werde, erreicht Makart durch die fortgesetzte publizistische Verbreitung seiner Ausstattungskunst. Sie wird schon von Zeitgenossen als Epochenmerkmal angesehen und ist in der Bezeichnung ›Makartzeit‹ bis heute geläufig. Interieurs im Makartstil (Abb. 51, 52) haben in ihrer kunstvollen Unordnung und dem Einsatz nur schwer über lange Zeit haltbarer Materialien (Trockenblumen, Federn) deutlich ephemeren Charakter. Das Schicksal des Ateliers des Malers kann somit als beispielhaft für seine Kunst angesehen werden. Nachteilig für das Schicksal dieses ›Sensationsraums‹[18] wirkt sich mit Sicherheit auch aus, daß er keine repräsentative Schale erhielt. Zeitgenössische Wiedergaben des Äußeren der Gebäude der Gußhausrealität lassen zwar deren Ausmaße erkennen, verblüffen aber durch ihre Unauffälligkeit (Abb. 46, 75), vor allen Dingen, wenn man die gleichzeitig an der Ringstraße aufblühende historistische Palaisarchitektur zum Vergleich heranzieht.

Makart ist verhältnismäßig jung verstorben. Es ist von daher zweifelhaft, ob er die Gebäude der Gußhausrealität wirklich als endgültiges Domizil angesehen hat. Auch Lenbach beginnt erst im Alter von mehr als 50 Jahren mit dem Bau seiner Villa. 1883, ein Jahr vor seinem Tod, beschäftigt sich Makart lange Zeit mit zwei großen Architekturentwürfen, einer St. Michaelskapelle in spätgotischen Formen (Abb. 90) und einem Palast in renaissancistisch-barockem Mischstil, die er beide in großformatigen, detailliert ausgeführten Ölgemälden in verschiedenen Ansichten und Aufrissen festgehalten hat. Die Zeitgenossen konnten sich vor allem mit dem als hypertroph und unrealisierbar empfundenen Palastentwurf nicht anfreunden (Abb. 53, 54). Er wurde als Architekturphantasie angesehen, visionäres Gesamtkunstwerk, das auf keinen konkreten Zweck gerichtet

55 Victor Tilgner und Franz Zerritsch, Makart-Denkmal im Wiener Stadtwald, 1898

sei, das der Künstler geschaffen habe, »um sich selbst zu reinigen«[19], als »makartsches Luftschloß«.[20]

Sicher war der erhaltene Entwurf als solcher unausführbar, doch ist vor dem Hintergrund der Lebensführung des Malers und den an Lenbach exemplifizierten Repräsentationsprinzipien die Vermutung wohl nicht abwegig, daß es sich um den Palast eines Künstlers handelt, Makarts Palast: der gewünschte ideale Lebensraum des Malerfürsten, die fiktive Bühne vollendeter Selbstinszenierung, sein erträumtes Museumsdenkmal.[21]

Ein wirkliches Denkmal für Makart wird 1898 im Wiener Stadtwald aufgerichtet (Abb. 55). Es zeigt den Künstler, wie er gelebt hat und wie er gut in seinen Palast hineingepaßt hätte: im Rubenskostüm.

Arnold Böcklin beschließt sein Leben 1901 von solidem Wohlstand umgeben auf dem Landsitz Villa Bellagio bei Fiesole. Seine Bilder hatten in seinen beiden letzten Lebensjahrzehnten fünfstellige Preise erzielt. So wäre es auch ihm finanziell durchaus möglich gewesen, ein Leben im Stile Makarts oder Lenbachs zu führen. Offenbar aber wählt er seinen

56 Salon der Villa Bellagio, Fotografie, vor 1904

58 Atelier in der Villa Bellagio, Zustand 1970er Jahre

Wohnsitz bewußt nicht in einer der Metropolen. Auch die Einrichtung der Villa, wie eine Aufnahme des Salons sie wiedergibt (Abb. 56), ist offensichtlich nur bedingt den gründerzeitlichen Formen repräsentativen Wohnens angepaßt. Die Fotografie vermittelt eher den Eindruck solider Bürgerlichkeit. Böcklins Atelier wirkt ebenfalls nicht wie ein Festsaal, sondern gibt sich deutlich als Arbeitsraum zu erkennen (Abb. 57). Der Raum scheint groß und hell zu sein und enthält bis auf einige Bilder Böcklins nur wenige Ausstattungsstücke.

Trotzdem gelten Böcklins Ateliers seit den siebziger Jahren ebenso als Sehenswürdigkeiten für Bildungstouristen wie diejenigen der Malerfürsten.[22] Dies geht aus der zahlreichen Erinnerungsliteratur ebenso hervor wie aus vereinzelt in Zeitschriften erschienenen Artikeln über aus einem Atelierbesuch resultierende Einblicke in das aktuelle Kunstschaffen des Meisters. Dagegen steht zwar die wiederholte Behauptung, daß Böcklin Atelierbesuche nicht gern gesehen habe, doch ist solche Öffent-

◁ 57 Arnold Böcklins Atelier in der Villa Bellagio, Fotografie aus den letzten Lebensjahren des Künstlers

lichkeitsscheu häufig nur topisches Versatzstück zur Beschreibung des konzentrierten Schaffensprozesses eines Künstlers.

Von seiner hohen Selbsteinschätzung und dem davon abhängigen Bewußtsein des überdauernden Wertes nicht nur seiner Werke, sondern auch seines Lebensraums zeugen vor allem Böcklins letztwillige Verfügungen die Villa betreffend. Er verkauft diese noch zu Lebzeiten an den Berliner Kunstsammler Eduard Arnhold mit der Auflage, »den Wohnsitz ›a porte chiuse‹ zu übernehmen, das heißt, sämtliches Inventar [...] museal zu erhalten«.[23] Der Gedanke an Lenbachs Museum drängt sich geradezu auf, und man erinnert sich des allgemeinen Bedauerns über die Auflösung des Makartschen Hausstands. Alle drei Maler verbindet das Bewußtsein vom Lebensraum einer herausragenden Persönlichkeit als deren authentischstes Zeugnis, als naheliegende Möglichkeit eines Denkmals für die Nachwelt.

Der geforderte Respekt blieb dem Heim des Meisters versagt. Fernab seiner Heimat gelegen und weit entfernt von den Orten, wo man ihm Verehrung entgegenbrachte, mußte es in zwei Weltkriegen Einquartierungen von Flüchtlingen und Militär hinnehmen. Von den Schäden hat es sich bis heute nicht wieder erholt (Abb. 58).

›In Feindesland‹ befand sich auch das Hauptwerk Hans von Marées', die Fresken der zoologischen Station in Neapel. Eigentlich hätten sie schon vor Ausbruch des Ersten Weltkriegs ins Reich überführt werden sollen. Meier-Graefe hatte dies am Ende seiner Marées-Biografie 1909 vorgeschlagen, um »einen Anfang« zu setzen, den Anfang einer dem Meister gemäßen Präsentation seines Werkes. Dieses aber bedarf nach Ansicht des Biografen mehr als jedes andere eines eigenen Hauses, eines Museums. Nicht, daß Marées' Kunst den Vergleich mit anderen zu scheuen hätte, aber das Eigentliche des Werkes könne nur zur Geltung kommen, wenn geeignete Räume um es herum gebaut würden, möglichst um das gesamte Werk, versammelt an einem Ort. Zwar solle »aus dem Maréeshaus kein exklusives Bayreuth zu werden«[24], doch dieser fromme Wunsch kann nicht über die Identität beider Projekte hinwegtäuschen: Auch Wagner mußte ein ganz spezielles Haus um seine Musikdramen herumbauen, da sie nur unter besonderen Bedingungen voll zur Geltung kommen konnten, auch Wagner intendierte auf der anderen Seite nicht die hermetische Exklusivität einer kleinen Gemeinde. Doch »je größer der Mann, desto kleiner die Gemeinde. Das geht in keinem Land wie bei uns seit dem

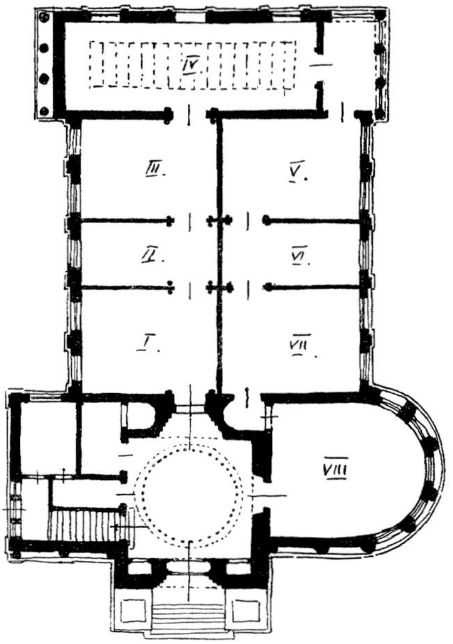

59 Grundriß des geplanten Marées-Museums in München, 1909/10

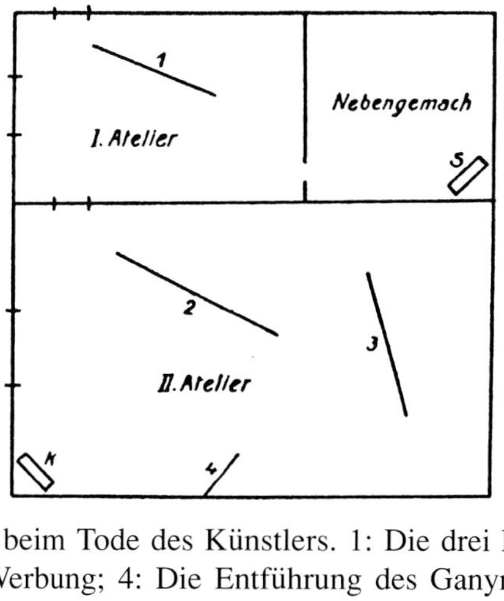

60 Marées Atelier beim Tode des Künstlers. 1: Die drei Reiter; 2: Die Hesperiden; 3: Die Werbung; 4: Die Entführung des Ganymed; S: Schreibtisch; K: Sofa (nach Meier-Graefe 1909/10)

Alten Fritzen.«[25] So scheint »dieser ganze Standpunkt, der den Nutzen eines Kunstwerks nach der Zahl der Besucher berechnet, ein wenig eng«.[26] Marées' Kunst gehört zwar nach München, doch abseits des geschäftigen Kunstbetriebs. Es bedarf des eigenen Hauses, »zu dem man hingeht, nicht um in Kunst zu schmarotzen, sondern weil einen der große Mensch anzieht«[27], der »Auserwählte, den die Masse steinigt«.[28]

Auch was hier geplant wird, ähnelt frappierend Lenbachs Museumsmonument. Es mag zwar der Kunst des Malers angepaßt sein – das ist Lenbachs Museum ohne Frage auch –, dient aber dennoch in erster Linie der Heroisierung der Person, ist Gründerzeit – wie die Selbstbildnisse des Malers, die übrigens nicht aufgenommen werden sollen, abgesehen vom letzten aus dem Jahre 1883.

Meier-Graefes Projekt ist voll ausgereift. Zusammen mit Biografie und Œuvre-Verzeichnis legt er einen detaillierten Plan für das Museum vor (Abb. 59) mit Angaben zur Hängung und Verteilung der Bilder unter Wahrung einer chronologischen Ordnung, so daß dem zukünftigen Besucher Entwicklung und Vollendung des Meisters deutlich werden, denn es ist für Meier-Graefe sicher, daß »die geringe Wirkung der [Nachlaß-] Ausstellung [1891] auf ihre Unvollständigkeit zurückzuführen«[29] gewesen sei. Der Zusammenhalt des Nachlasses, vor allem der Werke, die beim Tode des Meisters sich in dessen Atelier befanden (Abb. 60), soll dabei gewahrt bleiben. Es ist ja gewissermaßen sein Vermächtnis. Als Architekt kommt nur Adolf von Hildebrand in Betracht, der ehemalige Freund und Schüler des Malers. Prinz Ruprecht von Bayern wird für den Plan gewonnen, die Stadt München gewährt ein passendes Terrain.

Trotzdem wird das Projekt nicht realisiert. »Die Zeit geht schnell«, warnt Meier-Graefe 1912, »es scheint fast, Marées ist schon nicht mehr aktuell. Die Pariser Kubisten und dergleichen muntere Leute haben das Wort.«[30] Letzte Gelegenheit also, den »Tempel unseres Geistes«[31] zu errichten, deutsche künstlerische Potenz zu bekunden, denn Marées »gründete sich da, wo er war, sein Deutschland. Er ist weder Französling noch Römling geworden ...«[32]

Die Gelegenheit verstreicht, und 1919 bleibt bei einem erneuten Appell nur resigniert zu konstatieren: »Heute sind die Fresken im feindlichen Ausland und wahrscheinlich auf alle Zeit verloren.«[33] Statt dessen aber gibt es inzwischen einen Marées-Verlag in Wuppertal, die Marées-Gesellschaft und deren Zeitschrift *Ganymed*. Sie verwalten das Vermächtnis des Malers, demjenigen Feuerbachs gleich.

EIN

VERMÄCHTNISS

VON

ANSELM FEUERBACH.

WIEN.
DRUCK UND VERLAG VON CARL GEROLD'S SOHN.
1882.

61 Anselm Feuerbach, Ein Vermächtnis, Titelseite der Erstausgabe, Wien 1882

Feuerbach blieb das Museumsdenkmal ebenfalls versagt, doch stand ein solches Projekt auch nicht zur Diskussion. Henriette Feuerbach und ihre Helfer wollten anderes als einen Tempel, der Eingeweihten das letzte Arkanum deutscher Kunst vor Augen führt. Ihr ging es um Breitenwirkung, Popularisierung. Werke ihres Stiefsohnes sollten in allen großen Museen hängen, er sollte allen bekannt werden. So ist das *Vermächtnis*, das Vehikel seines postumen Erfolges, auch sein eigentliches Denkmal (Abb. 61).

Arnold Böcklin

Das wohl bekannteste ›deutsche‹ Selbstporträt des 19. Jahrhunderts ist Arnold Böcklins *Selbstbildnis mit fiedelndem Tod* von 1872 (Abb. 64). In deutlicher zeitlicher Nähe zum Kulminationspunkt der deutschen Geschichte dieser Epoche, der Kaiserproklamation in Versailles und der Gründung des Zweiten Deutschen Reiches, manifestiert sich in ihm auch der Wendepunkt der Karriere des Malers.

1827 in Basel zur Welt gekommen, gehört er der Künstlergeneration der um 1830 Geborenen an, die das Ungenügen am Akademiebetrieb in den fünfziger Jahren nach Rom treibt, befördert bei Böcklin noch durch seinen Kontakt zu Jakob Burckhardt. Er entwickelt hier eine ausgeprägte künstlerische Eigenständigkeit, vor allem was seine Farbigkeit betrifft, schließlich aber auch in der Auswahl seiner Bildthemen, deren Figuren er in vielen Fällen antiker Naturmythologie entlehnt. Seine mythenschöpferische Potenz rückt ihn in unmittelbare Nähe seines Zeitgenossen Richard Wagner, mit dem er in der Literatur auch immer wieder in Verbindung gebracht wird, obwohl eine direkte Einflußnahme des einen auf den anderen mit Sicherheit auszuschließen ist. Beides, Farbigkeit und Unkonventionalität der Themenverarbeitung, stößt beim Publikum zunächst auf Unverständnis, weshalb er für lange Zeit das Schicksal, ›verkannt‹ zu sein, mit den übrigen Deutschrömern teilt. Sicher sind auch einige Jahre wirklicher materieller Not anzunehmen, vor allen Dingen die ersten Ehejahre – er heiratet 1853 die Römerin Angela Pasucci – in Rom, Basel, München mit ständig wachsender Kinderschar (1854, 1855, 1857, ...).

Vom Zeitpunkt seiner Kontaktaufnahme mit dem Grafen Schack an (1859) verbessert sich seine materielle Situation jedoch kontinuierlich. Es folgt eine Berufung an die Kunstschule nach Weimar (1860–1862), in deren Folge sich im Verlauf der sechziger Jahre die Aufträge mehren und seine Preise steigen. Der endgültige Durchbruch erfolgt nach seiner zweiten Übersiedlung nach München 1871 und hat seine ökonomischen Ursachen im Wirtschaftsboom nach der Reichsgründung. Auch seine ideologischen Ursachen sind in der Folge der Ereignisse von 1871 zu finden, in der Suche nämlich nach reichseigentümlichen deutschen Kulturheroen.[1]

Dies macht es auch erklärlich, daß der Erfolg Böcklins weitgehend auf den deutschsprachigen Raum beschränkt bleibt.

Obwohl Arnold Böcklins Meinung zur Porträtmalerei wohl eher negativ war [2], existiert von ihm nicht nur eine erstaunliche Anzahl von Bildnissen, in der Mehrzahl aus der Zeit vor 1870, sondern auch eine geschlossene Gruppe von Selbstbildnissen, die sich über den Zeitraum von 1845 bis 1893/94 verteilen.

Die Reihe beginnt mit einem Bildnis des Künstlers »im Alter von 17 oder 18 Jahren«[3], das verschollen und aus den Erinnerungen von Böcklins Gattin Angela erschlossen worden ist.[4] Sie bezeichnet es als »außerordentlich ähnlich und charakteristisch«.[5]

Das erste erhaltene Selbstporträt datiert von 1861 (Abb. 62). Es ist kleinformatig und zeigt den Maler sitzend, den Kopf im Profil nach links, den rechten Arm auf eine Brüstung gelehnt, in die Ferne blickend. Die Kleidung ist bürgerlich-konventionell, wird aber ergänzt durch einen weiten Mantel, der in üppigem Faltenwurf über der rechten Schulter und der Brüstung hängt. Säule und Pilaster rechts im Hintergrund stehen vor blauem, von einem Wolkenband durchzogenem Himmel.

Das Selbstbildnis *Der Künstler mit seiner Frau* (Abb. 63) von 1863/64 zeigt das Ehepaar Böcklin ganzfigurig in italienischer Landschaft, er in ländlicher Tracht, die Rechte in die Seite gestemmt, aufrecht, den Blick nach links in die Weite gerichtet, sie »in der Tracht der Blumenverkäuferinnen von der Piazza di Spagna«[6], eher versunken, seine Linke mit beiden Händen haltend. Vom rechten Bildrand führt eine von Blumen und Buschwerk überwachsene Mauer in den Bildhintergrund, der links den Blick in die Landschaft freigibt.

Knapp zehn Jahre später folgt 1872 das berühmte *Selbstbildnis mit fiedelndem Tod* (Abb. 64). Die halbfigurig wiedergegebene Gestalt des Künstlers im Vordergrund, bekleidet mit einer schwarzen Jacke über weißem Hemd mit geschlossenem Stehkragen, hält Pinsel und Palette bei der Arbeit in den Händen. Der Blick seiner im Schatten liegenden Augen geht über den Betrachter hinweg, der Kopf ist leicht nach rechts zurückgewandt und scheint auf die Klänge zu lauschen, die die hinter ihm auftauchende, grimassierende Gestalt des Todes einer Geige entlockt, über die die hinter der linken Schulter des Künstlers sichtbare Knochenhand den Bogen führt. Auf den Ort der Handlung gibt es keinen konkreten Hinweis. Der Hintergrund des Bildes bleibt im Dunkel.

Im darauffolgenden Jahr bereits entsteht das nächste Selbstbildnis (Abb. 65). Das Bruststück gibt den Künstler aufrecht mit verschränkten Armen und den Betrachter fixierendem Blick wieder. Er steht vor zwei links im Hintergrund aufragenden lorbeerumwachsenen Säulen. Seine Kleidung ist bürgerlich. Rechts ist der Blick frei auf einen von Wolken und einem Vogelschwarm durchzogenen Himmel.

Sehr ähnlich dem vorausgegangenen wirkt das Selbstporträt von 1879, wenn auch hier das Gewicht augenfällig auf die physiognomische Charakterisierung gelegt zu sein scheint (Abb. 66). Der Kopf des Künstlers ist das dominante Motiv des Bildes, seine Kleidung ist »betont bürgerlich«.[7] Die 1873 durch die Säulen gegebenen Vertikalen sind – diesmal in Gestalt zweier Baumstämme – ganz an den rechten Bildrand und viel weiter in den Hintergrund gerückt. Nahe dem oberen Bildrand wächst hinter dem Kopf des Malers ein Lorbeergebüsch auf.

Das halbfigurige *Selbstbildnis mit dem Weinglas* (Abb. 67) ist erheblich größeren Formats als alle vorangegangenen: annähernd lebensgroß. In stark zurückgebeugter Haltung steht Böcklin, den Kopf aus dem Bilde gewandt, die Linke wieder in die Seite gestemmt, dem Betrachter gegenüber. In der Rechten hält er, in den Hintergrund weisend, ein gefülltes Weinglas. Der Hintergrund der stark an den rechten Bildrand gerückten Figur selbst verbleibt in undefinierbarem Dunkel. Sein linkes Drittel bestimmt die obligatorische Vertikale in Form eines hölzernen Ladens, einer Tür oder eines Paravents, auf dem oben Signatur und Datierung angebracht sind, zum Teil in altdeutscher Rechtschreibung. Vor dem Paravent befindet sich ein von einem Teppich bedeckter Tisch, darauf ein Brief mit der Aufschrift »Herrn C. Steinbart/Berlin«, die einen Hinweis gibt auf den möglichen Erstbesitzer, den Berliner Kunsthändler Carl Steinbart.

Gleichfalls annähernd lebensgroß ist das *Selbstbildnis im Atelier* (Abb. 68), das 1893 als Auftragswerk des Kunstmuseums Basel entstand. Außer durch sein Format fällt das Kniestück vor allem durch die farbenfrohe, extravagante Kleidung des Künstlers auf, der, Pinsel und Palette haltend, in seinem Atelier mit dem Rücken zu einer auf der Staffelei befindlichen Leinwand steht. Er scheint gerade bei der Arbeit unterbrochen worden zu sein und blickt mit leicht erhobenem Haupt knapp am Betrachter vorbei. Auf der Leinwand ist ein Porträt im Profil angelegt, möglicherweise ein Selbstporträt, darüber sind ähnlich augenfällig wie schon 1885 Signatur und Datierung angebracht. Ein in dicken Falten herabfallender Vorhang gibt in einem schmalen vertikalen Streifen am rechten

62 Arnold Böcklin, Selbstbildnis, 1861, Öl auf Mahagoniholz, 39,5 × 31 cm, Kunstmuseum Basel, Depositum der Eidgen. Gottfried-Keller-Stiftung

Bildrand den Blick frei auf ein gerade eben noch sichtbares Fenster mit einer Abstellfläche darunter, auf der sich Fläschchen und andere Utensilien befinden, vermutlich Ingredienzien zur Farbherstellung und ähnliches.

Mit dem letzten, wohl im gleichen Jahr begonnenen, aber unvollendet gebliebenen Selbstbildnis im Querformat (Abb. 69) kehrt Böcklin wieder zu kleineren Bildabmessungen zurück. An einem Tisch sitzend, die Rechte auf die Rückenlehne eines Stuhles gelehnt, stellt sich der Maler mit nach rechts aus dem Bild schweifendem Blick dar. Mit der Linken hält er einen Gegenstand, möglicherweise ein Buch. Durch ein geöffnetes Fenster am rechten Bildrand weht der Wind einen Vorhang ins Zimmer.

Die außerordentliche Themenvielfalt und Eloquenz sowie die offensichtliche Anlehnung der Selbstbildnisformulierungen Böcklins an bekannte und verbindliche Vorbilder aus dem historischen Bildnis- und Selbstbildnisrepertoire hat in der wissenschaftlichen Literatur zu einer kaum übersehbaren Vielzahl an Deutungsversuchen geführt. Sie sollen unten eingehend in Augeschein genommen werden (s. S. 127 ff.), sind sie doch dem heutigen Betrachter bei dem Versuch einer kohärenten Deutung eher hinderlich als hilfreich.

Löst man sich zunächst einmal von der chronologischen Abfolge der acht Einzelbildnisse, konstituieren sich schon auf den ersten Blick drei deutlich unterscheidbare Motivgruppen. Zweimal stellt sich der Künstler ausdrücklich als Maler dar, im *Selbstbildnis mit fiedelndem Tod* 1872 (Abb. 64) und im Atelierbildnis 1893 (Abb. 68), durch Pinsel und Palette als bei der Arbeit ausgewiesen. Dem stehen drei Redaktionen des Themas Böcklin als Bürger gegenüber, und zwar im Ehepaarbildnis 1863 (Abb. 63), im *Selbstbildnis mit dem Weinglas* 1885 (Abb. 67) und im Altersbildnis für die Uffizien 1893 (Abb. 69). ›Bürger‹ meint hier zunächst einmal nichts anderes, als daß der Dargestellte irgendwie mit Dingen des täglichen Lebens befaßt ist, ohne offensichtliche Attribute seines Künstlertums. Die verbleibenden drei Bilder, das frühe Selbstbildnis von 1861 (Abb. 62), das Hamburger (Abb. 65) und das Darmstädter Selbstbildnis (Abb. 66) verbinden sich zu einer Gruppe durch die dem Dargestellten beigegebenen Attribute Säule und/oder Lorbeer. Dieses Beiwerk, das fraglos nicht nur aus Gründen des formalen Bildaufbaus oder einer harmlosen Vorliebe des Künstlers wegen im Bild auftaucht, sondern als Ruhmessymbol zu verstehen ist, rückt diese Gruppe in die Nähe der ersten. Künstlerattribut ist auch der üppig drapierte weite Mantel, den Böcklin in dem kleinen frühen Bildnis über sonst eher konventioneller Kleidung trägt. Weiteres Charakteristikum der dritten Gruppe ist der offene Himmel des Hintergrunds, der jedoch in keinem Fall mit konkreter Landschaft in Verbindung tritt wie im Ehepaarbildnis, sondern das Bild durchweg nur in unergründliche Weiten öffnet. Er trägt dadurch zur Idealisierung der von ihm hinterfangenen Person bei.

Eine Zentralstellung scheint das Hamburger Bild von 1873 (Abb. 65) einzunehmen. Säule und Lorbeer sind hier besonders betont, indem sie stark in den Vordergrund gerückt werden und mit dem Dargestellten in enge Verbindung treten. Für die Figur des Künstlers verbleibt nur ein schmaler Raumstreifen im Vordergrund, wodurch sie in unmittelbare Nähe des Betrachters gerückt wird. Die Form des Brustbildes mit vor dem Körper verschränkten Armen erlaubt es, der Körpersilhouette einen ge-

63 Arnold Böcklin, Der Künstler mit seiner Frau, 1863/64, Öl auf Leinwand, 63 × 49 cm, Berlin, Staatliche Museen Preußischer Kulturbesitz, Nationalgalerie

schlossenen Charakter zu verleihen. Der Dargestellte wächst auf diese Weise quasi monolithisch vor dem Hintergrund auf, seine Gestalt bekommt monumentalen Charakter. Der Blick des Künstlers scheint sich beim ersten Zusehen durchaus auf den Betrachter richten zu wollen, geht jedoch trotz der Wendung des Kopfes aus der Achse des Körpers, der in rechter Seitenansicht gegeben ist, am potentiellen Gegenüber vorbei. So kommt keine Kommunikation zwischen Künstler und Betrachter zustande, obwohl alle Indizien eine solche Vermutung anfangs nahegelegt hätten. Das Bild ist also offenbar auf Monumentalisierung angelegt und wirkt beinahe wie eine Bildnisbüste.

Eine solche Schlußfolgerung erlaubt das Darmstädter Bildnis (Abb. 66) nicht. Es wirkt dagegen geradezu realistisch. Als Schulterstück wählt es einen kleinen Bildausschnitt und gibt den Künstler nahezu enface wieder. Das Motiv des Vertikalenpaares, das hier nur noch an Säulen erinnert, ist weit in den Hintergrund und ganz dicht an den rechten Bildrand gerückt, so daß ihm kaum noch formales Gewicht für den Bildaufbau zuerkannt werden kann. Der Maler muß es aus anderen Gründen auch hier ins Bild mitaufgenommen haben. Der Lorbeer ist zu üppigem Buschwerk ausgewuchert, das den Dargestellten wie eine Mauer hinterfängt und sich erst in Höhe des Haaransatzes auflockert. Die Assoziation des Lorbeerkranzes ist augenfällig und scheint im Widerspruch zu stehen zu der schlichten Realistik bei der Wiedergabe der Person.

Die Haltung des Künstlers auf dem im Bildausschnitt erheblich größeren, im Format beträchtlich kleineren Selbstbildnis von 1861 (Abb. 62) wirkt dagegen von vornherein als Pose. Dazu trägt auch die strenge Profilansicht des Kopfes bei, die jeden Versuch des Kontaktes mit dem Betrachter ausschließt. Böcklin selbst hat sich später ausdrücklich gegen Porträts im Profil ausgesprochen.[8] Die Zusammenstellung von Säulenpaar und elegant drapiertem Mantel gibt der Darstellung etwas Hoheitsvolles, was durch den ins Weite davonschweifenden Blick um die Nuance des Entrückten ergänzt wird.

Der Mantel, in dieser Form wohl nicht als alltägliches Kleidungsstück anzusehen, führt hin zum letzten vollendeten Selbstbildnis (Abb. 68). Auch hier steht der Künstler in extravaganter Kleidung da: die berühmten und vielgeschmähten blaukarierten Hosen, der rot-gelb-gestreifte Schal, das gelbliche Jackenfutter. Format und Bildausschnitt sind außerordentlich groß gewählt. Der Blick des Dargestellten geht wieder in die Ferne und durch das leicht in den Nacken geneigte Haupt eindeutig über den Betrachter hinweg. Als Hintergrundvertikale dominiert der in üppigen Falten herabfallende grüne Samtvorhang. Die Draperie übernimmt nicht nur formal die Funktion der Säulen; ihre Hoheitssymbolik ist geläufiges Deutungsmuster.

Auch in der zwanzig Jahre älteren Darstellung des Künstlers bei der Arbeit (Abb. 64) gewährt das nur leicht aus der Achse gerückte Enface keinen Blickkontakt. Wie in allen Bildern der siebziger Jahre stellt sich der Künstler in eher unauffälliger bürgerlicher Kleidung dar. Der heute undefinierbar-monochrome Hintergrund ist wohl anfangs als »dunkelgrüne faltenlos herabhängende Portière« zu identifizieren gewesen, »in die ein zartes Goldfadenmuster (und mit ihr die Künstlerbezeichnung)« eingewoben war.[9] Der Bildausschnitt gibt den Oberkörper des Künstlers wieder, der, nach links aus der Mittelachse

64 Arnold Böcklin, Selbstbildnis mit fiedelndem Tod, 1872, Öl auf Leinwand, 75 × 61 cm, Berlin, Staatliche Museen Preußischer Kulturbesitz, Nationalgalerie

des Bildes herausgerückt, Platz läßt für die Gestalt des fiedelnden Todes. Trotzdem scheint die Figur des Malers den Bildrahmen völlig auszufüllen.

Ein drittes großformatiges Bildnis leitet über zu den ›bürgerlichen‹ Selbstporträts. Im *Selbstbildnis mit dem Weinglas* von 1885 (Abb. 67) sind Format wie Bildausschnitt wieder groß gewählt. Das Hüftstück gibt Böcklin mit nach hinten gebogenem Oberkörper in Alltagskleidung, den Körper nach links, das Gesicht dem Betrachter zugewandt, wieder. Wie beim Darmstädter Bildnis kommt diesmal der Blickkontakt mit dem Betrachter zustande. Bedeutsam an der Haltung des Mannes ist die energisch in die Hüfte gestemmte Linke, die der Gestalt etwas Herrisch-Respektgebietendes verleiht. Wie schon Säule und Draperie ist auch dies der Herrscherikonografie entlehnt. Auffällig ist auch die überdeutliche Signatur und Datierung links oben, ähnlich wie beim Atelierbild.

65 Arnold Böcklin, Selbstbildnis mit Säule, 1873, Öl auf Leinwand, 61 × 48,9 cm, Hamburger Kunsthalle

Die in die Hüfte gestemmte Hand – diesmal die rechte – findet sich auf dem Ehepaarbildnis (Abb. 63) ein zweites Mal. Der energische Zug des Mannes in diesem ganzfigurigen Bild ist verstärkt durch die Schrittstellung seiner Beine im Kontrast zum Standmotiv der Frau. Die Kleidung beider ist zwar folkloristisch, hat aber durchaus nichts Auffälliges. Der Blick des Mannes, dessen Kopf im Dreiviertelprofil gegeben ist, schweift ohne Rücksicht auf seine Begleiterin oder auf den Betrachter nach links in die umgebende Landschaft. Auf die Konventionalität der Rollenverteilung von Mann und Frau haben die Bearbeiter des Darmstädter Katalogs hingewiesen.[10]

Es bleibt noch das unvollendete Selbstbildnis für die Uffizien (Abb. 69), das als kleines Querformat völlig vereinzelt im Porträtschaffen des Künstlers dasteht. Wegen seines unvollendeten Zustands lassen sich nur bedingt Aussagen bezüglich seiner Gestaltung machen. Auffällig ist neben dem Format vor allem die Bewegung im Hintergrund, die im Gegensatz steht zu der die Statuarik der Gestalt bekräftigenden, streng vertikalen Gliederung der übrigen Selbstporträts. Die Haltung der sitzenden Gestalt ist lässig, fast nachlässig, die Kleidung vermutlich solide, der Blick weicht dem des Betrachters nach rechts aus. Die gesamte Darstellungsweise läßt sich mit derjenigen der vorangegangenen Selbstbildnisse kaum in Verbindung setzen.

Aus dieser Analyse ergeben sich folgende Konstanten: die straffe, vertikale Gliederung des Hintergrunds und die damit korrespondierende Statuarik der dargestellten Person, ihre betonte und bewußte Haltung, die fortgesetzte Übernahme von Ruhmes-, Hoheits- und Herrschermotiven, der weitgehend vermiedene Blickkontakt. Hinzu treten – nun wieder mit Blick auf die chronologische Abfolge – einige ergänzende Momente: die Vergrößerung des Bildformats, das Hereinrücken des Dargestellten in die vorderste Bildebene, damit verbunden anfänglich eine Verkleinerung, schließlich aber eine sprunghafte Vergrößerung des Bildausschnitts unter demonstrativer Hervorhebung der Künstlersignatur.

Es konstituieren sich auf diese Weise drei neue Gruppen. Die poetisierenden Bilder kleineren und mittleren Formats – das träumerische aus der Weimarer Zeit (Abb. 62), das von symbolträchtiger Landschaft dominierte Ehepaarbildnis (Abb. 63) das deutungsschwangere mit dem fiedelnden Tod –, die insgesamt die frühesten und jedes für sich gleichzeitig das chronologisch erste der drei obengenannten Motivgruppen ist. Es folgen in jeder jener drei Gruppen die Selbstbildnisse monumentalen Charakters mittleren und großen Formats: das Hamburger Selbstbildnis (Abb. 65), das mit dem Weinglas (Abb. 67) und das Atelierbild (Abb. 68). Den Abschluß bilden die beiden realistischen Bilder kleinen Formats und privaten Charakters: das Darmstädter (Abb. 66) und das für die Uffizien gemalte (Abb. 69).

Ein Blick auf die Biografie des Künstlers vermag nun weiteren Aufschluß zu geben. Die Selbstporträts der sechziger Jahre entstehen beide im Umkreis von Böcklins Lehrtätigkeit in Weimar 1860–1862, wobei er während dieser Zeit infolge beginnender Anerkennung seiner künstlerischen Tätigkeit eher Gewicht auf sein Künstlertum als auf die Gesichertheit seiner bürgerlichen Existenz zu legen scheint (Abb. 62). Gerade diese ist während des anschließenden Romaufenthalts 1862–1865 nicht gewährleistet. Das aus der Weimarer Zeit zurückgebliebene Bewußtsein beginnender gesellschaftlicher Konsolidierung findet – den äußeren Lebensumständen zuwiderlaufend – seinen Niederschlag im Ehepaarbildnis (Abb. 63). Die kurz nacheinander in München entstandenen Selbstporträts von 1872 und 1873 spiegeln zwei Aspekte des gleichen Phänomens. Der sich jetzt entschieden ankündigende Erfolg[11] verlangt nach der Formulierung eines künstlerischen Programms. Dies geschieht einerseits in eher mystisch-intellektueller Weise mit der Darstellung der Inspirationsquelle (Abb. 64), andererseits durch die ostentative Zurschaustellung der hohen Selbsteinschätzung des Menschen und Künstlers Böcklin, dessen Person entschieden in den Vordergrund rückt (Abb. 65). Dort verbleibt sie auch am Ende der siebziger Jahre, während Gurlitt in Berlin den endgültigen Durchbruch des Malers betreibt (Abb. 66).[12] Der Anerkennung folgt die repräsentative Zurschaustellung bürgerlichen Wohlstands 1885 (Abb. 67), dieser wiederum die späte Manifestation künstlerischer Potenz, die sich sowohl im Vorweisen der Arbeit wie auch dem scheinbar unbürgerlichen Äußeren ausdrückt (Abb. 68). Das Uffizienbild (Abb. 69) ist weiterhin schwer einzuordnen. Die Herstellung eines biografischen Zusammenhangs mit der durch den Schlaganfall von 1892 dauerhaft in Mitleidenschaft gezogenen Gesundheit des Künstlers und seiner durch die Erinnerungen seines Sohnes belegten[13] beginnenden Altersmüdigkeit fällt nicht schwer. Es fehlt jedoch die bisher durchweg feststellbare bildnerische Wendung ins Positive.

Bei der Frage nach den konkreten Absichten, die ein Künstler mit einem Selbstbildnis verfolgt, ist ein Blick auf dessen Provenienz und Verbleib häufig erhellend. Denn es ist fraglos nicht gleichgültig, ob es für den privaten, familiären Kreis des Künstlers gemalt wurde, für den Kunsthandel oder gar als Auftragswerk. Ebenso aufschlußreich sind frühe Popularisierungen durch Ausstellungen oder Abbildungsbände. Im Falle Böcklins stehen solche Informationen so reichhaltig zur Verfügung, daß sich ein recht vollständiges Bild vom ursprünglichen Zweck und vom Bekanntheitsgrad der in Frage kommenden Gemälde zeichnen läßt.

Folgt man den Angaben im Œuvre-Katalog von 1977, so befinden sich im Todesjahr Böcklins noch zwei seiner Selbstbildnisse in Familienbesitz, das frühe von 1861 und das Unvollendete, das für die Uffizien bestimmt war. Vom ersten (Abb. 62) berichtet Schick[14], es 1866 in der römischen Wohnung des Künstlers gesehen zu haben; er fügt seinen Tagebuchaufzeichnungen eine Skizze des Bildes bei. Ebenfalls 1901 bildet

66 Arnold Böcklin, Selbstbildnis, 1879, Öl auf Leinwand, 54 × 43 cm, Hessisches Landesmuseum Darmstadt

es Schmid in seinem Tafelwerk ab.[15] 1902/03 taucht es auf den Nachlaßausstellungen in Bremen, Dresden, Hamburg, Leipzig und Wien auf und befindet sich seit 1918 als Depositum der Gottfried-Keller-Stiftung im Kunstmuseum Basel.

Über das Ehepaarbildnis (Abb. 63) teilt Schick in seinen Tagebuchaufzeichnungen unter dem Datum des 20. Juli 1866 eine Deutung des Künstlers selbst mit: »Er äußerte, er habe ausdrücken wollen, wie zwei Leute, die sich lieben, in den Herbst hineinwandern und fest und treu zusammenhalten.«[16] Schick erwähnt zwar, daß für die Frau Angela Böcklin Modell gestanden habe, spricht erstaunlicherweise jedoch nirgends von einem Selbstbildnis des Malers. Das Bild gelangt wohl sehr bald nach seiner Entstehung in den Besitz von Otto und Mathilde Wesendonck[17] und geht erst 1927 in öffentlichen Besitz über. Zu Lebzeiten des Künstlers ist es nur auf der Berliner Ausstellung 1897 zu sehen, wird aber sowohl 1895 als auch 1901 bei Schmid abgebildet.[18]

Das *Selbstbildnis mit fiedelndem Tod* (Abb. 64) erscheint bereits in seinem Entstehungsjahr auf der Ausstellung des Münchener Kunstvereins[19] und im darauffolgenden Jahr in Berlin. Schick berichtet in Briefen an seinen Lehrer wiederholt über die Publikumsresonanz der in Berlin ausgestellten Bilder. Er erwähnt dabei, daß sie »für den Einzelverkauf bestimmt sind«[20], und später den Verkauf des Selbstporträts an Adolph von Liebermann.[21] Aufschlußreich ist auch sein im gleichen Brief gegebener Ratschlag, nicht auf schnelle Bezahlung des Bildes zu drängen, damit es möglichst lange ausgestellt bleibe. Die lange Präsentation gerade dieses Bildes scheint ihm für die Popularität Böcklins sehr wichtig zu sein. Das rege Publikumsinteresse erlahmt anscheinend trotz des Verbleibs des Bildes in Privatbesitz nicht. Zumindest 1884 ist es erneut bei Gurlitt ausgestellt[22], dann erst wieder in der Baseler Jubiläumsausstellung 1897 und in Hamburg 1898. 1887 erwähnt es Pecht als einziges in seiner Böcklin-Biografie.[23] Schmid bildet es im ersten Band seines Tafelwerkes 1892 ab[24], ebenso Gurlitt 1894 in der populären Zeitschrift *Die Kunst für Alle*.[25] Anläßlich des Ankaufs durch die Nationalgalerie 1898[26] erscheint der große monografische Aufsatz Labans im *Pan*.

Von dem Hamburger Selbstbildnis (Abb. 65) berichtet Mendelsohn ohne Quellenangabe 1901[27], es sei eine Wiederholung, die der Künstler nach eigenen Worten seiner Gattin geschenkt habe.[28] Es hing nachweislich in Böcklins Haus in Zürich, Hottingerstraße 30[29], und einige Jahre im Salon der Villa Bellagio, dem letzten Wohnsitz des Malers. Die Gattin des Künstlers erwähnt es bei der Beschreibung der Villa auf den letzten Seiten ihrer Erinnerungen 1910.[30] Um diese Zeit kann es sich aber nicht mehr um das Original gehandelt haben, da es noch zu Lebzeiten des Künstlers 1898 für 25 000 Mark an die Hamburger Kunsthalle verkauft wurde.[31] Eine Abbildung liegt zu dieser Zeit bei Schmid vor[32], ausgestellt ist es in Basel 1897 und in Hamburg 1898.

Über den frühen Verbleib des Selbstbildnisses von 1879 (Abb. 66) gibt es keine Nachrichten. Von 1898 bis 1908 ist es in Privatbesitz, seitdem als Geschenk im Hessischen Landesmuseum in Darmstadt. 1901 ist es bei Schmid abgebildet[33], 1905 in Berlin erstmals ausgestellt.

Auch das *Selbstbildnis mit dem Weinglas* (Abb. 67) von 1885 verbleibt relativ lange in Privatbesitz bzw. im Kunsthandel und geht erst 1916 an die Nationalgalerie über, jedoch ist es bereits in einem Aufsatz

67 Arnold Böcklin, Selbstbildnis mit dem Weinglas, 1885, Öl auf Holz, 98 × 77 cm, Staatliche Museen zu Berlin, Nationalgalerie

Pechts in *Die Kunst für Alle* 1888 abgebildet.[34] 1892 ist es bei Gurlitt in Berlin ausgestellt. In einem Tagebucheintrag vom 3. Oktober 1893 klagt Hans Sandreuter: »Böcklins Selbstporträt ist wieder, nachdem es hier zwei Wochen zum Verkauf ausgestellt war, von Gurlitt zurückbeordert worden. Wie lange muß es denn noch dauern, bis wir endlich eine pfiffige Kunstbehörde haben.«[35] Wiederausgestellt ist es in Basel 1897, eine erneute Abbildung erfolgt erst im vierten Band des Tafelwerkes von Schmid.[36]

Über die Umstände der Entstehung des Atelierbildnisses (Abb. 68) von 1893 teilt Fleiner 1915 mit: »Die Ärzte hatten ihn an sich und seiner Lebenskraft fast irre gemacht, und deshalb habe er in San Terenzo in einer Stimmung, in der er kaum mehr wußte, ob er noch malen könne oder nicht, sein Selbstbildnis verfertigt, wobei er sich selber der genauesten Prüfung unterwarf. So gewissenhaft verfuhr er, daß auf diesem jetzt in Basel befindlichen Porträt sogar die vom Schlaganfall herrührende Schlaffheit der linksseitigen Gesichtsmuskel zu sehen ist.«[37] Auch Böcklins Sohn Carlo sieht das Bild im Zusammenhang mit der Überwindung der Folgen des Schlaganfalls von 1892.[38] Was »die genaueste Prüfung« seiner selbst betrifft, so berichtet Böcklins Gattin Angela, er habe »zwei kleine verbogene Spiegelchen« zum Studium seiner Physiognomie benutzt.[39]

In Wirklichkeit entsteht das Bild als Auftragswerk des Baseler Kunstmuseums. Tittel berichtet ohne Quellenangabe, daß der Auftrag erfolgte, da das vorangegangene *Selbstbildnis mit dem Weinglas* unerschwinglich geworden sei.[40] Das Bild ist seit seiner Entstehung in der Geburtsstadt des Künstlers ausgestellt. Abbildungen erfolgen im Katalog der Baseler Jubiläumsausstellung 1897 und im gleichen Jahr bei Schmid[41], im Jahr darauf als erste Abbildung des Jahrgangs 1898 der Zeitschrift *Die Kunst für Alle*.[42]

Das unvollendete letzte Selbstbildnis (Abb. 69) beginnt Böcklin im Auftrag der Selbstbildnisgalerie der Uffizien. Angela Böcklin berichtet 1910 davon, daß ihr Mann ein solches Bild begonnen habe, weiß jedoch nichts über seinen Verbleib auszusagen.[43] Es befindet sich aber im Nachlaß des Künstlers und geht 1915 als Geschenk Carlo Böcklins an den Auftraggeber über. Eine Abbildung veröffentlicht nur Schmid 1901.[44]

Von den acht erhaltenen Selbstbildnissen Böcklins sind demnach zwei, die beiden letzten, öffentliche Auftragswerke. Zwei weitere, das von 1872 und das von 1885, sind bald nach ihrer Entstehung in den Kunsthandel gekommen und offensichtlich auch für diesen bestimmt gewesen.[45] Das Ehepaarbildnis 1863/64 kommt bald nach seiner Entstehung in Privatbesitz. Es ist anzunehmen, daß es ebenfalls für den Kunstmarkt produziert worden ist, denn der Maler war während seines zweiten Romaufenthalts durchaus auf den Verkauf seiner Bilder – vornehmlich an durchreisende Kulturtouristen – angewiesen. Es ist dabei nicht ohne Bedeutung, daß es von Böcklin nicht als Selbstporträt angesehen wird, sondern als Ausdruck einer Idee, für deren bildnerische Gestaltung ihm seine Frau Modell gestanden habe.

Für die drei verbleibenden Selbstporträts ist anzunehmen, daß sie für den Privatgebrauch des Künstlers und seiner Familie bestimmt waren. Beim Darmstädter Bildnis bestätigt dies die bereits geäußerte Vermutung, daß es privaten Charakter habe, vielleicht sogar zu Studienzwecken gemalt worden ist. Es hat selbst im privaten Bereich Böcklins keine

68 Arnold Böcklin, Selbstbildnis im Atelier, 1893, gefirnißte Tempera auf Leinwand, 120,5 × 80,5 cm, Kunstmuseum Basel

nachweisliche Präsentation erfahren. Auch das kleine Selbstbildnis von 1861 ist nur in den Jahren kurz nach seiner Entstehung sichtbar in der Wohnung des Künstlers aufgehängt.[46] Es kommt erst auf dem absoluten Höhepunkt der Böcklinverehrung, in seinem Todesjahr 1901, wieder zum Vorschein, als sich ein deutliches biografisches Interesse des Publikums immer nachdrücklicher bemerkbar macht. Man geht sicher nicht fehl, daß es in der Zwischenzeit vom Künstler, in dessen Besitz es sich ja befand, nicht mehr als charakteristisch, um es deutlicher zu sagen, nicht mehr als vorzeigbar, nicht mehr als repräsentativ angesehen wurde.

Ganz anders liegt der Fall bei dem heute in der Hamburger Kunsthalle befindlichen Selbstbildnis von 1873, das nachweislich seit dem Züricher Aufenthalt des Künstlers, vermutlich aber seit seiner Entstehung zur Zeit der ersten großen Erfolge des Malers deutlich sichtbar in seiner Wohnung

69 Arnold Böcklin, Unvollendetes Selbstbildnis, 1893–95, Öl auf Leinwand, 35 × 70 cm, Florenz, Selbstbildnisgalerie der Uffizien

präsentiert wird (Abb. 56). Man kann annehmen, daß es von ihm als angemessene Wiedergabe seiner Persönlichkeit angesehen wurde. Welche Wertschätzung es im Familienkreis genoß, geht aus einer Bemerkung Angela Böcklins hervor, der es stets als das für die Uffizien am besten geeignete erschienen ist: »Es würde wohl das einzige moderne Selbstporträt sein, das sich durch seine hohen künstlerischen Qualitäten neben denen der Bellini, Raphael, Filippo Lippi, Dürer und Rembrandt halten würde.«[47]

Deutlich wird ihm der repräsentative Charakter zuerkannt, der den beiden anderen abgeht, was auch den Verkauf an eine öffentliche Sammlung noch zu Lebzeiten des Künstlers für eine nicht geringe Summe rechtfertigt, nicht ohne es jedoch im Salon der Villa Bellagio durch eine Kopie des Sohnes Carlo zu ersetzen.

Man kommt so auf eine Anzahl von fünf mehr oder weniger deutlich für die Öffentlichkeit bestimmten Selbstbildnissen Böcklins, wovon das letzte unvollendet geblieben ist. Gerade dieses hebt sich deutlich von den übrigen ab. Sein Querformat steht im selbstbildnerischen Schaffen des Malers völlig vereinzelt da. Zu Recht ist wiederholt auf die grundsätzlichen Unterschiede zwischen diesem Bildkonzept und dem nur wenige Monate zuvor entstandenen Baseler Selbstbildnis hingewiesen worden. Als einzige von Böcklins bildnerischen Selbstaussagen hat es nicht gesellschaftlich-repräsentativen, sondern geradezu introvertierten Charakter. Vielleicht ist es aus eben diesem Grunde nie fertiggestellt worden. Im Vergleich zum Atelierbildnis könnten dem Künstler Zweifel an seiner Publikumswirksamkeit gekommen sein, fordern doch alle anderen Selbstbildnisse das Aufsehen, das sie erregen, geradezu heraus.

Die Vermutung, daß solches Aufsehen dem Künstler durchaus erwünscht war, drängt sich besonders im Zusammenhang mit dem *Selbstbildnis mit fiedelndem Tod* auf. Böcklin zieht doch gerade deshalb in den siebziger Jahren nach München, weil er sich zu Recht in Deutschland bessere Verkaufsmöglichkeiten infolge der wachsenden Prosperität des neuen Reiches verspricht. Er macht durch sein Selbstbildnis von sich reden, die Preise seiner Bilder steigen.[48] Das aufsehenerregende Porträt ist einer der entscheidenden Auslöser für die Wandlung des Publikumsverhaltens gegenüber dem Maler.

Ein entschieden theatralisches Moment im selbstbildnerischen Schaffen Böcklins ist nicht zu übersehen. Das Selbstbildnis wird zur Selbstdarstellung, das heißt, zur bewußten Präsentation der Person des Künstlers. Es liefert dem Publikum verbindliches Anschauungsmaterial – nicht so sehr zur Physiognomie des Dargestellten, sondern zu seiner Selbsteinschätzung. Mehr als Selbstbekenntnis oder Selbstanalyse sind auch Böcklins Selbstbildnisse deshalb Selbstinszenierungen. Der Künstler stellt sich selbst zur Schau. So wie er sich auf den vier in diesem Zusammenhang relevanten Bildnissen darstellt, will der bürgerliche Mensch und der Künstler Böcklin gesehen werden. Dabei ist in drei Fällen das Gewicht eher auf den Künstler (Abb. 64, 65, 68), in einem (Abb. 67) mehr auf den Bürger gelegt. Selbstmonumentalisierung zeichnet alle aus.[49]

Der Künstler sucht dabei keinen Kontakt zu seinem Gegenüber. Er möchte sich als einsam-inspiriert Schaffender begriffen wissen. Der bürgerliche Mensch hingegen ist ›Herr‹, wohlhabender Bourgeois, selbstsicher und dynamisch, befehlsgewohnt. Sein Selbstbewußtsein ist unerschütterlich, sein Platz in dieser Welt gesichert. Er hat einen Namen, auf den er mit Stolz hinweisen kann, als Bürger wie als Künstler. Die Zukunft, der er schon 1873 mit selbstsicherer Ruhe entgegensieht, hat ihre Versprechungen erfüllt. Als Künstler exponiert er sich schließlich durch bohèmehafte Kleidung. Doch hat das *épater le bourgeois* der Boheme in den neunziger Jahren seinen ehemals provokativen Charakter schon eingebüßt und ist zur extravaganten Pose des Bürgers selbst geworden. So möchte man seinen Künstler sehen, so bietet er sich dar. Wilhelminisches Repräsentationsdenken spricht aus diesen Bildern, nicht das Bewußtsein einer wie auch immer gearteten Andersartigkeit. Der Inspirationsblick gerinnt zur Pathosformel.

Es bleibt noch zu fragen, ob die restlichen vier Bilder diesen Befund zu relativieren vermögen. Das Selbstporträt von 1861 (Abb. 62) zeigt den Künstler in romantisierender Pose, die konventionell und als solche deutlich erkennbar ist. Das Ehepaarbildnis (Abb. 63) ist, wie dargelegt, nicht als Selbstbildnis im eigentlichen Sinne anzusehen. Das Darmstädter Bildnis von 1879 (Abb. 66) hat den Charakter einer physiognomischen Studie und ist bei aller Realistik nicht frei von Beziehungen zu den Repräsentationsbildnissen. Der späte Versuch stiller Reflexion (Abb. 69) ist bezeichnenderweise unvollendet geblieben.

Der Befund bleibt also unberührt: Es geht Böcklin darum, sich selbst der Öffentlichkeit zu präsentieren, sich vor- und darzustellen in einer Form, daß dem Betrachter kein Zweifel bleibt an der deutlich herausgehobenen Stellung des Malers in der Kunst und an seiner konsolidierten Spitzenposition in der Gesellschaft. Seine Selbstbildnisse entspringen nicht dem Wunsch, sich seiner selbst inne zu werden, sondern der Absicht, anderen ein Bild von sich zu machen. Und um keinen Zweifel an der Identität des Dargestellten aufkommen zu lassen, wird aus der Künstlersignatur, die eigentlich nur die Autorenschaft sichert, die ostentative Bezeichnung der präsentierten Persönlichkeit. Böcklin wendet dieses Verfahren zweimal an, bezeichnenderweise bei den extremen Bildformaten, dem Baseler Künstlerdenkmal von 1893 (Abb. 68) und dem in Berlin befindlichen Monument patrizischen Bürgerstolzes (Abb. 67) – Künstler und Bürger als Kehrseiten derselben Medaille. Sie posieren denkmalhaft, ihrer Anerkennung gewiß.

Exkurs: Notizen zum Umgang mit Selbstporträts

Das Spektrum der Böcklinschen Selbstporträts ist breit, das dem eigentlichen Bildnis hinzugefügte Beiwerk vielfältig, die Themenwahl einerseits stark traditionsbewußt, andererseits in ihren konkreten Formulierungen durchaus überraschend und neu. Das stark narrative Moment im gesamten Schaffen des Malers schlägt sich auch hier deutlich nieder und hat zahllose Interpreten zu ebenso zahllosen Deutungsversuchen angeregt, die durchaus als symptomatisch angesehen werden können für die wissenschaftliche und publizistische Beschäftigung mit dem Selbstbildnis allgemein. Eine ausführliche und repräsentative Auswahl der bisher geäußerten Forschungsmeinungen zu den Selbstporträts gerade dieses Künstlers ist deshalb am besten geeignet, den Forschungsstand zu dieser Bildgattung schlechthin zu verdeutlichen und in ihrer Gegensätzlichkeit, die in weiten Teilen immer noch fernab jeder echten wissenschaftlichen Kontroversität anzusiedeln ist, die Willkürlichkeit der meisten Deutungsversuche zu illustrieren. In ihrer Gegenüberstellung sprechen die angeführten Zitate weitgehend für sich.

Die Kontinuität der Selbstbildnisse Arnold Böcklins veranlaßte seine Biografen und die Bearbeiter seiner Kunst stets, sie heranzuziehen als signifikante Äußerungen für seine jeweiligen Lebensetappen. Hier manifestiert sich nachdrücklich das von Meier-Graefe so vehement angeprangerte, primär biografische Interesse der Interpreten[1]; Fakten aus der Biografie des Malers stellen in der Regel die Basis dar, von der aus unter Zuhilfenahme individual- oder entwicklungspsychologischer Erwägungen die Deutungsversuche einzelner Selbstbildnisse oder Bildnisgruppen unternommen werden. Aufschlußreiches Beispiel dafür sind die Ausführungen Wilhelm Waetzoldts, der mit dem Kapitel »Psychologie der Selbstdarstellung« in seiner *Kunst des Porträts* 1908 überhaupt die erste zusammenfassende Darstellung der Gattung lieferte. Selbstporträts sind für ihn »sichtbare Momente der einzelnen Entwicklungsphasen [eines Künstlers] als Redaktion eines einzigen Themas: der Seele des Malers [...]. Jedes Einzelporträt gibt eine Seite, ein Kapitel dieses Entwicklungsromans, aber nur die ganze Reihe enthält das runde Wesen.«[2]

Er behandelt Böcklin unter dem Stichwort »Ein Leben in Selbstbildnissen« und kommt dabei zu der abschließenden Feststellung: »Das Recht der Jugend ist vorzugreifen, die Tat des Mannes ins Leben hineinzugreifen, das Glück des Greises zurückzugreifen. Und zu sich selbst steht der Künstler so: er sucht, er findet, er überwindet sich.«[3]

Zu solch hehrer allgemein-menschlicher Erkenntnis bedarf es jedoch einiger Gedankenakrobatik. So gibt das *Selbstbildnis mit fiedelndem Tod* von 1872 »den jungen Böcklin, den Mann, der sich noch nicht gefunden hat«.[4] Der Maler ist zu diesem Zeitpunkt 45 Jahre alt. Ein Jahr darauf ist Böcklin endlich »erwacht«[5], doch erst im *Selbstbildnis mit dem Weinglas* 1885, also fast sechzigjährig, erscheint der »Wirklichkeitsmensch«.[6] Auf dieses »Bild der Muße folgt das des rastlosen Schaffens«[7], wovon Böcklin sich aber anscheinend sehr bald, im fast gleichzeitigen Selbstbildnis in den Uffizien, wieder – und diesmal endgültig – ausruhen muß.[8] Doch damit nicht genug: »... der Kopf des Greises hat sich dem der Jugendjahre angenähert; [...] die Augen träumen wieder; der Kreis ist geschlossen.«[9] Das Beispiel Waetzoldts ist zweifellos ebenso bezeichnend für den Biografismus des 19. Jahrhunderts wie die Psychologisierfreude des 20., darüber hinaus in seiner fahrlässigen Ignoranz gegenüber der Lebenswirklichkeit des sich selbst darstellenden Künstlers jedoch gleichzeitig symptomatisch für die Beschäftigung mit Selbstbildnissen überhaupt.

Ähnliche Lebensphasen wie Waetzoldt erkennt Hamann; für ihn enthalten »die Selbstbildnisse [Böcklins] [...] eine Stufenleiter des inneren Lebens – der Träumer, der Held, der gereifte Mann, der selbstsichere Greis«.[10] Auch für Mendelsohn haben »Selbstbildnisse [...] als Selbstbekenntnisse nur den Wert eines aus dem Zusammenhang gerissenen Tagebuchblattes [...]. Erst die mathematische Summe der verschiedenen Bildnisse gibt den ganzen Menschen.«[11] Grabowski schließlich sieht in den physiognomischen Veränderungen des Malers einen Beleg für seine »riesengroße Wandlungsfähigkeit«.[12]

Geradezu überwältigend ist die Literaturfülle zum *Selbstbildnis mit fiedelndem Tod* (Abb. 64). Kein Überblickswerk zur Kunst des 19. Jahrhunderts von Gurlitt und Muther über Beenken bis hin zu Werner Hofmann versäumt es, es zumindest zu erwähnen, ebenso taucht es ausnahmslos in allen Monografien zum Selbstporträt wie auch in den meisten Lexika und Nachschlagewerken auf, ganz zu schweigen von der speziellen Böcklin-Literatur. Häufig sind auch Abbildungen beigefügt. Man kann es gewissermaßen als Markenzeichen des Künstlers betrachten[13], und es wird in der Tat häufig als symptomatisch für sein gesamtes Kunstschaffen angesehen.

Schon bei oberflächlicher Durchsicht der Literatur fällt auf, daß es sich zumeist um Wiederholungen von Stereotypen handelt. Bezeichnend und den Problemkreis des Bildes für den größten Teil der älteren Literatur vollständig umreißend ist der Aufsatz Labans im 4. Jahrgang des *Pan*, 1898. Auf der Höhe der Böcklin-Euphorie publiziert in einer damals jungen Kunstzeitschrift, zu deren »Hausgöttern«[14] Böcklin zählte, stimmt der Autor eine poetisierend-hymnische Eloge auf den Kunstheros Böcklin an und klassifiziert das Bildnis als typisch deutsch, nunmehr »unverlierbares Eigentum unseres Volkes«.[15] Als Vorbilder verweist er auf die spätmittelalterlichen Totentanzdarstellungen sowie vor allem – wie auch schon andere vor ihm – auf das damals Holbein zugeschriebene Bildnis des Sir Bryan Tuke in der Alten Pinakothek München. Drei Erklärungsmöglichkeiten bieten sich dem Verfasser für die den Zeitgenossen offenbar überraschende Zusammenfügung an: die »historische Erklärung«, auf die »die Spuren überstandenen Leidens« in den Zügen des Künstlers hinweisen, dann die als »eine moderne Variation des alten ›Totentanz-Themas‹ « im Sinne eines Memento mori, schließlich die eines künstlerischen Selbstbekenntnisses, als »der Augenblick der Inspiration, der Vorgang des Schaffens, die Genialität in actu«, als »hoheitsvolles Memento vivere«. Laban entscheidet sich für die letzte Möglichkeit, jedoch geht die Diskussion, ob es sich um einen »Spätling der Inspirationsdarstellungen«[16] oder um ein Memento mori[17] handelt, bis heute weiter.

Einig sind sich alle Interpreten des Bildes jedoch über die hehre Absicht des Malers und den ohne Zweifel tiefgründigen Gehalt dieses Selbstbildnisses. Nur Meier-Graefe erklärt es in seiner scharfen Kritik des Jahres 1905 für im tiefsten Grunde zweifelhaft.[18] Er ist zwar nicht der erste, der die Mängel im Malerischen feststellt, jedoch ist es ihm völlig unmöglich, die malerischen Unzulänglichkeiten durch den tiefen Gehalt des Werkes ausgeglichen zu sehen. Im Gegenteil machen ihm die vielen Interpretationsmöglichkeiten und -versuche das Bild geradezu suspekt. Es erscheint ihm als Paradigma für das gesamte Kunstschaffen Böcklins.

Der Argumentation Meier-Graefes kann sich selbst Grabowsky nicht entziehen. »Der Künstler läßt sich durch ein poetisches Motiv überrumpeln und vergißt dabei das Malerische«, gesteht er zu, »ein poetisches Bild [. . .]. Höchst ergötzlich für das Publikum.«[19] Der grundlegende Unterschied zwischen beiden Rezensenten aber ist, daß Grabowsky Böcklins

Selbstporträt für das Produkt eines »unbewachten Augenblicks« erklärt, während Meier-Graefe eine durchaus bewußte Ablenkung vom Werk auf die Person des Malers unterstellt.[20]

Erst in der jüngeren Literatur tauchen weitere Deutungsmöglichkeiten des Bildes auf. Hofmann sieht in ihm eine Verbindung aus mittelalterlichem Totentanz und romantischem Freundschaftsbild.[21] Kleinenberg wartet mit der interessanten Erkenntnis auf, die Gestalt des Todes sei »imaginäre Personifikation« des »Denkens des realen Menschen im Bild«.[22] Bringmann[23] scheint es »einen Schlüssel zum Verständnis des Œuvres [Böcklins] zu geben«. In seiner kurzen Rekapitulation der bis dato geäußerten Meinungen der Kritik entscheidet er sich letztlich für den Kompromiß, daß es »beide Pole des Werkes: Lebenszuwendung und Todesahnung« enthalte. Ebenso nimmt das Bild für Krenzlin eine zentrale Position im Gesamtschaffen Böcklins ein.[24] Sie macht den Versuch, die Werke des Künstlers im Sinne unbewußter Opposition zur gründerzeitlichen Gesellschaft zu deuten. In diesem Zusammenhang steht das *Selbstbildnis mit fiedelndem Tod* »als Metapher für Lebenssituationen [...], die unabwendbar, unwiderruflich sind, über die keine Selbsttäuschung hinweghilft. Der Künstler hat diese Herausforderung angenommen und die Wirklichkeit zum Kriterium seiner Antwort gemacht.« Wenn die tiefschürfenden Interpretationen ihrer Vorgänger zumeist schon wenig überzeugten, so will dieser Versuch einer Deutung auf materialistischer Grundlage nun gar nicht mehr einleuchten. Schließlich sei noch der Ansatz Holstens[25] und H. M. Schmidts[26] erwähnt, die die Häufung der ›Tod und Maler‹-Darstellungen seit der zweiten Hälfte des 19. Jahrhunderts aus der »Konfliktsituation des gesellschaftlich entwurzelten Künstlertums«[27] bei gleichzeitigem Schwinden christlicher Erlösungsgewißheit erklären. Böcklin ist beiden ein beredtes und eindringliches Beispiel für dieses Phänomen.

Dem Todesgedanken des Selbstbildnisses von 1872 wird gerne der Vitalismus des *Selbstbildnis mit dem Weinglas* von 1885 (Abb. 67) entgegengesetzt, zumal beide seit 1916 in der Nationalgalerie in Berlin vereinigt sind.[28] Dieses Bild zeigt »die zweite Seite von Böcklins Wesen, die der Melancholie die Waage hielt, die lebensbezwingende Kraft, die Freude am Dasein«[29], »die lachende, helle, selbstbewußte Lebensfreude«.[30] Den gleichen Ton stimmen auch die meisten anderen Interpreten an. »Prosit Leben!« meint Waetzoldt[31], Pecht erkennt »echte Lebenskraft«[32], Mendelsohn »den Künstler auf der Höhe seines Schaffens und seiner männlichen Kraft«[33], Grabowsky »tiefste Kraft zugleich mit tiefstem Erschöpfen des frohen Augenblicks«.[34] In den gleichen hymnischen Ton fällt Muther. Dies sei »kein Sterblicher, der gekämpft und gesiegt und über dem Sieg den eigenen Seelenfrieden verloren hat, sondern ein Heros, ein Gott, der lächelnd in ruhiger Macht triumphiert«.[35]

Da der hier gezeigte Böcklin sehr wohl in der Lage ist, spontan die Sympathie des gründerzeitlichen Betrachters zu wecken, wird verschiedentlich auf die große Realistik, den starken Wirklichkeitsbezug des Bildes hingewiesen, wobei man sich auf die Beschreibung der Körperhaltung des alternden Malers durch Frey berufen kann.[36] Auch das »Lob des Weines«[37] entspreche durchaus der Lebenswirklichkeit des Künstlers während seiner Züricher Zeit.[38] Die Ähnlichkeit mit Rembrandts *Selbstbildnis mit Saskia* in Dresden bleibt nicht unbemerkt.[39] Beenken hingegen erscheint der Gehalt des Bildes zutiefst fragwürdig. Die »Vitalität des Malers [...] scheint [...] hier mehr eine der Gesten, der beabsichtigten Haltung als des totalen menschlichen Daseins zu sein [...]«.[40] Andree schließlich konstatiert in jüngster Zeit nur mehr das Herausfordernde des Gestus und die »herrische Art«, die in der Haltung des Dargestellten zum Ausdruck kommt.[41]

Auch die Beschäftigung mit dem Baseler *Selbstbildnis im Atelier* (Abb. 68) steht im Zeichen des Vitalismus. Für Waetzoldt ist es das Bild »rastlosen Schaffens«[42], Grabowsky konstatiert die »ohne jede Pose selbstbewußte Haltung des Künstlers«[43], Hamann sieht den Mann, der »mit anderen Dingen als mit der Inszenierung seiner Person beschäftigt« ist.[44] Goldscheider nennt das Bildnis »realistisch hart«[45], Heise »unerbittlich phrasenlos«.[46] Doch schon Wölfflin[47] scheint eher an eine Typisierung in dieser Selbstdarstellung glauben zu wollen, Beenken[48] fällt in erster Linie »das Gezwungene der Haltung« auf. Für G. Schmidt entspricht das Bild dem »konventionellen Begriff« des Künstlers und Künstlerateliers.[49] Gasser schließlich erkennt nur noch die »Pose des zu Ruhm gelangten Künstlers, die die Anrede ›Meister‹ geradezu herausfordert«, Böcklin »als Inbegriff und Repräsentant der Gründerjahre«.[50] Das Bild bekommt so »denkmalartigen Charakter«[51], was, wenn auch in erheblich wohlwollender Formulierung, bereits Barth festgestellt hatte.[52]

Für besonderes Aufsehen sorgte von Anfang an die Kleidung, in der sich der Künstler wiedergegeben hat. Mendelsohns Urteil, Böcklins Kleidung habe etwas »vom einfachen Schweizer Bürger, der er immer geblieben ist«[53], steht dabei vereinzelt da. Hamann hält die Bekleidung für einen »Straßenanzug«[54], »Böcklin ala Bajazzo!«[55] stellt Grabowsky dagegen lakonisch fest, und auch Waetzoldt[56] kann sich kritischer Worte zum Kostüm des Künstlers nicht enthalten. Wohlwollender konstatiert wieder Barth »Nobles bei aller Keckheit«[57], wie auch Gasser den Anzug als »halb weltmännisch elegant, halb bohemehaft salopp« klassifiziert.[58]

Von entscheidender Bedeutung für den Gehalt des Bildes ist das auf der Staffelei befindliche, gerade begonnene Bildnis. Bis auf Gasser, der es aus unerfindlichen Gründen für ein Porträt Gottfried Kellers hält, wird es allgemein als Selbstbildnis angesehen. Vor diesem Hintergrund deutet Tittel das Atelierbildnis als kommunikationstheoretisches Lehrstück: »Es gibt Bildbetrachter und Bild. Böcklin stellte die Bilder her und der Bildbetrachter reagierte darauf, kritisierte. Die Kritik wirkte auf den Maler zurück und auf das neu entstehende Werk [...]. Die Wechselwirkung ist auf dem Selbstbildnis vor der Staffelei dargestellt. Vor der Bildfläche steht im Baseler Museum der Betrachter, dem vom Künstler suggeriert wird, er sähe Böcklin tatsächlich [...]. Dahinter zeigt sich das Bild im Bilde, das entstehende Werk, auf das bereits die Kritik des Betrachters wirken könnte, stände er tatsächlich vor Böcklin.«[59]

Eine weitere didaktische Deutungsmöglichkeit bietet Sperlich an. Für ihn »wirkt das Bild wie der belehrende Bericht über sinnvolle Lichtregie«.[60] Inwieweit die letzten beiden Interpretationsansätze, vor allem derjenige Tittels wirklich den Intentionen Böcklins entsprechen, wird wohl endgültig nicht mehr zu klären sein.

Als dritte lebensbejahende Selbstaussage gesellt sich in der Literatur das Hamburger Selbstbildnis (Abb. 65) den beiden vorangegangenen hinzu. Frey stellt dem »melancholisch-verträumten Visionär« von 1872 »den ruhigen auf sich gestellten Mann« von 1873 entgegen.[61] Mendelsohn betont, hier sei »nichts mehr vom Träumer«, der Künstler »stehe auf dieser Erde«.[62] Bryner-Bender identifiziert die beiden Selbstbildnisse mit der »Tag- und Nachtseite im Lebensgefühl des Künstlers«.[63] Neuerdings versucht Holsten auch in diesem Bild Todessymbolik auszumachen. »Einen Fledermausschwarm am bewölkten Himmel« glaubt er zu erkennen und liest »Beklemmung« aus den vor der Brust verschränkten Armen.[64]

Einen letzten interessanten Deutungsversuch geben die Bearbeiter des Darmstädter Katalogs[65], die das vorliegende Bildnis in Verbindung zu Böcklins *Muse des Anakreon* setzen. Sie schließen dies aus dem seitenverkehrt wieder auftauchenden Motiv des lorbeerumwundenen Säulenpaares und der gegeneinander laufenden Blickrichtung der dargestellten Figuren, die die beiden Bilder als Pendants erscheinen lassen.[66] So entsteht eine gemeinsame Aussage im Sinne eines gesamtkünstlerischen Programms: Anakreon als Dichter, die beiden Flöten als Anspielung auf die Doppelflöte der Euterpe, der Muse der Musik, Böcklin selbst als Maler. Ein eindeutiger Bezug der beiden 1873 entstandenen Bilder läßt sich jedoch nicht ausmachen, so daß auch die unterstellte programmatische Aussage zweifelhaft bleibt.

Der Hauptakzent bei der Behandlung des Darmstädter Bildnisses (Abb. 66) liegt auf seiner vermeintlichen Realistik. Bryner-Bender glaubt, es lasse sich »mehr vom Standpunkt formalkünstlerischer Motive als im Sinne einer Selbstaussage« verstehen.[67] Die Präsentation des Künstlers habe etwas »ausgesprochen Spießbürgerliches«.[68] Andere hingegen reden von »gnadenloser«[69] Selbstdarstellung und »betont bürgerlicher Kleidung«.[70] Nur im Darmstädter Katalog wird eine engere Beziehung zum Hamburger Selbstbildnis angedeutet, indem die Bearbeiter auf die »Assoziation eines Lorbeerkranzes«[71] aufmerksam machen. Daß der Maler das Lorbeergebüsch ins Bild aufgenommen hat, weil er »dessen Laub [...] besonders liebte«[72], erscheint indessen mehr als zweifelhaft.

Eher spärlich sind die Ausführungen zum Ehepaarbildnis von 1863/64 (Abb. 63). Selbst Bryner-Bender erwähnt das Bild nur am Rande.[73] Es dient ihr als Musterbeispiel für Böcklins Gedankenmalerei selbst im Porträtfach, da es dem Künstler nach eigener Aussage weniger um das Selbstporträt als vielmehr um den Ausdruck der Treue ging. Einzig die immer sehr einfallsreichen Bearbeiter des Darmstädter Katalogs haben einige weiterführende Gedanken geäußert.[74] Für sie deutet die Ecklösung der Mauer auf die Abschirmung eines »privaten, geschlossenen Bereichs gegen einen offenen« hin. Die Haltung der Hände des Ehepaars erinnert sie an Overbecks *Germania und Italia*, wodurch Böcklin und seine Frau zur Personifikation dieser beiden Regionen werden können. Eindeutig sprechen auch nur sie von »der traditionellen Vorstellung von der Rolle der Geschlechter«, der der Maler Ausdruck verleiht.

Bei der Behandlung des kleinen frühen Selbstporträts von 1861 (Abb. 62) geht es Frey vor allem darum, das wenig charakteristische dieses Bildnisses im Profil hervorzuheben, das er wohl für eine Jugendsünde hält: »Kein Mensch würde ihn auf diesem Bild erkennen.«[75] Floerke hebt eher die Kontinuität »der melancholischen Note«[76] hervor, Barth erkennt »etwas Künstlerpose, [...] vielleicht sogar etwas Professorenpose und Hofstil«[77], doch »der Reiz des Künstlerhaften, schweizerisch

Unhoffähigen, Ungepflegten überwiegt«, so daß das Bildnis letztendlich »zum echten Ausdruck der Künstlersehnsucht« wird. Bryner-Bender sieht in der Pose nurmehr den »Hofmann«[78] und weist auf eine »gewisse Verwandtschaft« zu Feuerbach hin, doch zeige Böcklin sich im Gegensatz zu diesem »schlicht und natürlich, [...] im braunen Straßenanzug«.[79] Als »bescheiden« charakterisiert G. Schmidt die Pose des Künstlers[80], eine Beurteilung, der auch Andree beigepflichtet hat.[81]

Das Uffizienbild (Abb. 69) hingegen gibt den Künstler »altersmüde, resigniert«[82] wieder, ganz im Stil von Böcklins Bildnis seines Freundes Gottfried Keller, worauf Bryner-Bender nachdrücklich aufmerksam gemacht hat.[83] Ob es sich bei dem Gegenstand, den der Künstler in der Linken hält, um einen Blumentopf[84] oder ein Buch handelt[85], bleibt wohl letztendlich der Schärfe des Blicks des Betrachters überlassen. Die Reminiszenz an Menzels Balkonzimmer (1845) ist hingegen unbestritten.

Es sollte anhand dieser zugegebenermaßen ausführlichen Darstellung deutlich geworden sein, wie willkürlich bei der Deutung oder Analyse von Selbstbildnissen verfahren werden kann. Ihre Aussage, ihr Gehalt kann offensichtlich für jede Argumentation stimmig gemacht werden, sofern man die Darlegungen der Selbstbildnisinterpreten überhaupt als Argumentation begreifen darf.

Wenn sich Selbstbildnisse aber auch unter größter Mühe nicht dem vorgefaßten Deutungsmuster einfügen wollen, kann man sie allemal noch für untypisch und vernachlässigbar erklären, wie es Meier-Graefe für so viele Selbstporträts Marées konstatierte (s. o. S. 39, 46) und wie es auch im Falle Feuerbach wiederholt praktiziert wurde. Das für den ›verkannten Künstler‹ als charakteristisch Erkannte kann an seinen Selbstbildnissen ebenso exemplifiziert werden wie man umgekehrt ohne allzu große Mühe auch die Vorurteile gegen die arrivierten Künstler der Gründerzeit an einem Selbstbildnis Lenbachs verifizieren konnte (s. S. 76 ff.). Die Person des Künstlers selbst kann so zur Bestätigung der Thesen des Interpreten seines Lebens und Werkes herangezogen und jede Möglichkeit des Zweifels durch solch persönliches Zeugnis von vornherein ausgeschlossen werden; Mythos oder Verdikt bleiben unangetastet.

Hans Makart

»... mein Mann war schwer zu bewegen, sich selbst zu malen, auf mein Bitten jedoch entschloß er sich, und machte ein Selbstporträt von sich, in der Stellung, wie er mich eben malt«, schreibt Bertha Makart, die zweite Frau des Wiener Gesellschaftsmalers, 1885 in ihren Erinnerungen.[1] Monika Oberhammer hat 1980 auf dieses bis dahin unbekannte Bild aufmerksam gemacht (Abb. 70).[2] Es ist kleinformatig, auf Holz gemalt, unsigniert und zeigt die Gestalt des Künstlers mit verschränkten Beinen auf der Kante eines Hockers vor der Staffelei sitzend in Profilansicht. Er trägt einen braunen Rock, der Kragen und Manschetten eines weißen Hemdes erkennen läßt, eine helle Hose mit braunem Passepoil und hochhackige modische Schuhe mit Gamaschen. An der Wand steht eine weitere Staffelei; das darauf befindliche Bild ist ebenso unkenntlich wie das, an dem der Künstler gerade arbeitet. Zwischen beiden Staffeleien ist eine Hellebarde mit rotem Quast erkennbar. Aus biografischen[3] und stilkritischen Erwägungen[4] muß das Bildnis in die Spätzeit des Malers datiert werden. »Es zeigt Hans Makart als das, was ihm vor allem wichtig war: als Maler; ohne Kostüm, ohne Pose, ohne Dekoration, ohne Präzisierung der Physiognomik«, behauptet Oberhammer, »... seine einzige wahre Selbstdarstellung«.[5]

Das von Gerbert Frodl zusammengestellte Œuvre-Verzeichnis Makarts führt nur drei weitere Gemälde auf, die mit Sicherheit als Selbstbildnisse zu identifizieren sind. Das älteste ist zwischen 1861 und 1863 entstanden (Abb. 71). Das kleine ovale Schulterstück gibt den jungen Künstler nahezu enface in einen hochgeschlossenen schwarzen Rock gekleidet wieder. Die zurückgekämmten schwarzen Haare lassen seine außerordentlich hohe Stirn frei, die von links hell beleuchtet ist. Frodl identifiziert das Bild mit dem bei Boetticher als im Besitz der Mutter des Künstlers ausgewiesenen und in die »erste Zeit seines Münchener Aufenthalts« datierten.[6] Es weist große Ähnlichkeit mit einer Porträtfotografie aus derselben Zeit auf (Abb. 72), bei der aber ein gewisser Zug zur Eleganz in der Kleidung deutlicher hervortritt.

70 Hans Makart, Selbstbildnis, um 1882/83, Öl auf Holz, 42,5 × 31,5 cm, Privatbesitz

Aus derselben Zeit stammt auch das kleine skizzenhafte Bild (Abb. 73), das, ohne ins Detail zu gehen, nur das Haupt des jungen Mannes in leichter Wendung nach links zeigt. Das letzte und dritte eindeutige Selbstbildnis (Abb. 74) entstand im Jahre 1878. Das Brustbild zeigt den Künstler im angedeuteten historischen Kostüm – wohl des 16. Jahrhunderts –, einen weiten Mantel um die Schulter drapiert. Das bärtige Gesicht ist zum Dreiviertelprofil nach rechts gewandt, die Augen blicken zur gleichen Seite aus dem Bild. Ein üppiges, geschlitztes, renaissancehaftes Barett ziert das Haupt des Malers.

Zu diesen drei Bildern treten zwei nicht mit Sicherheit als Selbstbildnisse zu identifizierende. Ein idealisiertes Selbstporträt von 1875[7] zeigt den Künstler als Bruststück im Dreiviertelprofil nach rechts. Ein voluminöser Vollbart und ein schräg sitzender Hut mit breiter Krempe zieren sein Haupt. Die Kleidung ist nicht mit Sicherheit zu bestimmen. Die kleine Ölskizze von 1880[8] im Profil nach links gibt die Makartsche Physiognomie nur in Andeutungen wieder.[9]

Die durchweg kleinformatigen Selbstbildnisse fügen sich nur schwer in das Œuvre eines Malers, der einen ganz entschiedenen Hang zu über-

71 Hans Makart, Selbstbildnis, um 1861–63, Öl auf Leinwand, 47 × 36 cm (oval), Privatbesitz

72 Hans Makart, Porträtfoto, um 1860–62

73 Hans Makart, Selbstbildnis, um 1863, Öl auf Holz, 33,7 × 29 cm, Prag, Nationalgalerie

74 Hans Makart, Selbstbildnis, 1878, Öl auf Leinwand, 64,5 × 52,5 cm, Salzburg, Museum Carolino Augusteum

dimensionierten Riesenleinwänden hatte und der als gesuchter Wiener Gesellschaftsporträtist in gleicher Weise nur lebensgroße und überlebensgroße Formate schuf, die im Bildausschnitt selten kleiner als halbfigurig sind. Den Zeitgenossen des Künstlers waren dessen selbstbildnerische Versuche offensichtlich unbekannt, und auch die spätere Literatur hat sie unberücksichtigt gelassen. Erst Pirchan bildet im Tafelteil seiner Biografie von 1942[10] eines von ihnen ab, bezeichnenderweise das kostümierte Bildnis von 1878, das auch auf den drei Salzburger Ausstellungen 1940, 1954 und 1987 zu sehen war. Renate Mikula bezeichnet in einem Beitrag zur Baden-Badener Makart-Ausstellung die Selbstporträts des Künstlers als »Ausnahmen« im Rahmen seines Gesamtwerks, die »von der Qualität her kaum Gewicht« besäßen.[11] Man kann sie wohl mit Fug und Recht der von Frodl konstituierten, zahlenmäßig sehr kleinen Gruppe der »intimen Porträts« zurechnen, »die nie für die Öffentlichkeit bestimmt waren« und vornehmlich Menschen aus der engsten Umgebung des Künstlers darstellen.[12] Dafür spricht auch die Provenienz des frühesten aus dem Besitz der Mutter Makarts und dessen ovales Bildformat.

Auch das eingangs beschriebene Atelierbild (Abb. 70) hat intimen Charakter. Es stammt aus dem Nachlaß von Makarts Freund und ehemaligem Ateliergenossen in der Klasse Carl von Pilotys in München, Josef Berres, Edler von Perez, durch dessen Vermittlung gemeinsam mit Konstantin Fürst von Hohenlohe-Schillingsfürst, dem Obersthofmeister des Kaisers, der Künstler 1868 nach Wien berufen wird. Der 28jährige Maler hatte damals bereits eine kometenhafte Karriere hinter sich. 1840 in kleinbürgerlichen Verhältnissen in Salzburg geboren, geht er 1859 nach einem kurzen Zwischenspiel an der Akademie der bildenden Künste in Wien nach München, wo er zwei Jahre später Aufnahme in die Klasse Carl von Pilotys findet. Als 1866 Graf Adolf von Schack von dem inzwischen selbständigen Künstler, der in den vorausgegangenen Jahren Reisen nach London, Paris und wiederholt nach Italien unternommen hatte, ein größeres Bild erwirbt, gibt dieser einen ersten deutlichen Beweis seiner Selbsteinschätzung, indem er statt der gebotenen 800 fl. 1500 fl. fordert. Im Jahr darauf ist er mit einer Landschaft auf der Pariser Weltausstellung vertreten[13] und stellt 1868 in kurzer Folge zwei extrem großformatige triptychonartige Gemälde im Münchener Kunstverein aus: *Moderne Amoretten* und *Die Pest in Florenz*. Beide Bilder provozieren einen Skandal, sowohl was ihre Ausführung wie auch was ihren als anstößig empfundenen Bildgegenstand betrifft.

Der Name Hans Makart ist von diesem Zeitpunkt an überall bekannt. Doch nicht nur der Name, sondern auch die Werke des Malers erlangen unerhörte Popularität, da sich kapitalkräftige Kunsthändler ihrer annehmen und sie auf Reisen in alle Metropolen Europas schicken. Direkte Folge der Ereignisse von 1868 ist die Berufung Makarts nach Wien. Um den österreichischen Künstler an sein Heimatland zu binden, werden ihm vom Kaiser Atelier und Wohnung in der ehemaligen Gußhausrealität zur Verfügung gestellt.

Der fortschreitende Ausbau der Wiener Ringstraße bietet dem Maler ideale Arbeitsmöglichkeiten für den Wiener Geldadel, die tonangebende Schicht des feudal-bürgerlichen, neuabsolutistischen Systems der k.u.k.-Monarchie. Mit dem Bau eines neuen, größeren Ateliers, dessen Ausstattung und den dort inszenierten Festen wird Makart zum bestimmenden Faktor der Wiener Gesellschaft in den siebziger Jahren. Die sensationsträchtigen Riesenleinwände *Venedig huldigt der Katharina Cornaro* von 1873 und *Der Einzug Karls V. in Antwerpen* von 1878 sind Marksteine seines Ruhms, der seinen Höhepunkt mit der Inszenierung des Festzuges anläßlich der Silbernen Hochzeit des Kaiserpaares 1879 erreicht. Wird es gesellschaftlich von da an auch ruhiger um den Künstler, so bleibt er doch weiterhin beliebtes Objekt der Berichterstattung der Tagespresse und der Unterhaltungsmagazine, was ihm bis zu seinem Tod eine beispiellose Popularität verschafft.

In seiner hellsichtigen Beurteilung des Künstlers schreibt Robert Stiassny 1886, es könne »sehr wohl der Gedanke aufkommen, ob nicht statt des Kunsthistorikers der Kulturhistoriker dazu berufen sein werde, über Hans Makart das letzte Wort zu sprechen«.[14] Daß für die Beurteilung Makarts schon von den Zeitgenossen in starkem Maße außerkünstlerische Bezugssysteme herangezogen werden, äußert sich am nachdrücklichsten in der bereits beschriebenen Einschätzung seines Ateliers, der unauflösbaren Verbindung des Künstlers mit seinem Lebensraum (s. o. S. 93 ff.).

Makart selbst hatte seit jeher großen Wert auf die Ausgestaltung seines Wohn- und Arbeitsbereiches gelegt. So sollen die *Modernen Amoretten* für sein neu einzurichtendes Atelier in München gedacht gewesen sein; so bestand seine erste künstlerische Aktivität in Wien in der Ausmalung des Plafonds seines eigenen Salons.

Das 1872/73 anläßlich der Arbeit an dem Riesengemälde *Venedig huldigt der Katharina Cornaro* errichtete neue Atelier übertraf schon

75 Atelier Hans Makarts, Wien, Gußhausstaße 25

in seinen Ausmaßen alles bisher Dagewesene (Abb. 75; vgl. Abb. 46, 47, 50). Der langgestreckte, von einem Sparrendach gedeckte Raum maß 10 × 23 Meter und erhielt sein Licht nur von einem Fenster an der nördlichen Schmalseite, so daß er zum gegenüberliegenden Ende hin mehr und mehr in diffuses Dämmerlicht getaucht war. Dort befand sich eine Treppe zu einer offenen, in den Raum hineinragenden Loggia. Die zahlreichen, zu Lebzeiten des Künstlers publizierten Fotografien und Stiche zeigen das Atelier alle zu dieser Schmalseite hin. Die eine der Längswände war immer einem der Makartschen Riesenbilder vorbehalten. An allen anderen Wänden waren, die Raumgrenzen verunklärend, anscheinend wahllos Kunstgegenstände aller Zeiten und Völker gruppiert. Dieses große Atelier, dessen Werkstattcharakter auf keiner der Reproduktionen deutlich wird, ist unzählige Male beschrieben worden und gilt noch heute als Inbegriff gründerzeitlicher Wohnkultur.

»Da begegnet man auf reich ornamentierter, deutscher Renaissancetruhe einem chinesischen Idol oder einem hellenischen Anathema in Terracotta; unter einem Baldachin, getragen von zwei spätrömisch gewundenen Säulen der Armatur eines Geharnischten; in einem Spinde altitalienischer Arbeit prunkt eine Kollektion gold- und perlenbesetzter orientalischer Hauben; von einem hohen kaminartigen Aufsatz grüßt aus phantastisch in Holz geschnittenem Encadrement ein weibliches Brustbild nieder, das zwei flott modellierte Allegorien flankieren; Smyrnaer und Gobelins verkleiden die Wände, von denen sich eine Anzahl guter Kopien nach alten Italienern und Niederländern wirksam absetzen; abenteuerlich geformte Kronen, Ampeln, Leuchterweibchen lassen den Blick zum mächtigen Deckengetäfel emporschweifen; antikes und mittelalterliches Gewaffen ziert hier einen Thürsturz, füllt dort eine Ecke. Und auf Boulemöbeln oder Intarsiengestühl sitzend, umgeben von Büsten, Tierskeletten, Mumien, Oleanderbäumen und Musikinstrumenten, kommt man erst allgemach dazu, in der scheinbar wüst durcheinanderwogenden Herrlichkeit die künstlerischen Einklänge zu entdecken.«[15]

Nicht ohne Grund zeigt deshalb das von Oberhammer publizierte Rückenporträt (Abb. 70) die Hellebarde mit dem Quast – sie trägt mit zur Identifikation des Dargestellten bei.

Für Makart hat der Raum, abgesehen davon, Werkstatt zu sein, zumindest noch zwei andere Funktionen. Einmal schafft er sich die ideale Umgebung zur Präsentation seiner Werke, wie es Emerich Ranzoni bereits anläßlich der Fertigstellung des Cornaro-Bildes 1873 bemerkt.[16] Das Gemälde bilde mit seiner Umgebung eine harmonische Einheit, betont er, ein Eindruck, der selbst auf dem Bild Rudolf Alts (Abb. 50), auf dem der unvollendete *Frühling* die Stelle der *Katharina Cornaro* eingenommen hat, nicht von der Hand zu weisen ist. Das Bild wird zum Einrichtungsgegenstand – oder die Einrichtung zum Kunstwerk. Genau in diese Richtung weist auch eine Aussage Makarts, die Zelau indirekt wiedergibt, daß nämlich der Künstler »zu jedem seiner Gemälde ein bestimmtes, dem Geschmack desselben angemessenes Interieur hinzudenkt, [...] sogar dazu komponiert«.[17] Der Maler fordert an dieser Stelle sogar für die Ausstellungsräume des neuen Kunsthistorischen Museums eine Ausstattung im Stile der Zeit der jeweils dort gezeigten Bilder.

Das Phänomen des Verunklärens der Grenzen zwischen künstlerischer Produktion und praktischer Lebensführung äußert sich auch in einer weiteren Funktion des Ateliers für den Künstler. Es ist nicht nur Museum, eine Anhäufung eigener Werke und anderer toter Gegenstände, sondern auch der Ort, an dem Makart versucht, seine Kunst in gelebtes Leben umzusetzen. Dies wird wiederum am Beispiel der *Katharina Cornaro* deutlich. Bevor Makart das Bild für die parallel zur Weltausstellung 1873 in Szene gesetzte Separatausstellung im Künstlerhaus freigibt, veranstaltet er am 31. März ein Atelierfest in Kostümen, die denen des

76 Altniederländisches Fest in Makarts Atelier 1879

an der Wand hängenden Gemäldes entsprechen. Seine erste Gattin Amelie verkörpert die Hauptfigur im Bild wie auf dem Fest. Dies ist kein ›lebendes Bild‹ mehr, sondern verlebendigte Kunst oder kunstvoll arrangiertes Leben. Mehrere solcher Feste werden in der Literatur erwähnt, zum Beispiel dasjenige zu Ehren Richard Wagners am 3. März 1875 oder das ›Altniederländische Fest‹ am 22. Dezember 1879 (Abb. 76). Vor diesem Hintergrund erscheint die Bezeichnung Makarts als »Genie der äußeren Lebensgestaltung«[18] durchaus gerechtfertigt. Ludwig von Hevesi geht noch einen Schritt weiter und meint: »Er lebte seine Bilder weiter so gut es ging.«[19]

Das erstaunlichste Beispiel solchermaßen verlebendigter Kunst aber ist der von Makart inszenierte Festzug der Stadt Wien zur Silbernen Hochzeit des Kaiserpaares 1879. Aus Anlaß dieses Jubiläums waren in der gesamten Donaumonarchie zahllose Festlichkeiten geplant, die vom Kaiser jedoch kurzfristig wegen einer Überschwemmungskatastrophe abgesagt oder in Wohltätigkeitsveranstaltungen umfunktioniert wurden. Nur die Huldigungen der Stadt Wien war er anzunehmen gewillt. Die Vorbereitungszeit war kurz. Erst am 14. Januar 1879 faßte der Gemeinderat den definitiven Entschluß zur Durchführung des Festzugs, dessen Gestaltung der Wiener Künstlergenossenschaft übertragen wurde. Fünf Abteilungen waren geplant. Studenten, Vereine und gewerbliche Genossenschaften bildeten die ersten beiden, »Die moderne Hochgebirgsjagd« die vierte, Feuerwehren, Veteranen- und Gesangvereine die fünfte. Höhepunkt des Festes aber war die dritte Abteilung, deren Planung in den Händen Makarts lag.

»Seiner Empfindung entsprechend faßte Hans Makart den Plan, die Hauptrepräsentanten der Künste, der Gewerbe, des Handels und des Verkehrs teils in historischen, teils in allegorischen Gruppen und Bildern aus jener Periode darzustellen, in welcher sich die Kunst der Renaissance in Deutschland in höchster Blüte entfaltete. Es war der Beginn des 16. Jahrhunderts, jene gewaltige Epoche auf allen Gebieten deutschen Kulturlebens, welche [...] den Drang zu neuen Schöpfungen und Taten empfand und diesen selbst bis auf die äußere menschliche Erscheinung erstreckte. [...] Aus dieser bewegten, lebensvollen Zeit führte der Künstler charakteristische Typen der verschiedenen Stände, insbesondere solche des Bürgertums, in festlichem Schmucke vor, gruppierte diese nach ihren Berufsgattungen und fügte Zweige der modernen, bürgerlichen Tätigkeit erfindungsreich in den Rahmen dieser historischen Bilder ein.«[20]

Unter Rückgriff vor allem auf Burgkmairs Holzschnittwerk *Triumphzug Maximilians I.* fertigt Makart in kürzester Zeit 28 großformatige Entwürfe an.[21] Schon deren Ausstellung im Künstlerhaus Anfang März 1879 erregt großes Aufsehen und ist nach Meinung der Presse »einer der sensationellsten Erfolge, derer die Ausstellungsgeschichte Wiens sich rühmen kann«.[22] Intention Makarts war eine Apotheose des Bürgertums, und als solche wurde das Unternehmen auch sofort verstanden.[23]

»Erst durch die Wirkung dieser Bilder [...] brach sich die Bedeutung dieses Festzugs in weiteren Kreisen Bahn. [...] Die Mehrzahl der Bürger trug Scheu, sich in Trachten einer vergangenen Epoche öffentlich zu zeigen. Durch die Farbskizzen Makarts wurden die Bedenken behoben, die Bürger erkannten, daß dem Feste eine ernstere Bedeutung innewohne.«[24]

Der Festzug selbst war ein gesellschaftliches Ereignis ersten Ranges. 14 000 Teilnehmer zogen vom ehemaligen Weltausstellungsgelände aus die Praterstraße und die gesamte Ringstraße entlang, die in ihrer Pracht die ideale Kulisse für dieses Massenspektakel bot. Mehr als 300 000[25] Zuschauer sollen den Zug gesehen haben. Als letzte Gruppe der III. Abteilung erschienen die Künstler.

»Berittene Künstler im Kostüm der Rubenszeit mit dem Banner in der Mitte eröffneten die Gruppe. Der sechsspännige Festwagen baute sich auf einem stufenförmig ansteigenden Plateau auf. In den Ecken standen vier reiche, durch Genien gebildete Candelaber, aus deren oberen Schalen Flammen, die Begeisterung symbolisierend, emporstiegen. Zwischen den rückseitigen Candelabern war ein Thronsessel angebracht, über welchem sich ein reich bekrönter Baldachin wölbte, dessen Draperien über den rückwärtigen Teil auf den Boden herabfielen. An der vorderen Brüstung des Wagens auf einer reichgeschnitzten Volute erhob sich die Gestalt der mediceischen Venus. Die Figuren und Candelaber waren mit Rosengirlanden verbunden und in den Falten der herabfallenden Stoffe des Baldachins schwebende Famen angebracht, welche das Künstlerwappen trugen. Unter dem Baldachin veranschaulichte eine Gruppe, bestehend aus einer auf dem Thronsessel sitzenden Dame, um die sich Frauen und Kinder scharten, den Einfluß der Frauen auf die Kunst.«[26]

Makarts Inszenierungstalent zeigt sich insbesondere an dieser stilistischen Absonderung der Künstlergruppe. War es für das Bürgertum die Zeit Maximilians I., die die entscheidendsten Identifikationsmomente in sich barg, so erfüllt diese Funktion für die Künstler die Rubenszeit. Nicht in erster Linie in künstlerischer Hinsicht wird die Figur dieses Malers und Edelmanns des 17. Jahrhunderts zum Leitbild des ausgehenden 19. Jahrhunderts, das im übrigen nur zwei Jahre zuvor des 300. Geburtstags des Meisters mit großem Aufwand gedacht hatte, sondern im Hinblick auf seine soziale Stellung. Diesen Aspekt verdeutlicht gerade der Huldigungsfestzug, dessen Thema man im weitesten Sinne als ›Vollendung der bürgerlichen Emanzipation des 16. Jahrhunderts im 19. Jahrhundert‹ bezeichnen kann, in augenfälliger Weise.

Makart selbst ist die herausragende Figur der Künstlergruppe. »Und gleich einem Könige saß er damals auf seinem reichgeschirrten Pferde! Seine Kleidung bestand aus einem kurzen schwarzen Samtmantel, einem schwarzseidenen Wams, das auf der Vorderseite einen Einsatz von Goldbrokat zeigte, dazu einen großen schwarzen Rembrandthut mit wallender Feder, hohe Stulpenstiefel und einen prächtigen Degen.«[27]

Sein persönlicher Erfolg ist unbeschreiblich. »Sobald die Menge seiner ansichtig wurde, erdröhnte die Luft von Hochrufen.«[28] Auf diesen Umstand hinzuweisen, versäumt kein Artikel der Tages- und Unterhaltungspresse: »Von nun an kennt jeder Mann aus dem Volke in Wien seinen Makart: durch ihn, der an diesem Tag seinen eigenen Triumphzug

77 Hans Makart im Festzugskostüm, Holzschnitt, 1884

hielt, ist die Kunst wieder volkstümlich, ein Gegenstand der allgemeinen Begeisterung, des allgemeinen Verständnisses geworden.«[29] Spätestens zu diesem Zeitpunkt ist das Bild, das man sich von dem Künstler macht, festgeschrieben.[30] Mit seinem Auftritt im Festzug gelingt es ihm, sich verbindlich als Malerfürst darzustellen, gewissermaßen als Reinkarnation des Rubens. Die »goldenen Zeiten der Kunst«[31], das heißt der Einklang von Künstler und Publikum, wie ihn die höfische Kunst des 17. Jahrhunderts bewerkstelligte, sind unter bürgerlichen Vorzeichen wiedererstanden.

Den Einklang von Kunst und Volk bekunden die Festzugspublikationen und die im Umfeld des Festzugs verbreiteten Porträts des Künstlers mit Nachdruck. Dies macht ein Vergleich der Entwurfsskizze Makarts zur Gruppe der bildenden Künstler mit einer später veröffentlichten Abbildung derselben deutlich. Die Skizze (Abb. 78)[32] zeigt die Akteure der Gruppe in lockerer Zusammenstellung beieinander. Die einzelnen Personen sind am unteren Bildrand bezeichnet. Makart wird nur durch die Unterschrift kenntlich. Das richtungslose Beieinanderstehen ist in den Abbildungen des Makart-Albums von 1884 (Abb. 79, 80) durch eine klare Ausrichtung der Gruppe ersetzt. Die Bilder scheinen den realen Ablauf

78 Hans Makart, Skizze zur Künstlergruppe des Wiener Festzugs von 1879, Tusche auf Seide laviert, 63,5 × 158,5 cm, Salzburg, Museum Carolino Augusteum

des Zuges schildern zu wollen, obwohl das Ambiente der Ringstraße nicht mit aufgenommen worden ist und sich zwischen der ersten und zweiten Tafel ein unerklärlicher Unterschied bei der Wiedergabe des Straßenbelags findet. Die Spitze der Gruppe, am rechten Rand der ersten Tafel, bildet ein berittener Standartenträger mit begleitenden Fanfaren. Sie haben den fiktiven Betrachter bereits passiert und erscheinen in Rückenansicht. Der Rest der Gruppe scheint vor dem Zuschauer zu verharren, sich ihm zu präsentieren. An seiner Spitze, deutlich von den übrigen Akteuren abgesetzt, reitet Hans Makart, dessen Züge unübersehbar Porträtcharakter tragen. Er hat seinen Hut zum Gruß gezogen.

Diese Situation hat die zeitgenössische Presse wiederholt geschildert: »Er durfte stolz sein, der kleine Mann mit dem großen schwarzen Barte,

wie er so auf seinem goldglänzenden Schimmel einherritt, stets die Hand an der Krempe des schwarzen Riesenkalabresers, um nach allen Seiten hin für die immer wieder sich erneuernden Hoch- und Jubelrufe zu danken, die ihm aus allen Fenstern, von allen Tribünen, aus der Mitte des Volkes heraus zuklangen.«[33]

Die Huldigung des Volkes an den Künstler, die sich in dessen Dankesgestus widerspiegelt, wird mit Sicherheit als einer der entscheidendsten Momente des Festzugs angesehen (vgl. Abb. 81, 82). Makart, der Festarrangeur im Rubensgewand, dessen Selbstverständnis hier verbindlichen Ausdruck findet, ist gleichzeitig Symbolfigur bürgerlichen Kunstverständnisses geworden.

Wie nachhaltig Makarts Auftreten im Festzug das Bild des Künstlers für das Publikum geprägt hat, belegt noch das erst 1898 aufgestellte Makart-Denkmal von Victor Tilgner und Fritz Zerritsch im Wiener Stadtwald (Abb. 55). In malerischer Pose, die Rechte auf die Lehne eines Sessels gestützt, zeigen auch die Bildhauer den Maler im Kostüm des 17. Jahrhunderts. Mantel, Sesselpolster und ein den Sockel überdeckender Teppich umwallen ihn wie eine Draperie, Pinsel und Palette sind ihm zu Füßen gelegt. Die ganze Gestaltung des Denkmals atmet vollendet den Geist Makartscher Selbstdarstellungskunst in Kleidung und Ambiente. Die Malutensilien scheinen eher beiläufig hinzugefügt. Ein bei Pirchan erwähnter abgelehnter Entwurf Tilgners ist in diesem Zusammenhang aufschlußreich. Er zeigte »Makart in einer Nische an einem Staffeleibild arbeitend [...], im Künstlerwams mit Röhrenstiefeln, wie er gern durch Wien wandelte«.[34] Auch hier scheint deutliches Augenmerk auf

79/80 Die Künstlergruppe im Wiener Festzug von 1879/80, Holzschnitt, 1884

81 Hans Makart als Teilnehmer des Wiener Festzugs von 1879, Fotografie vor gemalter Kulisse

82 Hans Makart im Wiener Festzug

die kleidungsbezogene Selbstdarstellung des Künstlers gelegt worden zu sein, doch steht sein konkretes Künstlertum noch im Vordergrund. Die Entscheidung des Stadtrats für den schließlich ausgeführten Entwurf spricht deutlich für die Verbindlichkeit der Vorstellung von Makart als Festzugs- und Lebensarrangeur.

Man geht sicher fehl, Makarts Auftreten im Festzug als Künstlerposse abzutun. Der Künstler verkleidet sich nicht als Rubens, sondern er benutzt ein Kostüm im Rubensstil als willkommenen Ausdrucksträger seines Selbstverständnisses. Dabei ist das Kostüm für Makart nicht der Wirklichkeit applizierte Fassade, sondern integraler Bestandteil einer Lebensführung, die Leben und Kunst nicht voneinander zu trennen gewillt ist. Auch der Festzug findet nämlich seine Entsprechung in der Malerei des Künstlers, in dem Riesengemälde *Der Einzug Karls V. in Antwerpen*.[35] Das Bild ist keine Historie im eigentlichen Sinne. Spitzer bemerkt dazu in einem Feuilleton von 1878: »Karl V. hält nicht seinen Einzug in Antwerpen, sondern auf einem unserer Kostümbälle während des Faschings.«[36] Die schon im Falle von Bild und Fest zum Thema der *Katharina Cornaro* bemerkte, kaum auflösbare Verzahnung von gemaltem und lebendem Bild, die sich gegenseitig bedingen und ergänzen und die Grenzen von Kunstprodukt und gelebter Wirklichkeit fließend machen, läßt sich auch hier wieder feststellen. Makarts Malerei gibt sich damit als authentischer Ausdruck seines Selbstverständnisses zu erkennen, das sich auf die kurze, barock anmutende Formel ›Kunst und Leben als Fest‹ bringen läßt. Diese äußert sich auch in der von Ranzoni überlieferten Aussage des Künstlers: »Ich bin nämlich [...] der Meinung, daß ein Maler dazu da sei, um den Menschen Freude zu machen und nicht, um sie zu verstimmen oder zu betrügen.«[37]

Makart lebt der Wiener Bevölkerung in diesem Sinne eine Art Kostümfest in Permanenz vor. Er liebt es, »sich malerisch zu kleiden«[38], das heißt konkret, er trägt «eine Art polnischer Nationaltracht [Abb. 83], aber ohne Schnüren [...]: weite Pumphosen und hohe Stiefel mit in Falten gelegten Schäften, dazu ein bequemes, nicht in die Taille geschnittenes Sakko. Auch für die Gala blieb das Kostüm dasselbe, nur ward für den Anzug Tuch oder Sammet von feierlichem Schwarz gewählt [...] und für die Stiefel Lackleder [...]. Infolge seiner Tracht wurde er auch ein bekannter Mann.«[39]

Stiassny glaubt, hierin eine »künstlerisch pädagogische«[40] Absicht erkennen zu können im Sinne einer Erziehung zum Gebrauch des

83 Hans Makart, Porträtfoto

84 Hans Makart im Festzugskostüm

Schönen.[41] Offenbar macht Makarts Beispiel auch in dieser Hinsicht für eine gewisse Zeit Schule beim Wiener Bürgertum.[42] Dabei ist das »halbpolnische Kostüm« eigentlich nichts weiter als eine Übertragung des Rubenskostüms in den Alltag des ausgehenden 19. Jahrhunderts (Abb. 84, 85). Die Ähnlichkeit der Pose und des Gestus auf Fotos im Rubens- und im Alltagskostüm macht dies unübersehbar.

Die Figur des Rubens erweist sich einmal mehr als Kristallisationspunkt Makartschen Selbstbewußtseins. Ein letztes Indiz deutet in die gleiche Richtung. Im Jahre 1881 bekommt Makart den ersten und einzigen Auftrag zur Ausschmückung eines der neu errichteten öffentlichen Gebäude der Ringstraße, des Stiegenhauses des Kunsthistorischen Museums.[43] Für diesen Raum sollte er ein großes Deckenbild, 12 Lünettenfelder sowie

85 Hans Makart, Porträtfoto von Franz Hanfstaengl, um 1880

40 kleine Zwickel- und Interkolumnienbilder anfertigen. Für das große Deckengemälde schuf der Künstler die Skizze einer *Apotheose der Kunst*, die unausgeführt blieb.[44] Für die 40 kleinen Felder sind keinerlei Pläne überliefert, einzig die Lünetten gelang es dem Maler bis zu seinem Tode weitgehend zu vollenden. Von den 12 großformatigen Bildern[45] sind zwei allegorischen Inhalts, *Allegorie des Künstlerruhms* und *Gesetz und Wahrheit* betitelt. Die übrigen zehn geben jeweils einzelne Künstler des 16. und 17. Jahrhunderts wieder, entweder in Form von Medaillons haltenden Genien (Velazquez, Rembrandt) oder mit einem ihrer Modelle beziehungsweise einer Figur ihrer Schöpfung (Rubens, Raffael, Dürer, Holbein, Leonardo, Murillo, Tizian, Michelangelo). Der Grundgedanke ähnelt demjenigen der Künstlergruppe beim Huldigungsfestzug und soll wiederum den Einfluß weiblicher Schönheit auf die bildende Kunst verdeutlichen.

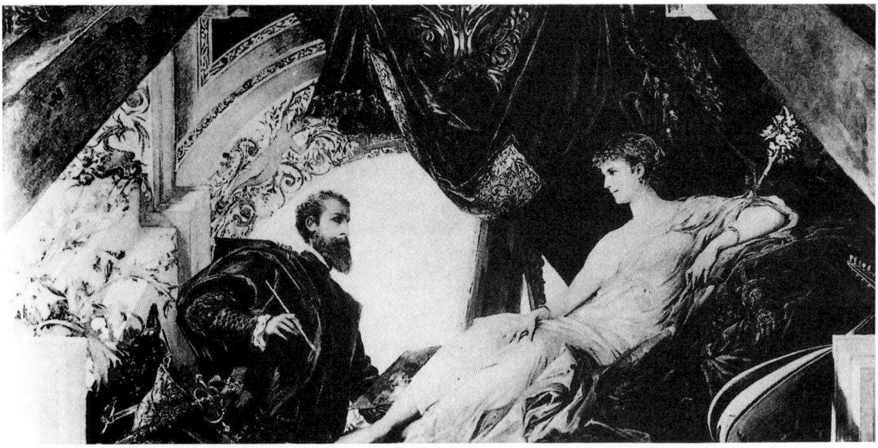

86 Hans Makart, Huldigung des Künstlers vor der weiblichen Schönheit (Plafondmalerei aus Makarts Salon), 1884, Öl auf Leinwand, 173 × 345 cm, Privatbesitz

87 Hans Makart, Rubens, Lünette für das Stiegenhaus des Kunsthistorischen Museums Wien, 1882–84, Öl auf Leinwand, 178 × 356 cm, Wien, Kunsthistorisches Museum

Im Frühjahr 1884 zerstörte ein Feuer den Plafond in Makarts Salon. Der Künstler setzt an diese Stelle sofort ein neues Gemälde.[46] Durch eine Bogenarchitektur eine Erweiterung des Salons nach oben andeutend, zeigte der Plafond an den Schmalseiten des Raumes jeweils eine weibliche Gestalt als *Sinnbild des Lebensgenusses*. An der einen der beiden Längsseiten befand sich eine Darstellung der *Heiteren Musik*, deren Pendant eine *Huldigung des Künstlers vor der weiblichen Schönheit* (Abb. 86) bildete. Die beiden Bilder der Längsseiten sind durch die rahmenden Architekturglieder der Lünettenform angeglichen. Die *Huldigung* weist zudem auch thematisch Bezüge zur Ausstattung des Kunsthistorischen Museums auf. Als idealisierendes Porträt stellt sich Makart hier im Prunkgewand des 17. Jahrhunderts mit Degen, Pinsel und Palette, kniend vor seiner auf ein Polster hingestreckten Gattin dar.

Als Künstler und Edelmann in einer Person ist der Rubens des Kunsthistorischen Museums (Abb. 87) mit eben denselben Attributen ausgestattet. Alle übrigen Maler sind hier bei der Arbeit dargestellt, abgesehen von Tizian, dem aber ebenfalls jedes Attribut gesellschaftlicher Auszeich-

88 Johann Jakob Kirchner und Wilhelm Gause, Aufbahrung Makarts im großen Atelier, Xylografie (Zeitungsillustration), 30,5 × 45,8 cm, Wien, Bildarchiv der Österreichischen Nationalbibliothek

nung fehlt. Die Züge Makarts im Deckenbild seines Salons sind deutlich auf Rubens hin stilisiert. Das Gemälde entpuppt sich so als Selbstapotheose. Unter einer Bogenarchitektur huldigt der Mensch des 19. Jahrhunderts im Kostüm ›Goldener Zeiten der Kunst‹ einem göttinnengleichen Schönheitsideal. Er gliedert sich durch die Formatangleichung augenfällig der Gruppe der Künstler im Kunsthistorischen Museum ein, stellt sich ihnen zur Seite. Die Idee der fiktiven überzeitlichen Künstlergemeinschaft klingt an.

Indiz dafür ist die Aufbahrung Makarts im großen Atelier, die durch eine Illustration von Johann Jakob Kirchner und Wilhelm Gause überliefert ist (Abb. 88). Das Bild zeigt die Leiche des Künstlers, aufgebahrt unter einem schwarzen Baldachin vor dem großen Fenster an der Nordseite. Die als Rückwand erscheinende Seitenwand wird hauptsächlich von dem späten Gemälde *Der Frühling* eingenommen, unter dem eine Anzahl Kränze aufgereiht ist. Auf dem Abschlußgesims der Atelierwand oberhalb des *Frühlings* sind drei der Lünetten angebracht: Rubens, Raffael und Holbein. Im Tode vereint, möchte man sagen. Dem Niederländer, dem Italiener und dem Deutschen hat sich der Österreicher angeschlossen.

»Dieser merkwürdige Künstler spiegelt in seinen Werken die geistige Verfassung einer Epoche am frappantesten ab, der es [...] nur noch darauf ankam, in vollen Zügen zu genießen.«[47] So schreibt Friedrich Pecht in dem Hans Makart gewidmeten Kapitel seines vierbändigen Werkes *Deutsche Künstler des 19. Jahrhunderts*.

Ähnliches hatte man schon anläßlich des Berichts desselben Autors von der Wiener Weltausstellung von 1873 lesen können. Er stellt hier den Maler als vollendeten Ausdruck seiner Zeit dar, als Vertreter der modernen (Wiener) Gesellschaft: »Es ist gerade dies heitere, üppige, genußlustige, mit größerem Schönheitssinn und vielleicht auch mehr Frivolität begabte, selten in die Tiefe gehende, aber auch niemals kleinliche und engherzige Wiener- und Österreichertum mit seinem leichten Herzen und noch leichterem Gewissen.«[48] Pecht erkennt das Phänomen Makart als Produkt des Aufschwungs[49] und bringt so als erster einen ökonomischen Aspekt bei der Betrachtung dieses Künstlers mit ins Spiel.

»Makart hat seiner Zeit soviel gegeben, daß auch sie ihm etwas geben durfte. Sie gab ihm den Unternehmungsgeist, sie lieh seinen Bildern das Format. Vergessen wir nicht, es war Gründerzeit.«[50] Der Künstler wird zur Symbolfigur dieser Epoche: ›Makartzeit‹ sagt man und bezeichnet damit die Verbindlichkeit der Normen, die der Künstler bei der Innenraumgestaltung und in der Mode aufgestellt hat. Makart schafft »Kunst für den Verbraucher« im Sinne eines »optischen Massenvergnügens«.[51] Er bedient sich dabei vorbehaltlos der Distributionsmechanismen des modernen Kunstmarkts. Seine Anpassung an die Bedürfnisse seiner Finanziers ist naiv und unmittelbar. Sein Verhältnis zum Kunsthandel gestaltet sich deshalb von vornherein unkompliziert. Ohne Bedenken erfüllt er dessen Bedürfnis nach großformatigen Sensationsbildern, die, auf Weltreise geschickt und effektvoll ausgestellt, beiden Seiten eine einträgliche Erwerbsquelle bieten.[52] Der Künstler schafft dem Bürger das seine Herrschaft legitimierende Dekor. Er selbst gehört zu diesem Dekor und hypostasiert zugleich seine Rolle. Er gibt dem Anspruch der herrschenden Schicht Gestalt und setzt gleichzeitig Geschmacksnormen. Seine Selbstdarstellungsformen durchbrechen nirgends die Prinzipien großbürgerlicher Repräsentation, übersteigern sie nur fantasievoll und bieten so dem Bürger das vom Künstler erwartete Stimulans.

Das Privatleben Makarts hat dagegen eher kleinbürgerlichen Charakter. Kegeln, Kartenspiele und abendliche Zusammenkünfte im Hinterzimmer eines Bierlokals sind seine signifikanten Äußerungen. Auf den familiären Bereich hat die gesellschaftliche Stellung des Malers gleichfalls keinen Einfluß. Makart heiratet jung, 1868 im Alter von 28 Jahren, nachdem er durch die Erfolge der *Amoretten* und der *Pest in Florenz* sich eine materielle Existenzgrundlage geschaffen zu haben glaubte. Seine Gattin Amelie, geborene Roithmayr, ist die Tochter seines langjährigen Münchener Wohungswirts. Die Heirat ist völlig unambitioniert, seine Frau, die 1873 stirbt, spielt während ihrer Ehe, abgesehen davon, daß sie ihm für einige Bilder Modell steht, weder in gesellschaftlicher noch in künstlerischer Hinsicht irgendeine Rolle. Ein Familienleben ist nicht bekannt, für die Öffentlichkeit ist es offensichtlich ohne Belang.

Daß man trotzdem nicht von einem Desinteresse des Publikums am Privatleben des Meisters sprechen kann, beweist die Reaktion der Gesellschaft auf seine 1882 geschlossene zweite Ehe mit der Schauspielerin Bertha Linder. Die Verbindung wird allgemein als Mesalliance angesehen, der Künstler büßt an Gesellschaftsfähigkeit ein, Sanktionen bleiben nicht aus. Bei seinem Tode zwei Jahre später ist Makart gesellschaftlich praktisch isoliert. Die Trauerfeierlichkeiten werden deutlich unter Umgehung der Witwe vollzogen, über die die Presse auch in den folgenden Jahren nie Gutes zu berichten weiß.

Anders als Lenbach kümmert Makart das Interesse des Publikums an seinem Privatbereich nicht, er verschließt diesen gewissermaßen vor der Öffentlichkeit. Auch seine wenigen Selbstbildnisse gehören dieser Sphäre an. Ob sie seiner Persönlichkeit ganz gerecht werden, »seine einzige[n] wahre[n] Selbstdarstellung[en]«[53] sind, bleibt fraglich. Der Wiener Gesellschaft der siebziger Jahre zeigt er jedenfalls ein anderes Gesicht. Vom Publikum will er sich als Malerfürst verstanden wissen und inszeniert sich deshalb fortgesetzt in dieser Rolle, ob explizit im Kostüm oder andeutungsweise in seinem unkonventionellen Straßenanzug: Jede öffentliche Lebensäußerung ist ostentative Selbstdarstellung.

Eine im Katalog der Baden-Badener Makart-Ausstellung veröffentlichte Fotomontage (Abb. 89), die zwar nicht, wie die Bearbeiter damals annahmen, Makart zeigt, sondern einen ihm sehr ähnlich sehenden Fotografen, verdeutlicht dieses Phänomen sinnfällig. Nicht weniger als elf Bildnisse des Abgebildeten sind hier vereinigt: als großes Porträt an der Wand, als kleines Medaillonporträt auf der Kommode, als gerahmtes Bild auf der Staffelei, als Bildnis auf dem Zeichenblock, als Gipsbüste. Gleichzeitig sitzt der Künstler sich selbst Modell, malt sich, zeichnet sich, modelliert sich und steht an einen Fotoapparat gelehnt. Er ist mit nichts beschäftigt als mit sich selbst. Jedes Werk wird ihm zur Selbstdarstellung.

89 Fritz Luckardt (1843–1894), Fotomontage

Exkurs: Letzte Geleite

Als am 3. Oktober 1884 um 21.00 Uhr Hans Makart in Wien nach kurzer, schwerer Krankheit im Alter von 44 Jahren verstirbt, ist dies ein gesellschaftliches Ereignis ersten Ranges. Die Neue Freie Presse widmet dem Künstler im Morgenblatt vom 4. Oktober mehr als eine Seite, angefüllt mit verschiedensten Nachrufen, und berichtet an den darauffolgenden Tagen jeweils morgens und abends vom Fortgang der Vorbereitungen für das Leichenbegängnis und schließlich von diesem selbst. »Die Trauer um den dahingegangenen Meister ist eine allgemeine«, heißt es im Abendblatt des 4. Oktober. »Das Leichenbegängnis dürfte sich zu einer großartigen Kundgebung für den Meister gestalten. [. . .] Die Aufbahrung der Leiche im großen Atelier wird erst gegen 6 Uhr nachmittags beendet sein, dem Publikum wird jedoch erst morgen, und zwar den ganzen Tag hindurch, der Zutritt in das Atelier gestattet.« Es ist weiter die Rede von zu erwartenden offiziellen Kundgebungen der Gemeinde Wien, zum Beispiel der Teilnahme des Bürgermeisters am Begräbnis, der Beisetzung auf dem Prominententeil des Zentralfriedhofs, einer geplanten Straßenumbenennung, der telegrafischen Benachrichtigung des Kaisers und des Kronprinzen vom Ableben Makarts, der Trauerfahne auf dem Künstlerhaus.

Die Beteiligung der Bevölkerung an der Leichenschau übertrifft alle Erwartungen, so daß es »durchaus unmöglich [war], stehen zu bleiben. Die Menge mußte sich, so rasch es ging, am Sarge vorbeidrücken und den Saal wieder verlassen.«[1] »Nur am Sarge fürstlicher Persönlichkeiten hat Wien einen solchen Andrang erlebt.«[2]

»Mit Rücksicht auf die voraussichtlich große Beteiligung des Publikums an der Leichenfeier«[3] wird die Einsegnung der Leiche statt in der Paulaner- in der Karlskirche vorgenommen. Von dort bewegt sich am 6. Oktober der Trauerzug »in endlosen Reihen«[4] zum Zentralfriedhof. »Alle Balkone und Fenster der Häuserfronten waren mit Menschen dicht besetzt und auf zahlreichen provisorischen Schaubühnen auch das kleinste Plätzchen ausgenutzt.«[5] Wie beim Begräbnis Richard Wagners in Bayreuth ein Jahr zuvor werden sogar die Gaslaternen mit einem Trauerflor behängt. So gestaltet sich das Leichenbegängnis Makarts »zu einer der großartig-

90 Hans Makart, Gotische Grabkirche St. Michael, Turmfassade, 1883, Öl auf Leinwand, 343 × 159 cm, Wien, Österreichische Galerie

sten Trauerfeierlichkeiten, die das heutige Wien beging«.[6] Das Ableben eines Künstlers als gesellschaftliches Ereignis – Daniel Spitzer hebt diesen Umstand am 16. Oktober mit beißender Ironie hervor: Der Termin sei günstig gewählt, sagt er, denn es sei ›Saison‹ in Wien.[7]

Makarts Tod ist wie sein Leben von öffentlichem Interesse. Seine Beisetzung ist die Wiederholung seines Triumphzugs von 1878. Sein Denkmal im Wiener Stadtwald (Abb. 55) überliefert der Nachwelt die Gestalt des modernen Rubens. Seine eigene Denkmalskonzeption ist weit ambitionierter: Zusammen mit dem Palastentwurf (s. o. S. 100 f.) entsteht 1883 auch der Entwurf eines Sakralbaus in spätgotischen Formen (Abb. 90). Eine Figur des heiligen Michael schmückt die Turmspitze, Rogier van der Weydens *Kreuzabnahme* ist als fotografische Reproduktion in die Turmfassade eingearbeitet – offenbar also eine Friedhofs- oder Grabkapelle. »Sollte er [Makart] mit dieser Phantasie [...] die eigene Begräbnisstätte gemeint haben?« fragt Gerbert Frodl in diesem Zusammenhang.[8] Die Vermutung ist sicher nicht abwegig, auch wenn sie durch keinen eindeutigen Beweis zu untermauern ist. Der fürstlich konzipierte Ort der letzten Ruhe des Künstlers wird zum öffentlichen Monument, zur ewigen Ruhmeshalle im Angesicht der Nachwelt.

Lenbach liegt im Ehrengrabe der Stadt München auf dem Moosacher Friedhof bestattet. Seine Stadt zollt damit dem Freunde Bismarcks die gebührende Anerkennung. Er starb »nach einem langen, schweren Leiden am 6. Mai, morgens vier Uhr, sanft und schmerzlos in seinem Heim in München«.[9] Die Anteilnahme der Bevölkerung an der Beisetzung ist nicht geringer als bei Makart zwanzig Jahre zuvor: Um die Mauer des Friedhofs müssen Absperrungen errichtet werden, um die andrängende Menge zurückzuhalten. Die Spitzen der Gesellschaft sind nicht minder zahlreich zugegen, gekrönte Häupter sind durch Abgesandte vertreten, alle aktiven Minister der bayerischen Regierung nehmen teil: Lenbachs ›Galerie berühmter Zeitgenossen‹ versammelt sich um sein Grab. Man hält 28 Reden. Nur die katholische Kirche bleibt fern. Doch wofür bedarf der nunmehr mit seinem Helden vereinte Freund Bismarcks geistlicher Einsegnung. So ist denn auch der Reichskanzler in allen Nekrologen Kronzeuge der Bedeutung des Malers, die im katholischen München sonst so bedeutungsschwere Abwesenheit der Geistlichkeit verblaßt zum schieren Akzidenz: Sie wird kaum erwähnt. Lenbachs Denkmal aber ist der Palast, in dem er den alten Fürsten einst beherbergte.

91 Arthur Volkmann, Epitaph für Hans von Marées auf dem Cimeterio Protestante in Rom

»Am 7. Juni d. J., abends 5 Uhr, wurde in Rom auf dem protestantischen Friedhof unter dem Geleite tieftrauernder Freunde der Maler Hans von Marées zur letzten Ruhe bestattet.«[10] »Fiedler und Hildebrand kamen zum Begräbnis herüber. Von Verwandten war niemand da. Volkmann schritt gleich hinter dem Sarge, als der dem Entschlafenen nächste. Der Zug war winzig. Man begrub ihn an der Pyramide des Cestius. Nur der Pastor sprach ein paar Worte. Marées' Grab sollte das Zeichen des Ritters Georg tragen. Leider ziert es in Wirklichkeit nur das [...] banale Relief Volkmanns.«[11]

Das Epitaph (Abb. 91) hat die Form einer antiken Grabstele vom geläufigen Typ eines von Palmettenakroteren bekrönten Tempelchens. Ein Relief zeigt den Künstler, bekleidet mit dem Exomis, dem antiken Handwerkergewand, der von einem unbekleideten Knaben geführt, von einer in ein chitonartiges Gewand gehüllten weiblichen Figur mit streng klassisch geknoteten Haaren – wohl der Personifikation der Kunst – im Parnaß begrüßt wird. Die Kunst setzt dem Maler den Lorbeer aufs Haupt: stiller Ruhm im Tode.

»Der große Maler Arnold Böcklin, den das deutsche Publikum nun schon seit 15 Jahren nicht mehr auslachte, ist am 16. Januar im Alter von 73 Jahren und 3 Monaten in San Domenico bei Fiesole sanft entschlafen. Dieser kurze Satz enthält die Lebensgeschichte in nuce und leider auch das typische Schicksal des Genius: lange von der breiten Mehrzahl mißverstanden, von wenigen bewundert und spät erst auch von den anderen erkannt zu werden!«[12]

Böcklin hatte sich den Lorbeer, der Marées' Grabstein schmückt, bereits zu Lebzeiten selbst zuerkannt (s. o. S. 104 ff.), die Resonanz des Publikums hatte ihn bestätigt. Der Künstler war hymnisch gefeiert worden. Anläßlich seines 70. Geburtstags widmet ihm Rudolf Wackernagel ein Festspiel.[13]

Es treten auf: Bürger, alte und junge, ebensolche Künstler, Pane, Musen, Kentauren, Nymphen und andere. Zu seinem Tod ein weiteres Festspiel: *Der Tod des Tizian* von Hugo von Hofmannsthal, aufgeführt in München.

»Die Trauerfeier, welche am 14. Februar im Künstlerhause stattfand, war reich an intimer Stimmung und hinterließ auf die Teilnehmer eine tiefe Wirkung. Mit Richard Strauß' weihevoller Hymne, die ein unsichtbares Orchester (im Nebenraume) ertönen ließ, wurde die Feier eingeleitet. Noch bildete die üppige Renaissancepracht des Saales zu der schwarz gekleideten Versammlung einen eigenartigen Kontrast. Bei den letzten Tönen der Hymne erloschen dann die Lichter, langsam teilte sich die Gardine. Auf lorbeer- und blumenumranktem Sockel wird Hildebrandts [!] Büste Arnold Böcklins sichtbar. Der vom Wiener Dichter Hugo von Hofmannsthal verfaßte Prolog wurde von Frl. von Swoboda (von unserer Hofbühne) im Kostüm eines florentinischen Jünglings gesprochen. Antike Fackelträgerinnen standen ihr zur Seite. Die Verse liefen in seltenem Wohllaut dahin; aus dem Klagelied wird ein Lied zum Preise des Meisters. Nachdem die Büste wieder unseren Blicken verhüllt, spielt das Orchester Beethovens Nachtgesang. – Dann folgt ›Tizians Tod‹. Hofmannsthal hat seiner dramatischen Dichtung erst zu dieser Feier einen Abschluß gegeben. Wir erblicken einen Altan vor Tizians Hause. Bang erwarten seine Schüler und seine Kinder den Tod des Meisters. Doch zuerst bleibt die Gruppe regungslos, während Hertha Ritter Goethes ›Anakreons Grab‹ in Hugo Wolffs Tondichtung singt. Ein Bild von eminent malerischer Wirkung! Die Wechselreden zum Preise Tizians könnten auf Böcklin geschrieben sein.«[14]

Die Gedenkfeier des Lesezirkels Hottingen, Zürich, benannt nach Böcklins ehemaligem Wohnsitz, findet erst ein halbes Jahr später statt.[15] Mitwirkende:

Herr Prof. Dr. Heinrich Wölfflin aus Berlin
(Rede)
Frau Gertrud Staehelin-Baechthold
(Rezitation)
Das verstärkte Tonhallenorchester
unter Leitung von Herrn Kapellmeister
Dr. Friedrich Hegar

Das Programm:

1. Reigen seliger Geister aus der Oper Orpheus — Ch.W. v. Gluck
2. Rede von Herrn Prof. Wölfflin
3. Böcklin-Lieder — Karl Henckel
   a) Du und der Tod?
   b) Frühling
   c) Das Schweigen im Walde
   d) Toteninsel

   Gesprochen von Frau Staehelin-Baechthold
4. Metamorphosen, angeregt durch Bilder von Böcklin — Hans Huber
   (Schlußsatz aus der Symphonie in E-moll)
   für großes Orchester
   (Thema – Meeresstille – Prometheus – Flötende Nymphe – Die Nacht – Spiel der Wellen – Der Einsiedler vor einem Marienbild geigend – Die Gefilde der Seligen – Liebesfrühling – Bacchanale)

Kein anderer deutscher Künstler des 19. Jahrhunderts hat Dichtung und Musik in einem solchen Maße angeregt wie Arnold Böcklin.[16] Gemeinsam feiern ihn Vertreter aller Künste bei seinem Tode als den großen inspirierten Genius der Epoche. Der Mensch und Künstler selbst wird nur am Rande erwähnt. Der Mythos vom altersweisen Künstlerfürsten hat ihn schon zu Lebzeiten überlagert. Der greise Tizian bestätigt die Bedeutung des Künstlers, der seine Reinkarnation zu sein scheint.

92 Carlo Böcklin, Grabmal Arnold Böcklins auf dem Camposanto degli Allori, Florenz

»Non omnis morior« – »Doch werde ich nicht ganz sterben« steht auf Böcklins Grabstein auf dem Camposanto degli Allori, dem protestantischen Friedhof vor den Mauern von Florenz (Abb. 92). Das Werk des Künstlers bleibt im Gespräch. Vier Jahre nach seinem Tod hebt der ›Kampf um Böcklin‹ an.

Anselm Feuerbach stirbt am 4. Juni 1880 in Venedig an den mittelbaren Spätfolgen einer syphilitischen Infektion, die er sich 1855 ebenfalls in Venedig zugezogen hatte – wahrscheinlich kurz vor Eintritt des eigentlichen Spätstadiums der Krankheit, der progressiven Paralyse.[17] Sein Gesundheitszustand war ihm offensichtlich klar: 25 Jahre lang hatte er turnusmäßig an den Rezidiven der Infektion gelitten und sich wiederholt den damals üblichen strapaziösen Quecksilberkuren unterzogen.

Für Henriette Feuerbach kommt der Tod des Stiefsohnes, dessen Ursache als »Herzschlag« diagnostiziert wird, völlig unerwartet. »Hier muß ein Geheimnis obwalten. Was es ist – ich will nichts als die Wahrheit, sei sie noch so schrecklich.«[18] Seit einigen Jahren lebt die Mutter des Künstlers damals schon in Nürnberg. Hierher, ins Zentrum bürgerlicher

93 Grabmal Albrecht Dürers auf dem Johannisfriedhof in Nürnberg

94 Grabmal Anselm Feuerbachs auf dem Johannisfriedhof in Nürnberg

deutscher Kultur des 16. Jahrhunderts, wird der Künstler überführt. »Seine irdischen Überreste werden [...] nicht in fremder Erde ruhen, denn ihnen ist auf dem ehrwürdigen St. Johannisfriedhof, woselbst auch der große Philosoph Ludwig Feuerbach schläft, in der Nähe des Grabes Albrecht Dürers eine Stätte bereitet.«[19] Der zur Provinzstadt abgesunkenen ehemaligen Kultur- und Wirtschaftsmetropole bietet sich durch ein pompöses Begräbnis Gelegenheit, ihre große Vergangenheit wieder zum Leben zu erwecken: Dürer und Feuerbach. Bevölkerung, Künstlerschaft und die Honoratioren der Stadt feiern den Künstler anläßlich des Leichenbegängnisses am 12. Januar mit großem Aufgebot als einen der ihren: neuer Glanz in alten Mauern.

»Es war der schönste Tag des vergangenen strengen Winters, herrlich erglänzte die Sonne am azurnen Firmament. Schien es doch, als wollte in der traurigen Jahreszeit der Himmel sich in möglichster Verklärung zeigen. Gleichsam zu Ehren des Dahingeschiedenen, dem die Schönheit im Leben das höchste Ideal gewesen ist. Der Nachmittag war für die Beisetzung Anselm Feuerbachs bestimmt. Eine nach Tausenden zählende Menschenmenge wallte auf den St. Johannisfriedhof, um der Feierlichkeit beizuwohnen. Über dem neben der Ruhestätte Albrecht Dürers gelegenen Grabe erhob sich ein unter der Leitung des k. Professors Schwabe ausgeführter Baldachin im schönsten Grün der Tanne, geschmückt mit Farnkraut, Lorbeer und Palme. Um 2 1/2 Uhr setzte sich der Zug von der Leichenhalle aus in Bewegung. Voraus die Banner des Künstlervereins und der Künstlerklause; ihnen folgten die Träger der gewidmeten Kränze. Der Sarg war reich mit Blumen geschmückt, nebenan trugen Künstler Palmen und 12 Fackelträger waren die Begleiter. Nun folgte der imposante Zug, dessen Anfang die verschiedenen Deputationen bildeten. Dann kam die Künstlerschaft Nürnbergs, in ihrer Mitte die beiden Bürgermeister der Stadt und Deputirte der städtischen Kollegien führend. Im Leichenzug befanden sich unter anderen auch Mitglieder des hiesigen Handelsvorstandes, dann die Herren Kapellmeister Levi und Maler Willich, beide aus München und Freunde des Verblichenen, weiter die Künstler Herren Lier und Puteany aus gleicher Stadt. Unter den Klängen des bekannten, von einer Musikkapelle trefflich exekutierten Beethoven'schen Trauermarsches gelangte man zum Grabe.«[20]

Prominenz aus München ist offenbar nur spärlich angereist, aus anderen Städten bleibt sie völlig aus. Die salbungsvollen Reden der ortsansässigen Honoratioren und Vereinsvorstände können nicht darüber hinwegtäuschen, daß das Interesse der Nation an der Beisetzung ihres hier als größtem zeitgenössischen deutschen Künstler gefeierten Sohnes nicht sonderlich rege ist. Der Aufwand der Trauerfeierlichkeit, die derjenigen Makarts wenige Jahre später gleichkommt, ist dem gesellschaftlichen Format des Künstlers unangemessen.

Doch das Grab, »ein einfacher, in edler Form gehaltener Sandstein, ähnlich jenem der Ruhestätte Albrecht Dürers«[21] (Abb. 93, 94) initiiert den Mythos. Henriette nämlich hat das Geheimnis um den Tod ihres Stiefsohnes ergründet: »Daß die Krankheit aber seine herrliche kraftvolle Natur ergriffen hat, dies ist das Werk der elenden Verhältnisse und der bösen Menschen, und das Märtyrertum hätte gerade ihn verschonen sollen.«[22] So verwaltet sie das Vermächtnis des Künstlers und macht ihn schließlich dem ebenbürtig, neben dem er zur letzten Ruhe gebettet wurde.

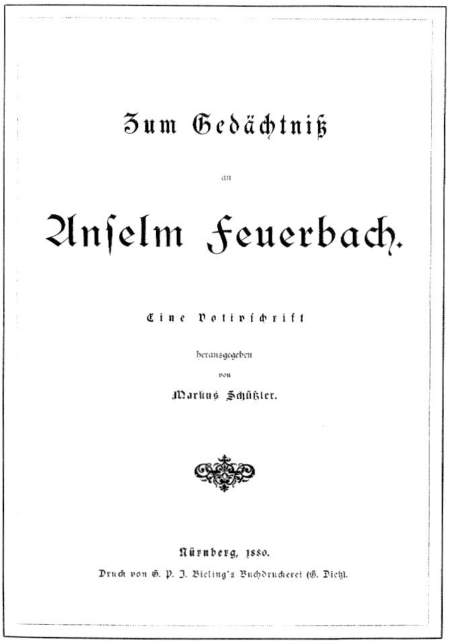

Zum Gedächtniß

an

Anselm Feuerbach.

Eine Votivschrift

herausgegeben

von

Markus Schüßler.

Nürnberg, 1880.

Druck von G. P. J. Bieling's Buchdruckerei (G. Dietz).

95 Markus Schüßler, Zum Gedächtnis an Anselm Feuerbach. Eine Votivschrift, Nürnberg 1880, Titelseite

Anselm Feuerbach

»... das ewige Mißverstehen der Umwelt, aus welchem sich dauernde Armut ergab, [...] hat diese stolze, dabei schwankende Gestalt geradezu zerstört.«[1] Franz Roh zieht dieses abschließende Resumee zum Lebensweg Anselm Feuerbachs in fast wörtlicher Anlehnung an die Klage der Stiefmutter des Künstlers in seinem Todesjahr. Schriftliches Quellenmaterial steht ihm ausreichend zur Verfügung, das *Vermächtnis*, die Briefe des Malers, die Briefe Henriettes, alle bestätigen dieses Urteil.

Feuerbachs Zeitgenossen waren da zum Teil schon anderer Meinung. Rosalie Braun-Artraria, eine Freundin Henriette Feuerbachs, erinnert sich 1919: »... wirkliche Not, wie Böcklin und Genelli, hat er niemals gelitten, er schlug sich mit gelegentlichen Schulden durch, wie so viele andere. Aber seine Träume und Wünsche flogen stets nach der sorglos glänzenden Lebensführung [...]. Deshalb ist es entschieden ungerecht, sein tragisches Schicksal allein der schnöden Mitwelt zur Last zu legen.«[2]

Der Augenzeugin wird wenig Glauben geschenkt; Anselm Feuerbach ist das Musterbeispiel des ›verkannten Künstlers‹. Aus kritischer Distanz erweist sich an ihm wie an keinem zweiten dieser Künstlertyp als letztendlich rezeptionsgeschichtliches Phänomen (s. o. S. 57 ff.), dessen Ursachen in der fortgesetzt bekundeten hohen Selbsteinschätzung des Künstlers zu suchen sind und in seinem daraus resultierenden gestörten Verhältnis zur Wirklichkeit. Schon 1893 bezeichnet ihn Richard Muther als ein »Problem eher der psychologischen als der künstlerischen Analyse«.[3]

Für die Entwicklung des Malers ist die über drei Generationen reichende Folge von Hochbegabungen, die die Familie Feuerbach hervorgebracht hat, von nicht zu unterschätzender Bedeutung. 1829 geboren, wächst er in dieser Umgebung gewissermaßen unter einer doppelten Belastung auf. Mit der Hochbegabung der Feuerbachs geht nämlich die Anlage zu psychischen Deformationen zumeist manisch-depressiven Charakters einher. Sowohl der Vater des Malers, der Archäologe Anselm Feuerbach, wie auch sein Großvater, der Strafrechtler gleichen Namens, zeigen mit fortschreitendem Alter ein eindeutiges Krankheitsbild dieser Art. Daneben wird ihm in der elitär bildungsbürgerlichen Sphäre des Elternhauses, wie er selbst sagt, »die Klassizität mit der Muttermilch eingetränkt«[4], und damit auch das Wissen um die Genietradition seiner Familie.

So tritt er bereits zu Beginn seiner Künstlerlaufbahn 1845 in Düsseldorf mit einem Geniebewußtsein an, das zum entscheidenden Faktor seiner weiteren Entwicklung wird. Er rechnet Zeit seines Lebens mit der vorbehaltlosen Anerkennung, die ihm in seiner Jugend, bestärkt durch sein einnehmendes Äußeres, wie selbstverständlich zuteil wird. Die Preisforderungen für seine Bilder, die er von Anfang an auf einem Niveau ansetzt, das dem seiner bereits arrivierten Kollegen gleichkommt, es häufig sogar übersteigen, sprechen für sich.[5] Daß diese Forderungen nicht erfüllt werden, daß im Gegenteil Kritik an seinen Schöpfungen geübt wird, läßt in ihm das Gefühl des Verkanntseins entstehen. Dieses findet seinen Niederschlag vor allem in den zahllosen Briefen an seine Stiefmutter Henriette. Aus historischer Sicht wird jedoch deutlich, wie wenig gerade im Falle Feuerbachs von ›Verkennung‹ die Rede sein kann. Bereits 1854 wird dem 25jährigen eine Professur an der im gleichen Jahr unter der Leitung Schirmers gegründeten Kunstschule in Karlsruhe angeboten, ein Angebot, das 1860 und 1869 erfolglos wiederholt wird. 1860 lehnt Feuerbach auch einen Ruf an die Kunstschule in Weimar ab. Die schließlich angenommene Berufung an die Wiener Akademie 1872 zur Leitung der Meisterklasse für Historienmalerei hebt Feuerbach in eine Stellung, die zu dieser Zeit im deutschsprachigen Raum kaum hoch genug eingeschätzt werden kann.

Auch diese sichere und angesehene Position gibt er jedoch wieder auf. Dem Konkurrenzdruck Makarts in Wien fühlt er sich nicht gewachsen, erneut unterbewertet, als seine astronomischen Forderungen für den *Titanensturz*, das Deckengemälde der Aula der Wiener Akademie, auch auf lange Sicht nicht erfüllt werden können.[6] Er zieht sich aus Wien zurück, vornehmlich nach Venedig, von wo er weiterhin bis zu seinem Ende verbitterte Schmähtiraden über die unwürdigen Umstände an seine Mutter schreibt.

Kein deutscher Künstler des 19. Jahrhunderts hat sich ähnlich häufig selbst gemalt wie Feuerbach. Uhde-Bernays führt in seinem Œuvre-Katalog von 1929 neunzehn explizit als Selbstporträts ausgewiesene Bildnisse auf, die zwischen 1845 und 1878 entstanden sind, also seine gesamte künstlerische Laufbahn begleiten. Drei weitere vermerkt das Werkverzeichnis von Allgeyer/Neumann 1904 als verschollen.[7] Ein bei Uhde-Bernays nicht aufgeführtes Selbstporträt bewahrt die Eremitage Leningrad auf. Mögli-

96 Anselm Feuerbach, Selbstbildnis, 1845/46, Öl auf Leinwand, 45 × 35,5 cm, Verbleib unbekannt

97 Anselm Feuerbach, Selbstbildnis als Knabe mit Hut, 1846, Öl auf Leinwand, 20 × 17 cm, Berlin, Staatliche Museen Preußischer Kulturbesitz, Nationalgalerie

cherweise ist es identisch mit Allgeyer/Neumann Nr. 240. Man kommt so auf eine Gesamtzahl von 20 ausdrücklichen Selbstbildnissen des Malers.[8]

Die Reihe der Selbstbildnisse setzt gleich zu Beginn der Düsseldorfer Lehrjahre Feuerbachs 1845/46 mit einem Brustbild mittlerer Größe im Dreiviertelprofil nach rechts ein, das als erstes selbständiges Gemälde des Malers überhaupt gilt (Abb. 96). Es beschränkt sich auf die Wiedergabe der ernsten und wohlgestalteten Gesichtszüge des 15jährigen Akademieschülers und seines üppigen braunen Haares. Der Kopf ist leicht vorgeneigt, die Augen fixierend auf den Betrachter gerichtet, Scheitel, rechte Stirnhälfte und Wange sind hell beleuchtet, während die linke Gesichtshälfte im Schatten liegt. Der Künstler ist bekleidet mit einem weitgeöffneten weißen Hemd und einem offenen, kragenlosen Kittel.

Kleineren Formats ist das dreiviertelfigurige Bildnis von 1846.[9] Mit hohem Hut, dessen breite Krempe rechts keck hochgeschlagen ist, und schulterlangem Haar, in einen weiten Mantel gehüllt, steht der Dargestellte an einen Säulenstumpf oder eine Mauer gelehnt. Hut und Mantel tauchen auch in dem außerordentlich kleinformatigen Brustbild des gleichen Jahres wieder auf (Abb. 97). In Seitenansicht nach links, den Kopf dem Betrachter fast enface zugewandt, ähnelt der Gesichtsausdruck dem des ersten Selbstbildnisses. Die Hutkrempe beschattet die gesamte linke Gesichtshälfte. Der Mantel hängt über der linken Schulter. Insgesamt ist der Ausdruck des Bildes recht keck.[10]

Wiederum von 1846 ist das abermals kleinformatige, skizzenhafte Brustbild im Dreiviertelprofil nach rechts, das in der Kopfhaltung dem erstgenannten sehr ähnlich ist.[11] Der Lichteinfall erfolgt wieder von links und beleuchtet die gesamte linke Gesichtshälfte. Die Augen wirken größer, da sie nicht so tief verschattet sind, das Haupt mit dem langen Haar ist unbedeckt, der Mantel eng um den Körper geschlungen. Die Plazierung des Dargestellten im Bild wirkt wieder schülerhaft unbeholfen.

Ein großformatiges, dreiviertelfiguriges, heute in Basel aufbewahrtes Bild (Abb. 98) schließt sich 1847 an. Gekleidet im Stil des 17. Jahrhunderts, steht der Künstler hingelehnt an ein Podest vor einem weitgehend undifferenzierten Hintergrund. Eine dunkel abgesetzte vertikale Zone am rechten Bildrand erweckt den Eindruck einer Säule oder Mauerzunge. Der Dargestellte stützt den im Dreiviertelprofil nach rechts gegebenen Kopf in die linke Hand, die schulterlangen Haare sind von einem federgeschmückten Barett bedeckt. Helles Licht fällt auf die rechte Gesichtshälfte und den Hals sowie auf Teile der linken Wange. Der Blick ist herausfordernd auf den Betrachter gerichtet.

Das in Nürnberg aufbewahrte Schulterstück im Dreiviertelprofil nach links (Abb. 99) von 1849/50 ist wieder kleineren Formats. Das Licht fällt von oben ein und beleuchtet besonders deutlich die Stirn des Künstlers. Die lockigen Haare sind aus der Stirn zurückgekämmt und rahmen das Gesicht; der Blick richtet sich auf den Betrachter.

Das Selbstbildnis von 1851/52 in der Karlsruher Kunsthalle (Abb. 109) gibt den Maler in reinem Enface wieder. Der Ausgangspunkt des Schulterstücks ist extrem hoch angesetzt, der Kopf des Dargestellten nach vorn geneigt. Licht fällt auf die Stirnpartie, die von dem ungeordnet wirkenden braunen Haar begrenzt ist, der Blick hebt sich aus beschatteten Augenhöhlen nach oben. Der Künstler trägt ein helles Hemd, um dessen Kragen ein roter Schal lose gebunden ist. Erstmals zeigt sich auf seiner Oberlippe ein an den Seiten heruntergezogenes Bärtchen. Die Gestalt scheint den Rahmen zu sprengen.

In ähnlicher Malweise präsentiert sich das skizzenhafte Selbstbildnis von 1853 in reinem Profil nach links (Abb. 100), wiederum ein Schul-

98 Anselm Feuerbach, Selbstbildnis mit Federbarett, 1847, Öl auf Leinwand, 107 × 74 cm, Kunstmuseum Basel

99 Anselm Feuerbach, Selbstbildnis, 1850, Öl auf Leinwand, 43,7 × 35,3 cm, Germanisches Nationalmuseum Nürnberg

terstück, das den Dargestellten in weißem Hemd mit locker geschlungener Krawatte und dunkler Jacke zeigt.[12]

Großformatig ist das heute in Wrocław aufbewahrte Bildnis von 1854 (Abb. 102).[13] In schwarzem Kostüm im Stil des 17. Jahrhunderts mit offenem weißen Hemd sitzt der Künstler vor einem bis auf die rote Draperie am linken Bildrand gegenständlich undifferenzierten Hintergrund. Der rechte Arm liegt locker über den Knien, zwischen den Fingern der Hand hält der Dargestellte einen zerknitterten Bogen Papier. Der linke Arm ist energisch aufgestützt, die Hand hält ein Paar Handschuhe. Vom linken Oberarm fließt eine reiche, seidig glänzende Draperie über die Beine in die linke untere Bildecke. Über dem offenen weißen Hemd trägt der Dargestellte ein dunkles, glänzendes Wams, dessen Ärmel an den Schultern geschlitzt sind. Die spitzenbesetzten Manschetten des Hemdes sind über

100 Anselm Feuerbach, Selbstbildnis, 1853, Öl auf Leinwand, 47 × 37 cm, Verbleib unbekannt (ehemals Sammlung Stransky, New York)

die Ecken der Jackenärmel zurückgeschlagen. Über dem Wams leuchten die Glieder einer starken goldenen Kette. Der Kopf ist nahezu enface wiedergegeben, Haartracht und Bärtchen sind im Gegensatz zum Kostüm modern und kurz. Das von links einfallende Licht beleuchtet vornehmlich die rechte Gesichtshälfte, der Blick ist auf den Betrachter gerichtet.

Das mit großer Wahrscheinlichkeit mit Allgeyer/Neumann Nr. 240 zu identifizierende und somit auf 1858 zu datierende Leningrader Selbstbildnis (Abb. 101) scheint nicht fertiggestellt worden zu sein. Vor einer Draperie gibt sich der Künstler als Hüftstück in Rückenansicht mit nach rechts ins Profil gedrehtem Kopf wieder. Das Haupt ist wieder unbedeckt und von den üppigen Locken des Malers geziert. Auf der Oberlippe zeigt sich deutlich das inzwischen obligatorische Bärtchen. Die Kleidung des Dargestellten scheint zeitgemäß – dunkler Rock und Stehkragen –, wird

101 Anselm Feuerbach, Selbstbildnis, Mitte der 1860er Jahre, Öl auf Leinwand, 92 × 73 cm, Leningrad, Staatliche Eremitage

jedoch von einem über die rechte Schulter fallenden Mantel oder Umhang ergänzt, was im Verein mit der Hintergrunddraperie der Gesamterscheinung des Bildes eine deutlich historisierende Note gibt.

Als modischer Stutzer erscheint Feuerbach auf dem großformatigen Selbstbildnis von 1867 (Abb. 113), heute in der Gemäldegalerie der Stiftung Pommern, Kiel. Das Kniestück vor braunem Hintergrund zeigt den Künstler lässig an ein von einer Draperie bedecktes Podest gelehnt. Frontal präsentiert er sich in grauer Hose, kurzer Weste mit geradem unterem Abschluß, mit Uhrkette, modisch hochgeknöpftem Frack mit breiten sanftgeschwungenen Revers, weißem Hemd mit hochgestelltem Kragen, dessen Ecken umgeschlagen sind, und lose gebundener Krawatte. Der linke Arm ruht auf dem Podest, die Hand hängt locker herab, Daumen und kleiner Finger sind abgespreizt, Zeige- und Mittelfinger halten eine

102 Anselm Feuerbach, Selbstbildnis, 1854, Öl auf Leinwand, 96,5 × 81 cm, Wrocław, Muzeum Narodowe

glimmende Zigarette. Der rechte Arm hängt gerade herab, die Hand greift ein Stück der Draperie, die hinter dem Rücken hergeführt ist. Der Kopf, von voller brauner Haarpracht geziert, ist im Dreiviertelprofil nach links wiedergegeben, der Blick folgt der Ausrichtung des Kopfes nach links aus dem Bild heraus, ohne Kontakt mit dem Betrachter zu suchen. Ebenso modisch wie die Kleidung ist auch das Napoleon-III-Bärtchen, das sich in Form des einfachen Oberlippenbartes schon auf den letzten vier Bildnissen der fünfziger Jahre vorbereitet hatte.

In ganz ähnlicher Bekleidung tritt der Künstler dem Betrachter auf dem Wiener Selbstbildnis von 1871 entgegen (Abb. 103). Das Brustbild mittlerer Größe in strengem Profil nach rechts steht vor dunklem monochromem Hintergrund. Nur die rechte Hand ist sichtbar; sie hält wieder die glimmende Zigarette.

103 Anselm Feuerbach, Selbstbildnis, 1871, Öl auf Leinwand, 62 × 50 cm, Wien, Österreichische Galerie

Erstaunlich jugendlich erscheint Feuerbach auf dem Bildnis in der Berliner Nationalgalerie von 1873 (Abb. 104). Das Brustbild mittleren Formats, den Körper leicht nach links, den Kopf leicht nach rechts gedreht, weist eine wesentlich weniger repräsentative Kleidung als die beiden vorangegangenen auf: eine graue hochgeschlossene Jacke über einem kragenlosen weißen Hemd. Der Hintergrund ist hell und am rechten Bildrand durch eine etwas dunklere Vertikale akzentuiert. Der Blick geht über die rechte Schulter aus dem Bild heraus.

Der Hintergrund des Münchener Selbstporträts von 1875 (Abb. 105) ist wieder dunkel, rot-violett. Das Brustbild mittlerer Größe zeigt den Künstler im Profil nach links mit geschlossener, doppelreihig geknöpfter Jacke, eine seidenglänzende Krawatte um den Stehkragen des weißen Hemdes geschlungen. Die linke Hand hält eine glimmende Zigarette.

104 Anselm Feuerbach, Selbstbildnis, 1873, Öl auf Leinwand, 62 × 50 cm, Berlin, Staatliche Museen Preußischer Kulturbesitz, Nationalgalerie

Das als unvollendet geltende Karlsruher Selbstbildnis von 1878 (Abb. 106) ist größeren Formats und Bildausschnitts. Der Dargestellte sitzt vor dunklem Hintergrund auf einem Sessel, dessen Rückenlehne hinter seiner linken Schulter sichtbar wird, in strengem Profil nach links. Er trägt ein weißes Hemd, dessen Kragen geöffnet ist, und eine dunkle Jacke, aus deren Brusttasche ein weißes Tuch heraushängt. Die Haltung der linken Hand ist derjenigen auf dem vorangegangenen Bild sehr ähnlich.

Aus dem gleichen Jahr stammt das Bildnis des Niedersächsischen Landesmuseums Hannover (Abb. 107). Vor grauem Hintergrund frontal wiedergegeben, wendet der Künstler den Kopf nach rechts aus dem Bild, die Augen blicken starr, fixierend, die Züge des Gesichts sind angespannt. Die geschlossene, doppelreihig geknöpfte blaue Jacke hat breite, gerade Revers, deren Kanten von hellem, glänzendem Material eingefaßt sind.

Der Stehkragen des weißen Hemdes ist offen, die Krawatte nachlässig gebunden, die Linke hält eine glimmende Zigarette.

In Bildausschnitt und Format etwas größer ist Feuerbachs letztes Selbstbildnis (Abb. 108), ebenfalls 1878, heute im Kunsthaus Zürich. In Seitenansicht nach rechts wiedergegeben, in der Kleidung kaum vom vorangegangenen Bildnis zu unterscheiden, wendet der Künstler den Kopf über die rechte Schulter zum Enface. Die Physiognomie erscheint jugendlich entspannt, vom vollen braunen Haar fallen einige Strähnen in die Stirn hinein, immer noch ziert das Napoleon-III-Bärtchen das Gesicht des Malers, dessen eine Hand – diesmal die rechte – wie immer locker die brennende Zigarette hält.

Anders als die Selbstporträts Böcklins entbehren diejenigen Feuerbachs zum großen Teil jeden Beiwerks und sind häufig Redaktionen desselben Bildmotivs. Bis auf die frühen Selbstbildnisse im Kostüm bieten diese Werke also keinen Stoff für weitschweifig-deutende Beschreibungen. Feuerbachs Hintergrund ist zumeist undifferenziert, die Kleidung des Künstlers im großen und ganzen immer die gleiche. Sie kennzeichnet ihn als selbstbewußt-eleganten Stutzer, nicht aber als den von seelischem Leid gezeichneten, in materieller Not darbenden Maler, der aus Briefen und *Vermächtnis* spricht. »Man könnte eher auf einen der Boheme längst entronnenen, mit Porträtaufgaben der ›besten Kreise‹ wohl versehenen jungen Malersmann oder auf einen nur poetisch veranlagten Rechtsanwalt raten, der mit dem Töchterchen eines wohlhabenden Großindustriellen auf die Hochzeitsreise nach Italien geht.«[14] Skeptische Bemerkungen dieser Art sind in der Literatur durchaus kein Einzelfall, Eitelkeit und Selbstgefälligkeit sind für die meisten Interpreten doch zu offensichtlich.[15] »Künstlerisch fein, sind sie menschlich nicht immer sympathisch.«[16]

Den ›verkannten Künstler‹ wiederzufinden, von dem Briefe und *Vermächtnis* gleichermaßen beredt Zeugnis geben und der dem Publikum lieb und vertraut geworden ist, bedarf es jedoch einiger argumentatorischer Akrobatik.[17] Daß das selbstbildnerische Schaffen Feuerbachs auf den ersten Blick so wenig zur Idee des ›verkannten Künstlers‹ passen will, ist wohl der Hauptgrund für die Vernachlässigung dieser Werkgruppe in der Kunstliteratur. Symptomatisch ist noch das Fehlen Feuerbachs im Katalog der Hamburger Selbstbildnisausstellung von 1978: Das offensichtlich zur Schau getragene Selbstbewußtsein des Künstlers läßt sich nur schwer mit dem Außenseitermythos in Einklang bringen, den Sieg-

105 Anselm Feuerbach, Selbstbildnis, 1875, Öl auf Leinwand, 66 × 51 cm, München, Bayerische Staatsgemäldesammlungen, Neue Pinakothek

mar Holsten, der Bearbeiter des Katalogs, als Interpretationsraster an die Selbstdarstellung der von ihm aufgeführten Künstler anlegt.

Hermann Uhde-Bernays, intimer Kenner des Feuerbachschen Œuvres, verlegt sich im Zusammenhang mit den Selbstbildnissen des Malers gerne auf apodiktische Behauptungen. Es sei, so behauptet er, dem Maler »niemals [...] in den Sinn gekommen, sich selbst [...] auf den hohen Kothurn stellen zu wollen«[18], sondern die Selbstbildnisse brächten im Gegenteil die »Absicht des Übertragens psychischer Depressionen« zum Ausdruck.[19] Kecke Eskapaden gesteht er dem ungestüm-jugendlichen, sich van Dykisch kostümierenden Akademieschüler schmunzelnd zu, ist jedoch bei der Beschreibung der Bildnisse des reifen Mannes selten um einen Euphemismus verlegen, um den anscheinend arrogant Posierenden dem Betrachter menschlich nahezubringen. Am besten scheint sich dazu das 1913 von der Stadt Hannover erworbene Bild (Abb. 107) zu eignen, das sich in der Tat von den übrigen späten Selbstbildnissen durch Mimik und Gestik des Dargestellten unterscheidet. Uhde-Bernays erklärt es 1914 zum »wahrscheinlich« letzten Selbstporträt des Malers[20], obwohl die genaue Abfolge der drei 1878 datierten Selbstbildnisse mit Sicherheit nicht mehr zu klären ist und derselbe Autor im Œuvre-Katalog von 1929 schließlich ein anderes an die letzte Stelle setzt. Seiner Meinung nach dürfte gerade dieses Bild der Wahrheit entsprechen, denn es drücke »die tiefe Niedergeschlagenheit, die sich des Meisters bemächtigt hatte, mit der gleichen ergreifenden Deutlichkeit aus, die den aus Venedig an die Mutter gerichteten Briefen eigen ist«. Deshalb wird es »als das getreueste Porträt des Verkannten anzuerkennen sein«[21], »das letzte und vielleicht sympathischste Selbstporträt des Meisters, mit dem er sein Lebenswerk – man möchte sagen – unterschrieben hat«.[22] Wie andere beschränkt auch Uhde-Bernays sich daneben weitgehend darauf, die malerischen Qualitäten der Bilder herauszustellen.[23] Da monografische Literatur zu Feuerbach seit 1954 eher spärlich gesät ist, haben sich zu diesem Komplex auch in jüngerer Zeit keine neuen Anhaltspunkte ergeben.[24]

Dabei bilden die verfügbaren zwanzig Bildnisse, allein schon, was ihre Entstehungszeit betrifft, vier deutlich voneinander unterscheidbare Gruppen: die kostümierten Jugendbildnisse 1844–1847, die drei Schulterstücke der frühen fünfziger Jahre, die drei groß- oder relativ großformatigen Porträts von gleichfalls großem Bildausschnitt, die in dem erstaunlich langen Zeitraum von 1854–1866 entstanden, schließlich die Bildnisse der Reifezeit 1871–1878.

Auffällig ist zunächst einmal, daß die Reihe der Gemälde Feuerbachs mit einem Selbstporträt einsetzt, dem in den nächsten Jahren gleich sieben weitere folgen (Abb. 96, 97). Sie sind alle kleinformatig, was geneigt macht, der oft geäußerten Behauptung zuzustimmen, der Maler sei sich selbst sein bestes und billigstes Studienobjekt. Dem widerspricht jedoch, daß unter den 17 Skizzen, die Allgeyer/Neumann 1904 den Ölbildern zeitlich voranstellen[25], kein einziges Selbstbildnis sich befindet. Dagegen spricht auch, daß von einem der angeführten kleinen Bilder gleich drei völlig identische Wiederholungen existieren. Sie haben also mit Sicherheit einen anderen Zweck gehabt als den einer Studie. Dies läßt sich sowohl anhand der Quellen als auch der noch nachprüfbaren Provenienz der Bilder belegen.

106 Anselm Feuerbach, Selbstbildnis, 1878, Öl auf Leinwand, 87 × 69,5 cm, Staatliche Kunsthalle Karlsruhe

Am 1. Januar 1847 schreibt Henriette Feuerbach an Emma Herwegh: »Zu Weihnachten schickte er uns sein wunderhübsch gemaltes Porträtchen, mit dem schwarzen Hütchen, wie er es hier trug.«[26] Gemeint ist damit wohl Uhde-Bernays Nr. 13, das sich 1929 noch in Familienbesitz befand. Für ein weiteres aus dieser Reihe gibt Allgeyer 1894 Rosa von Gerold, Wien, als Besitzerin an.[27] Es handelt sich hier um die Frau des Verlegers Gerold, bei dem die ersten Auflagen des *Vermächtnis* erschienen. Aus Henriettes Briefen an den Kunsthändler Fritz Gurlitt geht hervor, daß sie ihrem Verleger eines oder mehrere Selbstbildnisse ihres Sohnes als Dankesgabe oder zur Reproduktion überlassen hat.[28] Es ist anzunehmen, daß sich somit ursprünglich auch ein zweites Bild dieser Serie in Familienbesitz befunden hat. Für die übrigen gibt Uhde-Bernays 1929 als älteste eruierbare Besitzer an:

107 Anselm Feuerbach, Selbstbildnis, 1878, Öl auf Leinwand, 76,5 × 79,5 cm, Niedersächsisches Landesmuseum, Landesgalerie Hannover

Nr. 1 Frau von Jahn, Straßburg,
Nr. 9 Kommerzienrat Leonardi, München[29],
Nr. 14 Frau Hammer, geb. Holzschuher, Nürnberg[30],
Nr. 16 Frau Freiherr von Merling, Berlin,
Nr. 17 Hofrat Hecht, Mannheim.

Die Konzentrierung auf den badischen und fränkischen Raum gibt wohl der Behauptung Uhde-Bernays' recht, es habe sich um »Weihnachtsgeschenke für die Eltern, Dankesgaben für freundliche Aufnahme bei Verwandten in Ansbach und Nürnberg« gehandelt.[31] Es zeugt vom Selbstbewußtsein des gerade erst siebzehnjährigen Akademieschülers, daß er sein eigenes Konterfei als angemessene Dankesgabe ansieht.

108 Anselm Feuerbach, Selbstbildnis, 1878, Öl auf Leinwand, 83 × 67 cm, Kunsthaus Zürich

Den Höhepunkt der ersten Serie bildet das heute in Basel aufbewahrte, beinahe lebensgroße Selbstbildnis mit dem Federbarett von 1847 (Abb. 98). Der junge Künstler selbst schreibt dazu in einem undatierten Brief an die Eltern: »... es ist ganz van Dyckisch aufgefaßt, sehr von oben herab [...]; der Kerl steht verdammt vornehm da, etwas zurückgebeugt, mit übereinandergeschlagenen Armen, er sieht sich einmal die Welt an, um ihr dann den Rücken zu kehren.«[32]

Es ist bezeichnend und geradezu zukunftsweisend, daß der junge Künstler gerade van Dyck als vorbildhaft benennt, was übrigens seine Stiefmutter in dem oben zitierten Brief an Emma Herwegh gleichfalls tut. Die Figur des englischen Gesellschaftsporträtisten des 17. Jahrhunderts scheint als gängiges Künstlervorbild im Kreise der Familie wohl im Gespräch gewesen zu sein. Van Dyckliefert für die folgenden Jahrzehnte das grundsätzliche Identifikationsmuster Feuerbachs, vor allem im Hinblick auf seine gesellschaftliche Stellung, was sich aus zahllosen Erwähnungen des Vorbildcharakters van Dykschen Lebens in Briefen des Malers erschließen läßt.

Auch das Baseler Bild befand sich zu Lebzeiten des Künstlers in Privatbesitz. Feuerbach soll es nach Angaben Boettichers zusammen mit zwei anderen Bildern seinem Freund aus Düsseldorfer Zeit, dem Architekten Eduard Rau, geschenkt haben.[33]

Eine deutliche Verbindungslinie scheint vom Baseler Selbstbildnis zu dem in der Nationalgalerie Wrocław von 1854 (Abb. 102) zu verlaufen. Zwischen den beiden großformatigen Porträts aber datieren nun drei Selbstbildnisse, die den bisher beschrittenen Weg der van-Dyck-Identifikation offensichtlich verlassen.

Das erste (Abb. 99), 1849/50 in München entstanden, gelangte aus dem Nachlaß des Gymnasialdirektors Schmitt-Blank über den Kunsthandel in das Germanische Nationalmuseum Nürnberg. Bei dem Vater des Vorbesitzers scheint es sich wieder um einen Freund Henriette Feuerbachs gehandelt zu haben, an den sechs Briefe der Stiefmutter des Künstlers nachzuweisen sind.[34] Wie alle vorangegangenen ist also auch dieses im Freundes- und Verwandtenkreis des Künstlers verblieben. Es überrascht durch die vollständige Konzentration auf die Wiedergabe der Physiognomie unter Wegfall allen Beiwerks und jeder Pose. Daß der Künstler den bekannten weiten Mantel um die Schultern geschlungen hat, fällt zwar kaum noch auf, rückt das Bild aber motivisch durchaus an die vorangegangenen Darstellungen heran, wie auch die Kopfhaltung seitenverkehrt diejenige der beiden frühen Schulterstücke wieder aufnimmt.

Die beiden verbleibenden Bilder stammen aus der Pariser Zeit und sind dort beim überstürzten Aufbruch Feuerbachs im Frühjahr 1854 bei Freunden verblieben. Das heute in Karlsruhe aufbewahrte (Abb. 109) soll der Künstler selbst dem Emigranten Carl Schaible geschenkt haben, wie Allgeyer/Neumann[35] und Öchselhäuser[36] aufgrund der unveröffentlichten Autobiografie des Erstbesitzers übereinstimmend mitteilen; das andere (Abb. 100) gelangte laut Uhde-Bernays[37] in den Besitz eines weiteren Feuerbach-Freundes namens Reitmeyer.[38] Beide Bilder zeichnen sich durch eine skizzenhaft lockere Malweise aus. Das eine (Abb. 100) zeigt den Künstler ebenso schlicht und posenlos wie das Nürnberger Bild. Uhde-Bernays rühmt es als »die natürliche Wiedergabe des alltäglichen Menschen«.[39]

Besondere Beachtung jedoch verdient vor allem das Karlsruher Bild von 1851/52 (Abb. 109). Sowohl auf der Berliner Jahrhundertausstellung 1906 als auch auf den großen Feuerbach-Ausstellungen in Karlsruhe und München 1929, schließlich auch in Karlsruhe 1976 und auf den Ausstellungen zur deutschen Kunst des 19. Jahrhunderts in New Haven 1970 und Köln 1971 ist es zu sehen gewesen. Das Augenmerk der Katalogbearbeiter richtete sich dabei ebenso auf die hervorragenden malerischen Qualitäten wie auf die Art und Weise der Präsentation, die stets als außergewöhnlich angesehen wurde. Man betont entweder den Charakter des Bildes als »kleine Gelegenheitsarbeit, [...] in der Feuerbach auf jede Aufmachung verzichtet«[40], die »nichts Repräsentatives«[41] hat, kann aber genausogut wieder das Posenhafte der Darbietung hervorheben, die »evokes the turbulence and the concentration of a archetypally frenzied genius«.[42] Deutung und Beschreibung dieser »Pose der Beschwörung«[43] bleiben dabei jedoch vage und werden ganz allgemein auf Feuerbachs ausgeprägtes Geniebewußtsein bezogen.

Anläßlich der Hamburger Courbet-Ausstellung wurde darauf aufmerksam gemacht, daß Courbet zwei recht ähnliche Selbstporträts gemalt hat, nämlich das *Le Désespéré ou Le Fou de Peur* genannte von 1843/45, heute in Oslo, und ganz besonders das im Bildausschnitt mit dem Feuerbachschen Bild vergleichbare *Le Désespéré* von 1843 (Abb. 110), heute Privatbesitz Luxeuil. Der französische Maler hat dieses Bildmotiv gut zehn Jahre später in *La Somnambule* (Abb. 111) wieder aufgenommen.[44] Der Hamburger Katalog bemerkt dazu: »Das Schlafwandlerisch-Entrückte der Dargestellten wird [...] durch die strenge Frontalität, die auf den Büstenausschnitt konzentrierte Beleuchtung und den ungewöhnlich hohen Augenpunkt bewirkt. Der Betrachter blickt so leicht von oben auf den nach vorn geneigten Kopf der Frau, die ihrerseits unter der mächtig hervortretenden Stirn aus tiefbeschatteten Augenhöhlen den Betrachter von unten fixiert. In der gleichen Haltung hat sich Feuerbach porträtiert, als er 1851 Schüler bei Couture in Paris war.«[45]

Feuerbachs Aufenthalt in Paris fällt zusammen mit dem nach dem Staatsstreich Napoleons III. von 1851 sich konsolidierenden Second Empire, was, wie Walter Benjamin in seinen verschiedenen Essays zu Baudelaire hervorgehoben hat, eine grundsätzliche Wandlung des kulturellen und gesellschaftlichen Lebens der Stadt sowie der Haltung der französischen intellektuellen Avantgarde nach sich zog. Einschneidende Veränderungen im Stadtbild im Sinne einer Anpassung an die Möglichkeiten einer

109 Anselm Feuerbach, Selbstbildnis, 1851/52, Öl auf Leinwand, 42 × 30 cm, Staatliche Kunsthalle Karlsruhe

aufblühenden Industriegesellschaft zogen eine Veränderung des Bewußtseins nach sich: »In der Blütezeit des Second Empire schlossen die Läden in den Hauptstraßen nicht vor 10 Uhr abends. Es war die große Zeit des Noctambulisme.«[46] Dies wurde vor allem durch die Gasbeleuchtung der Passagen ermöglicht, die die Nacht zum Tage machte und durch ihre ungewohnte Härte und ihren Schlaglichtcharakter der Erscheinung des Menschen für die Augen der Zeitgenossen einen völlig neuen Charakter gab, der sie in die Nähe der von Drogen Berauschten und Wahnsinnigen rückte. Diese Déclassés und Außenseiterexistenzen werden in der Folge als für die Gegenwart symptomatisch heroisiert und bieten dem Künstler das ideale Vermittlungsmedium seiner Selbstklassifizierung.

Die Pose, in der sich Feuerbach und Courbet darstellen, gibt sich somit als extrem modern zu erkennen. Ihre Ähnlichkeit beruht nicht in

110 Gustave Courbet, Selbstbildnis (Le Désepéré), 1843, Öl auf Leinwand, 45 × 54 cm, Privatbesitz

111 Gustave Courbet, Die Somnambule (La Somnambule), 1853 (1865), Öl auf Leinwand, 47 × 39 cm, Besançon, Musée des Beaux-Arts et d'Archéologie

112 William Holman Hunt, Bildnis Dante Gabriel Rossetti, 1853, Öl auf Holz, 29,2 × 21,6 cm (oval), Birmingham City Museum and Art Gallery

der Abhängigkeit des einen vom anderen, sondern ist zeitgleiche Manifestation dessen, was man annäherungsweise als *genius loci* oder besser *genius temporis* bezeichnen könnte. Man vergleiche in diesem Zusammenhang zum Beispiel Holman Hunts Bildnis Dante Gabriel Rossettis aus dem Jahre 1853 (Abb. 112), das zwar Medaillonformat hat, aber in Bildausschnitt und Motiv mit dem Selbstbildnis Feuerbachs fast völlig identisch ist. Unterschiede bestehen lediglich in der Kleidung, die bei dem deutschen Maler wie auch bei Courbet eine betont unkonventionelle, unbürgerliche Note hat, und in der moderateren Lichtführung Hunts. Das Bildmotiv selbst scheint in den um die Mitte des Jahrhunderts bereits hochindustrialisierten und technisierten Ländern Westeuropas bei der künstlerischen Avantgarde verbreitet gewesen zu sein und erweist sich nur im Bezugsrahmen der deutschen Kunst der Zeit als ungewöhnlich.

Der Geist von Paris scheint nicht lange vorgehalten zu haben. Noch 1854, nur ein Jahr nach dem oben beschriebenen Bild also, folgt erneut ein Selbstbildnis im Kostüm des 17. Jahrhunderts (Abb. 102), dem noch deutlicher als dem Baseler Porträt (Abb. 98)ein barocker Künstlerfürst Pate gestanden haben mag. Dem fürstlichen Habit, in dem der Maler sich in respektheischendem Sitzmotiv lebensgroß, umwallt von kostbarer Draperie, darbietet, fehlt sogar die goldene Kette nicht, die wohl als Ordenskette gedacht ist und mit der auch van Dyck, Tizian und andere sich darzustellen pflegten. Das Format ist ähnlich groß gewählt wie wenige Jahre zuvor, doch verstärkt das geschickt gewählte Motiv und die gekonnte Plazierung der Figur den herrscherlich fordernden Eindruck des Bildes, den der ernste Ausdruck des nahezu enface wiedergegebenen Hauptes unterstreicht. Das Fordernde spricht auch aus dem Baseler Bild, ist jedoch abgemildert durch eine kindlich scheue Note, die aus einer gewissen Motivverwandtschaft mit Paul Delaroches damals populärem Gemälde *Die Prinzen im Tower* (1831) resultiert[47]; dominant ist aber auch hier das herausfordernde ›Von-oben-Herab‹.

Wie stark die Faszinationskraft der Persönlichkeit van Dycks und anderer Künstlerfürsten für Feuerbach war, geht selbst aus späteren Äußerungen und Projekten des Malers hervor, zum Beispiel aus der Ende der siebziger Jahre geäußerten Absicht, als Porträtmaler nach England zu gehen. Bei Heiratsplänen wird an anderer Stelle Rubens ins Feld geführt: »Wenn ich Hochzeit machen werde, muß sie à la Rubens sein, und dazu gehört die Begeisterung der Welt.«[48] Dies macht deutlich, welcher Art diese Faszination ist: Es ist der Vorbildcharakter der sozialen Stellung dieser Künstler, ihre das gesellschaftliche Leben prägende Kraft, ihr ungestörter positiver Rapport mit der Öffentlichkeit.

Das Breslauer Bild befand sich vor 1894 im Besitz Hermann Hettners, der Henriette bei der Herausgabe des Nachlasses ihres Gatten zur Seite gestanden hatte. Allgeyer vermerkt ausdrücklich, daß es für die Gattin des Wissenschaftlers gemalt worden sei.[49]

Mit dem Wrocławer Bild in Zusammenhang zu bringen, ist sicherlich das Selbstbildnis Feuerbachs in der Staatlichen Eremitage, Leningrad (Abb. 101), gemalt vermutlich 1858.[50] Die im selbstbildnerischen Schaffen Feuerbachs einmalige Rückenfigur mit nach rechts ins Profil gedrehtem Kopf erinnert in ihrer Manieriertheit stark an van Dycks *Selbstbildnis mit Endymion Porter* (Madrid, Prado) oder das *Selbstbildnis mit der Sonnenblume* (Eaten Hall, Cheshire, Collection of the Duke of Westminster) des gleichen Künstlers. Auch die üppige, über die rechte Schulter geworfene Draperie weist auf barocke Grundgedanken hin. Dagegen scheint die übrige Kleidung des Künstlers zeitgenössischen Charakter zu haben, wie auch die Wiedergabe des Kopfes wohl keine historisierenden Züge trägt –

die Spitze des Oberlippenbartes weist zum Beispiel nach unten und nicht nach oben wie zur Zeit van Dycks üblich. Das Bild ist unbezeichnet[51] und gelangte 1919 aus der Sammlung B. A. Dobronitzky, Petrograd, in die Eremitage.

Wirkt das Leningrader Selbstbildnis wie die Realisation der 1847 geäußerten Absicht, schließlich der Welt den Rücken zu kehren, so präsentiert sich 1866 der Künstler dem Publikum wieder frontal (Abb. 113). Zwischen beiden Bildern liegen immerhin acht Jahre, Feuerbachs längste selbstbildnislose Zeit.[52] Bildausschnitt und Format des Kieler Selbstporträts sind ähnlich groß gewählt wie bei den beiden vorangegangenen. Das Kniestück wirkt ausgesprochen monumental. Die Pose des Dargestellten ist aufwendig und selbstbewußt, Gestik und Körperhaltung weisen einen Zug ins Prätentiöse auf. Die Präsentationsweise erweist sich deutlich als an van Dycks Selbstbildnis von 1621 im Metropolitan Museum, New York (Abb. 114), angelehnt. Der draperieverhangene Piedestal am rechten Bildrand, auf den der Künstler den Arm stützt, verstärkt diesen Eindruck. Aus dem Rahmen aber fällt die Kleidung des Dargestellten. Man wird auf den ersten Blick geneigt, das Bild als ›van Dyck im Gewand des 19. Jahrhunderts‹ anzusehen.

In dem »De l'héroisme de la vie moderne« überschriebenen Kapitel seiner Ausführungen zum Salon von 1846 schreibt Charles Baudelaire: »Was den Frack, die Schale des modernen Helden betrifft, so sind – obwohl die Zeiten vorbei sind, wo die Kunstjünger sich als Mamamuschi kleideten und lange Pfeifen schmauchten – die Ateliers und die Welt noch voll von Leuten, die Antony etwas Poetisches verleihen möchten, indem sie ihm einen griechischen Mantel umwerfen oder ihn in ein zweigefärbtes Gewand stecken. Und dennoch, hat er nicht seine Schönheit und seinen eigenen Reiz, dieser so viel verunglimpfte Frack? Ist er nicht das notwendige Kleidungsstück für unsere leidende Epoche, die auch noch auf ihren schwarzen hageren Schultern das Symbol einer ewigen Trauer trägt? Und wohlgemerkt, der schwarze Frack und der Gehrock haben nicht nur ihre politische Schönheit, als ein Ausdruck der allgemeinen Gleichheit, sondern auch ihre poetische Schönheit, als Ausdruck der öffentlichen Gemütsverfassung.«[53]

Baudelaire entwickelt an dieser Stelle und später noch einmal ausführlich in seinem Essay über Constantin Guys mit dem Titel *Le peintre de la vie moderne* seine These von der doppelten Natur des Schönen, das sich zusammensetze aus einer ewigen, jedoch schwer faßbaren Kom-

113 Anselm Feuerbach, Selbstbildnis, 1867, Öl auf Leinwand, 109,3 × 83,7 cm, Kiel, Gemäldegalerie der Stiftung Pommern

114 Anton van Dyck, Selbstbildnis, 1621, Öl auf Leinwand, 119,7 × 87,9 cm, New York, The Metropolitan Museum of Art, The Jules Bache Collection

ponente und einer historischen, die allein es dem Menschen erlaube, das Schöne zu begreifen. Die historische Komponente ist eine Variable, die sich jeweils an der modernen Gesellschaft, ihrem Leben und ihrer Mode zu orientieren habe. Damit wird die Bildwürdigkeit zeitgenössischer Gegenstände begründet, denn »da alle Zeiten und Völker ihre Schönheit hatten, haben auch wir notwendigerweise die unsere«.[54] Notwendige Voraussetzung für die Bildwürdigkeit ist der Heroismus, der aus dem Dargestellten spricht, das heißt, das im Sinne der Historienmalerei Vorbildhafte des Sujets. Doch ist der moderne Held ein anderer als der vergangener Epochen: Er ist der Dandy.

»Der Dandysm ist der letzte Ausdruck von Heroismus in Niedergangsepochen«[55], der »oppositionelle und revolutionäre Charakter«[56] zeichnet ihn ebenso aus wie das »Bedürfnis, sich eine Originalität zu bilden, die sich in den äußeren Grenzen der Konvenienz hält«.[57] Diese Originalität äußert sich in der »Leichtigkeit der Allüren«, der »Sicherheit der Manieren«, der »Einfachheit und Sicherheit der Herrschermiene«, der »Art einen Anzug zu tragen und ein Pferd zu lenken«[58], was alles »nur ein Symbol der aristokratischen Überlegenheit seines Geistes«[59] ist. So wird der Dandy, der »etwas Modernes ist, das sich aus völlig neuen Gegebenheiten herleitet«[60], zur zeitgemäßen Ausformung des zeitlosen Ideals der Schönheit.

Ob Feuerbach sich mit Baudelaire auseinandergesetzt hat, ist nicht bekannt. Doch gibt der Dichter nur einer Geisteshaltung Ausdruck, die bei den Intellektuellen des Second Empire hochaktuell war und die sich am besten charakterisieren läßt als aristokratischer Modernismus, eine eigentümliche Mischung aus Gegenwartsverherrlichung und -verteufelung, dem Abscheu vor der industrialisierten Massengesellschaft und der gleichzeitigen Ausnutzung all ihrer Annehmlichkeiten. Feuerbachs Pariser Lehrer Couture ist als Hofmaler Napoleons III. eine der repräsentativen Gestalten dieser Epoche. Sein Ateliergenosse Edouard Manet aber wird zu eben dem, was Baudelaire an Constantin Guys so hervorgehoben hatte, zum »peintre de la vie moderne«.[61]

Feuerbachs in langer Familientradition begründetes geistesaristokratisches Ideal bot den idealen Nährboden für das Elitebewußtsein jener intellektuellen Avantgarde, zu deren Sprecher sich Baudelaire machte. Von einer direkten Beeinflussung kann natürlich auch hier nicht die Rede sein – es ist die Geistesverwandtschaft, die gleichgeartete Rezeptivität der ›Modernen‹. Denn als solcher gibt sich Feuerbach spätestens im Kieler

Selbstbildnis zu erkennen. Und so verwundert es schließlich auch nicht mehr, wenn man im Abschnitt »Historie und Genre« des *Vermächtnis* auf die im ersten Augenblick verblüffenden Sätze stößt: »Die echte Historie muß in erster Linie das Ethische, menschlich Große festhalten, gleichviel in welchem Kostüm es sich bewegt. Ein geistvolles Porträt der Neuzeit in moderner Kleidung kann somit im besten Sinne des Wortes Historienbild genannt werden.«[62]

Die Verwandtschaft zu den Gedanken Baudelaires ist nicht zu übersehen. Aus ›van Dyck im Gewand des 19. Jahrhunderts‹ wird das Porträt des modernen Helden schlechthin. Alle späten Selbstporträts Feuerbachs wie auch die gleichzeitigen Bildnisse der Mutter (Abb. 18), die möglicherweise alle drei als Pendants zu Selbstbildnissen gedacht waren[63], oder das berühmte Bildnis der Charlotte Kestner[64], der Freundin Henriettes und Tochter von Goethes Lotte, geben sich damit als ›moderne Historien‹ zu erkennen.

Es besteht kein Zweifel: In seiner lässigen, unaufdringlichen Eleganz verkörpert Feuerbach aufs genaueste die Figur des Dandy, nicht ohne das notwendige Accessoire der modischen Zigarette[65], von den Fingern der linken Hand graziös und wie selbstverständlich gehalten. Nichts könnte Haltung und Gestalt besser beschreiben als Baudelaires Worte: »Der Schönheitscharakter des Dandy besteht vor allem in der kühnen Miene und Haltung, in der sich der unerschütterliche Vorsatz ausspricht, sich nicht bewegen zu lassen; das wirkt wie ein verborgenes Feuer, das man ahnt und das strahlen könnte, aber nicht will.«[66]

Wie alle Selbstbildnisse des Malers befand sich auch das Kieler Porträt lange Zeit in Privat-, möglicherweise anfangs in Familienbesitz[67] und tauchte erst 1916 im Kunsthandel auf, von wo es in den Besitz der Stadt Stettin gelangte. Vielleicht hat Uhde-Bernays recht mit der Vermutung, daß Feuerbach sich scheute, das Bild an die Öffentlichkeit zu geben.[68] Es scheint in der Auffassung der Persönlichkeit des Künstlers in der Tat zu modern für deutsche Verhältnisse.

Dabei ist die Orientierung auf die Öffentlichkeit bei Feuerbach gerade in der zweiten Hälfte der sechziger Jahre besonders ausgeprägt. In diese Zeit fällt das Projekt, von Allgeyer angefertigte fotografische Reproduktionen seiner Hauptwerke in den Handel zu bringen[69], was mit beschränktem Erfolg auch in die Tat umgesetzt wird. Pecht erwähnt 1877 dreißig Blätter in fünf Heften, die bis zu diesem Zeitpunkt erschienen waren.[70] In diesen Zusammenhang gehört vielleicht eine Porträtfotografie des Malers von Julius Allgeyer (Abb. 115), die Heyck in dem Feuerbach gewidmeten Band der *Künstlermonographien* abbildet. Sie scheint auf den ersten Blick dem Selbstbildnis aus dem Jahre 1866 sehr ähnlich, doch ist die Pose – ganz im Sinne der damaligen Porträtfotografie – erheblich gezierter. Besonders krass sind die Unterschiede in der Kleidung. Der weite, mit der Linken vorne zusammengeraffte Mantel erinnert an die üppigen seidengefütterten Hausmäntel Richard Wagners, die zur Schleife gebundene Krawatte ist völlig überdimensioniert. Hier wird eine exzentrische Künstlernatur zur Schau gestellt, die dem Bild des Publikums vom Künstler entspricht. Der aristokratische Ausdruck des Selbstbildnisses geht dabei völlig verloren.

Die folgenden zehn Jahre bringen noch sechs weitere Selbstporträts (Abb. 103–108) des Malers, die einander alle sehr ähnlich sind, mit Ausnahme desjenigen in Berlin (Abb. 104). Bildformat und -ausschnitt verkleinern sich zwar zunächst abrupt, vergrößern sich dann jedoch kontinuierlich bis zum letzten halbfigurigen Bild, das wieder annähernd Lebensgröße erreicht. Stilisierung und Vereinfachung im Sinne einer Selbstmonumentalisierung werden im Vergleich mit dem Kieler Bild weitergeführt. In scharfer Silhouettierung stellt sich der Künstler vor monochromem, undifferenziertem Hintergrund dar, der einmal heller, einmal dunkler ist, stets in der vordersten Bildebene unter weitgehender Vernachlässigung des Bildraumes, dreimal in strengem Profil, zweimal im Dreiviertelprofil, einmal enface. Ein Kontakt zum Dargestellten wird dem Betrachter nirgends gewährt. Uhde-Bernays spricht sehr richtig von »Zurückweisung«.[71] Mit gleichem Recht ließe sich von Entfremdung oder Beziehungslosigkeit sprechen, Charakteristika der ›vie moderne‹, wie Baudelaire sie beschrieben hat.

Die vier Gruppen Feuerbachscher Selbstbildnisse erweisen sich so als Etappen einer kontinuierlichen Entwicklung. Die frühen Porträts der Akademiezeit (Abb. 96–98) zeigen ihn noch ganz als Kind der Umgebung, in der er seine früheste Prägung erhalten hat, des klassisch gesinnten Bildungsbürgertums der kleineren deutschen Universitätsstädte. Jugendlich-keck wendet er sich in direkter Konfrontation dem Betrachter zu, erregt in biedermeierlich-exzentrischer Künstlerallüre Aufsehen bei den Bürgern Düsseldorfs, Karlsruhes und Heidelbergs mit seinem hohen, breitkrempigen Hut und dem rotgefütterten ›Fra Diavolo‹-Mantel, mit dem er sich auch auf den Selbstbildnissen präsentiert.

115 Porträtfoto Anselm Feuerbachs von Julius Allgeyer, Ende der 1860er Jahre

Die Selbstbildnisse der Pariser Zeit (Abb. 99, 100, 109) geben erste Anhaltspunkte für eine Bewußtseinswandlung. Die Zurücknahme des Bildraums bewirkt eine Reduzierung des narrativen Moments bis zu dessen gänzlicher Eliminierung bei gleichzeitiger Konzentration auf die Persönlichkeit des Dargestellten. Der Künstler wendet sich zum erstenmal ins Profil. Doch es ist noch immer der Künstler, der sich präsentiert. Seine legere, unkonventionelle Kleidung weist ihn als solchen aus.

Das darauffolgende Porträt (Abb. 101) scheint auf den ersten Blick auf einen Rückgriff auf altbewährte Darstellungsmodi hinzuweisen, doch ist es nur das erste einer Grupe von drei Bildern (Abb. 101, 102, 113), die, miteinander augenfällig verbunden durch die Größe des Bildausschnitts und -formats, den tastenden Übergang zu einer neuen, endgültigen Formulierung bezeichnen. Die Gemälde dieser Übergangsphase sind die ostentativsten im Feuerbachschen Œuvre. Dabei verficht schon das Kostümbild von 1854 einen Anspruch, der mit demjenigen der früheren Formulierungen kaum noch zu vergleichen ist. Das historisierende Beiwerk wird schon 1858 deutlich zurückgenommen und ist 1866 endlich kaum mehr wahrnehmbar.

Diese Wandlung der Darstellungsweise spricht für die gleichzeitige Wandlung von Feuerbachs Selbstbewußtsein als Künstler. Er orientiert sich anfangs noch an Zeiten vermeintlicher Harmonie des Künstlers mit seiner Umwelt. Bilder wie *Dante und die edlen Frauen von Ravenna* von 1858, heute in Karlsruhe, und *Der Garten des Ariost* von 1861, heute in München, sprechen von solcher Integration der Kunst ins tägliche Leben, sprechen aber auch von der Führungsstellung, die der Künstler in solch idealem Gefüge einzunehmen gedenkt. Der Blick bleibt dem Betrachter zugekehrt, diesmal aber nicht mehr keck, sondern bestimmt, wendet sich dann ins strenge Profil, um schließlich, trotz frontaler Präsentation, den Kontakt bewußt vermeidend ins Weite zu schweifen.

Die Profilstellung mit ins Weite gerichtetem, seitwärts aus dem Bild schweifendem Blick ist der aussagebestimmende Faktor der späten Selbstporträts Feuerbachs. Herbert von Einem hat in seinem Aufsatz zu Feuerbachs Iphigenien die Tradition des ›Sich-Abwendens‹ als Motiv untersucht und seine Bedeutung als Sehnsuchtsmotiv dargelegt.[72]

Nichts anderes als solches ›Sich-Abwenden‹ liegt auch in den Selbstbildnissen ab 1866 vor. Doch die Sehnsucht Feuerbachs ist nicht die Sehnsucht Goethes: Nicht »das Land der Griechen mit der Seele suchend« gibt er sich während seines letzten Lebensjahrzehnts wieder, sondern seine Sehnsucht ist Ausdruck einer gezierten Melancholie, deren zeitgemäße Ausformung mit dem Begriff des ›ennui‹ umschrieben wird, Müdigkeit und leidvolle Selbstabkapselung, der vermeintlich distanzierte Beobachterstatus des Flaneurs gegenüber der Menge, die nicht nur Publikum seiner extravaganten Selbstdarstellung, sondern gleichzeitig uneingestandenes Sehnsuchtsobjekt ist. Vom zitatanhäufenden Bildungsbürger hat der Künstler sich zum indifferenten, degagierten Helden entwickelt und verkörpert in seinen Selbstbildnissen ein uneingeschränkt modernes, aristokratisches Menschenbild.

Zeitgemäßes und Zeitgenössisches

In dem 1893 erschienenen ersten Band seiner *Geschichte der Malerei im 19. Jahrhundert* widmet Richard Muther Anselm Feuerbach rund zwanzig Seiten. Seine Ausführungen beschäftigen sich jedoch kaum mit den Werken des Malers, sondern bieten vielmehr die Charakterstudie eines ›Modernen‹ im Sinne von Paul Bourgets *Essais de la psychologie contemporaine* (1883), einem der wegbereitenden Werke des Fin de siècle. Muther deutet Feuerbach als dekadenten Spätling »von jener Zartheit, die sich bei vornehmen Geschlechtern in dem letzten Erben vorfindet, mit dem der Stamm ausstirbt«.[1] »Die Nerven der Décadence vibrieren, das Blut des 19. Jahrhunderts pulsiert in ihm.«[2] Zur Illustration ist Feuerbachs Münchener Selbstbildnis von 1875 beigefügt (Abb. 105), die Verkörperung der herablassenden *impassibilité* des Modernen, als dessen Attribut die graziös zwischen den Fingern gehaltene Zigarette vorgewiesen wird. Die Dècadence der Jahrhundertwende ist ein Kind der Moderne. Sie ist die geistesgeschichtliche Manifestation des sich selbst verleugnenden Großbürgertums, das auf dem Höhepunkt seiner ökonomischen Macht mit aristokratischer Attitüde sein physisches Ende beschwört, seine korrumpierte materielle Basis in scheinbar unangreifbarer geistiger Verfeinerung vergessen zu machen sucht.

Décadence und Moderne haben ihren Ursprung in Frankreich und erreichen dort ihren Höhepunkt zu einer Zeit, als Deutschland sich im Taumel neugewonnener nationaler Identität und scheinbar unaufhaltsam wachsender wirtschaftlicher Potenz befindet, Gründergeist täglich neue Erfolge vorweisen kann. Die Klasse der Gründer ist vital und fortschrittsgläubig, jeder ihrer Angehörigen macht Geschichte.

Franz von Lenbach steht als Repräsentant der Kunst dieser Epoche beispielhaft auch für diesen Menschentyp da. Sein über sein künstlerisches Schaffen realisierter sozialer Aufstieg aus einfachen Verhältnissen an die Spitze der Gesellschaft illustriert eines der grundlegenden Charakteristika dieser Epoche.

Der Aufsteiger ist der Gründertyp schlechthin. Lenbach ist sich der gesellschaftlichen Mechanismen seiner Zeit voll bewußt. Er nutzt sie zielsicher. Künstlerischer, das heißt letztlich materieller Erfolg ist undenkbar ohne gesellschaftliches Ansehen, welches wiederum abhängig ist von einer Kunstform, die dem potentiellen Auftraggeberkreis entscheidende Identifikationsmöglichkeiten bietet. Solche Identifikationsmöglichkeiten sind schließlich auch durch die Karriere des Künstlers und seine daraus resultierende Lebensweise gegeben. So kommt es zu einer sozialen Angleichung von Künstler und Auftraggeber, deren Geisteshaltung und Lebensweg gleichfalls identisch sind. Der Malerfürst wird zum Sprachrohr bürgerlichen Gründergeistes.

Lenbachs Selbstdarstellungsformen spiegeln vollendet den Geist der Epoche wider. Nicht nur, daß seine zahlreichen späten Selbstbildnisse, die untereinander kaum mehr Motivabweichungen aufweisen, als gezielte Public-Relations-Maßnahme zu verstehen sind, seine gesamte ostentative Lebensführung zeugt vom Herrschaftsanspruch des erfolgreichen Individuums. Doch bekundet der Künstler nicht nur seine bloße Zugehörigkeit zur gesellschaftlichen Elite, sondern ist darüber hinaus stets bemüht, sich eine herausgehobene Stellung zuzuweisen: Lenbach ist nicht nur Maler Bismarcks, sondern dessen »Herold«, als reale Person Mittler zwischen Volk und Held. Daß ihm dabei der Jubel des Publikums gilt, daß sein Anspruch also akzeptiert wird, liegt an seiner Systemkonformität. Systemkonform sind seine Selbstdarstellungsmethoden, denn sie durchbrechen nirgends die Grenzen großbürgerlichen Repräsentationsdenkens, übersteigern dieses nur in einer Weise, die dem Künstler gern konzidiert wird, da sie dem Bürger im gesellschaftlichen Bereich ästhetisches Stimulans bietet. Der Maler-Fürst unterscheidet sich kaum vom Bürger-Aristokraten. Beide unterliegen einem einheitlichen Repräsentationszwang, um fortwährend ihre neu erworbene gesellschaftliche Stellung zu bekunden und zu bestätigen.

Lenbachs Beziehung zu Bismarck ist dabei das ideale Medium, den Führungsanspruch des Künstlers an die bürgerliche Gesellschaft heranzutragen, denn der Reichskanzler ist die Identifikationsfigur des gründerzeitlichen Bürgertums schlechthin: Er schuf die Voraussetzungen für dessen Prosperität. Lenbachs Rolle im gesellschaftlichen Gefüge bekommt dadurch eine deutlich politische Note, der sich, wie der Bismarckbesuch in München deutlich macht, sogar die Obrigkeit beugen muß: Der Jubel des Volkes zwingt den Magistrat, der Visite jenen offiziellen Charakter zu geben, der eigentlich vermieden werden sollte. Auf dieser Basis bleibt die gesellschaftliche Position des Künstlers bis an sein Lebensende unverrückbar, sanktionsträchtige Unregelmäßigkeiten in seinem Privatleben wie Scheidung und zweite Ehe werden toleriert.

Lenbachs politische Ambitioniertheit unterscheidet ihn von seinem Wiener Kollegen Hans Makart. Dessen Stellung in der Hauptstadt der Donaumonarchie ist eher die eines Maître de plaisir. Sein früher Ruhm als Maler beruht in erster Linie auf dem Skandalreiz seiner Riesengemälde und wird nach seiner endgültigen Etablierung in Wien abgelöst durch seine normensetzende Ausstattungskunst, die sich vornehmlich in der Gestaltung seines eigenen Ateliers manifestiert, das als eines der Zentren des gesellschaftlichen Lebens der Donaumetropole anzusehen ist.

Den Höhepunkt in Makarts Schaffen stellt der von ihm arrangierte Festzug der Stadt Wien anläßlich der Silberhochzeit des Kaiserpaares 1879 dar. Im Kostüm der deutschen Renaissance läßt er hier die zeitgenössischen Korporationen der Stadt an einem nach Hunderttausenden zählenden Publikum vorbeidefilieren, einem bürgerlichen Publikum, das sich selbst als Vollender jener frühen Phase bürgerlicher Machtentfaltung versteht. Der Künstler selbst ist aber nicht nur phantasievoller Arrangeur des Festzugs, sondern, wenn man den zahlreichen zeitgenössischen Berichten Glauben schenken darf, in eigener Person dessen eigentlicher Höhepunkt. Im Rubenskostüm auf einem kostbar aufgeschirrten Schimmel einherreitend, gilt ihm der Jubel des Publikums nicht minder als dem eigentlich gefeierten Herrscherpaar. Der Künstler hatte eine verbindliche Ausdrucksmöglichkeit bürgerlichen Selbstverständnisses gefunden und sich dabei eine herausragende Position zugewiesen, die in gleicher Weise vom Publikum bestätigt wird wie Lenbachs Mittlerfunktion zwischen dem Volk und dessen Identifikationsobjekt Bismarck. Jeder politische Aspekt jedoch fehlt.

Makarts Anspruch ist kein eigentlich herrschaftlicher, sondern ein im weitesten Sinne ästhetischer, modischer; seine Lebens- und Kunstäußerungen sind ›tonangebend‹, trendsettend. Er stattet die herrschende Schicht mit dem angemessenen Dekor aus, das Ausdrucksträger ihrer vornehmlich ökonomischen Macht ist. Dem entspricht auch die Tatsache, daß Makart sich keinen Stadtpalast baut, der unabdingbare Manifestation von Herrschaftsanspruch ist, sondern sich damit begnügt, einem vorgegebenen, vom äußeren Erscheinungsbild belanglosen architektonischen Ambiente durch die Applikation sinnlich üppiger, gewissermaßen organisch wuchernder Dekorationspracht eine persönliche Note zu verleihen, ein Interieur im Sinne einer Sensationsräumlichkeit zu schaffen, deren Kristallisationspunkt die eigene Person ist. Diese Beschränkung auf Ausstattung findet ihre Entsprechung in der für Makart typischen Form der Selbstinszenierung im Kostümfest. Die Idee einer diesem Selbstverständnis entsprechenden Architektur bleibt Fiktion, scheint aber, wenn man den hinterlassenen Palastentwurf als Ausdruck einer solchen Vorstellung anerkennt, der dekorativen Inszenierungskunst weiterhin den Vorrang belassen zu haben.

Damit erfüllt er die Unterhaltungs- und Verschönerungsfunktion, die Kunst und Künstler im ausgehenden 19. Jahrhundert zugewiesen wird und den Künstler bei aller gesellschaftlichen Anerkennung doch in einen Randbereich abdrängt. Die hundertprozentige Erfüllung dieser primären Unterhaltungsinteressen sichert dem Maler zwar frühen Erfolg, macht seine Stellung jedoch anfällig. Obwohl nämlich Makart im Gegensatz zu Lenbach sein Privat- und Familienleben weitestgehend von seinen öffentlichen Selbstbekundungen ausklammert, ist dieses für das Publikum offenbar nicht ohne Interesse. So wird seine zweite Ehe mit der Schauspielerin Bertha Linder – mehrere Jahre nach dem Tod seiner ersten Gattin – als Mesalliance empfunden und hat zur Folge, daß der Maler während der letzten zwei Jahre seines Lebens gesellschaftlich praktisch isoliert ist. Ein Verlassen der Basis gesellschaftlicher Konvenienz wird dem hochgeschätzten Maître de plaisir im Gegensatz zum sozial und politisch deutlich affirmativen Kanzlerherold offenbar nicht gestattet.

Allen Unterschieden zum Trotz ist jedoch offenbar das Leben und die künstlerische Produktion beider Maler auf fortgesetzte Bekundung einer bestimmten herausgehobenen gesellschaftlichen Stellung angelegt. Sie folgen einem fortgesetzten Repräsentationszwang, der, als Charakteristikum der gesamten Epoche längst erkannt, auch die Selbstdarstellungen der anerkannten Malerfürsten bestimmt, Selbstdarstellungen, die nicht auf die künstlerische Produktion beschränkt bleiben – diese im Gegenteil sogar völlig außer acht lassen können –, sondern den gesamten Lebensbereich des Künstlers umfassen. Seine Familie wird zum Attribut, mit dem er seine Stellung legitimiert, sein Arbeitsplatz, seine Wohnung werden zur Bühne und erlangen musealen Wert als letztendlich verbindliche Äußerung der Künstlerpersönlichkeit.

Auch Böcklin geht von einer solchen Bewertung seines Lebensumfelds als authentisches Selbstzeugnis aus, wenn er den musealen Erhalt seines letzten Wohnsitzes testamentarisch festlegt. Daß dabei nicht nur an die Erhaltung, sondern auch an die Öffnung der Villa für das Publikum gedacht ist, steht nicht zu bezweifeln. Solches ist jedoch erst für die Zeit nach dem Tode des Künstlers ins Auge gefaßt, das heißt, Böcklin betreibt zu Lebzeiten nie ostentative Zurschaustellung seiner selbst, wofür unter anderem auch die Wahl des Wohnsitzes bei San Domenico symptomatisch ist, die Vermeidung der künstlerischen und gesellschaftlichen Metropolen des ausgehenden 19. Jahrhunderts, zumindest nach der Festigung seines Ansehens als Künstler.

Das aber heißt nun nicht, daß zeitgemäßes Repräsentationsdenken, in forderndem Gestus vorgetragener Anspruch auf Zugehörigkeit zur Führungselite der gründerzeitlichen Gesellschaft Böcklin fremd gewesen wäre. Die zwischen 1872 und 1893 entstandenen Selbstbildnisse des Malers legen dafür beredtes Zeugnis ab. Auch hier manifestiert sich die offenkundige Absicht, sich der Öffentlichkeit zu präsentieren, sich vor- und darzustellen in einer Form, daß das so handelnde Individuum keinen Zweifel zuläßt an seiner Bedeutung.

Diese Selbstbildnisse erfreuen sich von Anfang an großer Popularität, denn der Künstler bedient sich durchweg leicht deutbarer Gestik und bekannten Beiwerks. Geadelt durch Attribute wie Säule und Lorbeer, stellt er sich gleichzeitig in künstlerischer und intellektueller Hinsicht als aus der Masse herausragend dar durch die beanspruchte Mittlerfunktion zur Welt *d'outre tombe*. Auch die Künstlersignatur ändert sich. Aus Monogramm oder kursivem Schriftzug in Lokalfarbe am Bildrand, die nur die Autorenschaft des Künstlers sichern, wird ein in kontrastierender Farbe gemalter Namenszug in Versalien an hervorragender Stelle, der nicht mehr den Schöpfer des Bildes, sondern die dargestellte Person bezeichnet, wie dies auch aus älteren und zeitgenössischen Herrscherbildern bekannt ist. In verständlicher Formulierung ist hier der gründerzeitlichen Idee des großen Einzelnen Ausdruck gegeben. Die Selbstdarstellungen Böcklins vermitteln so nicht nur sein persönliches hohes Selbstwertgefühl, sondern bieten seinem bürgerlichen Publikum ein hohes Maß an Identifikationsmöglichkeiten.

Die Unterschiedlichkeit der Selbstdarstellungsformen der Malerfürsten und Böcklins läßt sich mit dem Begriffspaar offensive und defensive Repräsentation fassen. Offensive Repräsentation geht notwendigerweise mit dezidiert gesellschaftlich ambitioniertem Künstlertum einher, dem die Verwirklichung solcher Ambitionen gelingt. Geschäftlicher Erfolg ist sowohl Voraussetzung wie auch Folge dieses Phänomens, da die Kosten der damit einhergehenden Lebensführung beträchtlich sind, meist sogar die

Möglichkeiten selbst der erfolgreichsten Künstler übersteigen. Voraussetzung ist auch der rechtzeitige Zugang zu den gesellschaftlich gehobenen Kreisen, der Gewinn nicht nur künstlerischer, sondern auch sozialer Anerkennung. Wo eine der beiden Voraussetzungen nicht erfüllt ist, trifft man auf das Phänomen defensiver Repräsentation, künstlerischer Selbststilisierung im Sinne der gewünschten herausgehobenen sozialen Stellung. Die Mittel beider Selbstdarstellungsformen sind verschieden, wie auch die von ihnen kommunizierten Aussagen graduell voneinander abweichen. Doch handelt es sich nur um Unterschiede in der Erscheinungsform, nicht in ihrem Wesen. Dies manifestiert sich im grundsätzlich fordernd-repräsentativen Charakter beider Varianten.

Deutlicher noch als bei Böcklin ist der gesellschaftliche Impetus der Selbstbildnisse Marées'. Dies verstimmte manchen Fachmann, verwundert aber auf den ersten Blick in jedem Fall bei einem Künstler, der am gesellschaftlichen Leben seiner Zeit nicht partizipiert hat – mit Ausnahme vielleicht des Aufenthalts in Dresden –, der vielmehr deutlicher noch als Böcklin solchen Kontakt vermieden hat und den größten Teil seines Lebens zurückgezogen verbrachte. Daß dies nicht aus mangelndem Selbstwertgefühl geschah, bezeugt die Selbstverständlichkeit, mit der er die Unterstützung Fiedlers quasi ohne Gegenleistung entgegennahm, »wie ein Fürst die Apanage seines Volkes«.[3] Mag er deshalb noch so abseits des breiten Stromes künstlerischer Produktion seiner Zeit gestanden haben, seine Selbstdarstellungen verraten nichts von seinem künstlerischen Außenseitertum, sind im großen und ganzen zeitkonform – selbstbewußt, monumental und repräsentativ in Gestus und Habitus. Sie atmen deutlich bürgerlichen Geist. Dieser krasse Gegensatz von realem Leben und Selbstdarstellung macht Marées zum Gegenpol der Malerfürsten, zum anschaulichsten Beispiel für das Phänomen defensiver Repräsentation.

So wird an der Gestalt Hans von Marées zumindest deutlich, daß selbst dem vermeintlich nicht ins Gesellschaftsgefüge der Gründerzeit integrierten ›verkannten‹ deutschen Künstler konstruktiv systemkritisches Bewußtsein völlig abgeht. Statt dessen hat die Orientierung an den Verhaltensnormen der aristokratisch-bürgerlichen Oberschicht offensichtlich zwingenden Charakter. In diesen Kreisen findet der Künstler seine potentiellen Auftraggeber und Mäzene, hier sucht er auch seine eigene Identität.

Das romantische Bild vom Künstler als Mitglied einer geistigen Bruderschaft mit intellektuellem Führungsanspruch versiegte in der kleinbürgerlichen Atmosphäre des deutschen Biedermeier, als der Künstler weitgehend davon abrückte, einen schöpferischen und gesellschaftlichen Freiraum für sich zu beanspruchen. Dies unterscheidet die deutsche Situation von der französischen, wo es vor allem im literarischen Bereich, der ja viel eher ideologiebildend wirkt als der der bildenden Kunst, eine langanhaltende Spätromantik gibt, die bruchlos übergeht ins Fin de siècle. Die Idee einer künstlerischen Elite, die zugleich eine gesellschaftliche Avantgarde bildet, erhält dadurch Kontinuität. Zwar wird aus der realen Bruderschaft eine fiktive Künstlergemeinschaft – man denke dabei an Fatin-Latours *Hommage à Delacroix*, *Atelier aux Batignolles* und *Le coin de table*, aber auch Courbets *Atelier* –, doch bleibt die Möglichkeit expliziter Auseinandersetzung mit der gesellschaftlichen Wirklichkeit gewahrt. Kritische Distanz zur bürgerlichen Gesellschaft und spätromantische Tradition führen so bei einer Reihe von Künstlern zu dezidiert antibürgerlichen Verhaltensweisen und Existenzformen, entweder in den gesellschaftlichen Niederungen der Boheme oder im Aristokratismus des Dandytums.

Bohemien und Dandy sind die elitären Leitbilder der Vie moderne, der vom Konsum ausgeschlossene Déclassé und der distanzierte Hyperkonsument, dem das Beste noch lange nicht gut genug ist. Als Flaneur wird ihm auch die Masse, der er sich selbst entrückt glaubt, zum Konsumartikel. Er entwickelt sein elitär-oppositionelles Bewußtsein in konsequenter Konfrontation mit der Gegenwart. Diese Gegenwart ist turbulent-urban, chaotisch. Jahrhundertealte Ordnungen sind durch die Industrielle Revolution aus den Fugen geraten, vom Bestandteil einer gefügten Ordnung entwickelt sich der moderne Mensch endgültig zum Individuum; er ist entwurzelt, zur streunenden Monade geworden.

Die Metropole dieser Welt ist Paris; hier wird Gegenwart ge- und erlebt. Ort des Liebens und vor allen Dingen des Sterbens aber ist Venedig. Es ist nicht mehr nur der topische Charakter quasi-exotischer Sittenverderbnis, wofür die Stadt schon zu Shakespeares Zeit stand, oder die mystisch-okkulten Phantasien der schwarzen Romantik, die den reizen, der an der Vie moderne der zweiten Jahrhunderthälfte teilhat, sondern die alte Handelsmetropole ist Sinnbild und Mahnmal für Niedergang und Verfall, das Respice finem, das der in ökonomischer Macht schwelgenden Bourgeoisie scheinbar provokativ vor Augen gestellt wird. Durch ihr offenbar unveränderliches äußeres Erscheinungsbild wird die Stadt gleichzeitig der vitalen Gegenwart enthoben, museales Bindeglied zur sehnsüchtig beäugten Vergangenheit.

Feuerbachs Tod in Venedig ist deshalb ebenso wie derjenige Richard Wagners drei Jahre später symptomatisch für sein Leben und seine Persönlichkeitsstruktur, Konsequenz seiner selbstheroisierend-abkapselnden Konfrontation mit der Gegenwart. Seine Selbstdarstellungsformen sind immer zeitgemäß, seiner Herkunft und Umgebung angepaßt. Im Bewußtsein der langen geistesaristokratischen Tradition seiner Familie schockiert der junge Künstler die biedermeierlichen Bildungs- und Erwerbsbürger deutscher Kleinstädte als Enfant terrible in romantisierender ›Fra Diavolo‹-Künstlerpose. Während seines Pariser Aufenthalts Anfang der fünfziger Jahre wird der deutsche Professorensohn mit der metropolitanen Lebensform einer aufblühenden Industriegesellschaft konfrontiert. In der Velleität des Dandy entdeckt er offenbar die ideale Ausdrucksmöglichkeit für sein elitäres Selbstwertgefühl. Als Künstler muß er sich nun nicht mehr in exzentrischer Kleidung in Szene setzen, wie es Böcklin noch am Ende des Jahrhunderts tut. Von seinem äußeren Erscheinungsbild her verkörpert er spätestens seit seiner römischen Zeit den Typus des modernen Elégant, den er schließlich auch in seinen Selbstporträts fixiert. Das damit verbundene Menschenbild ist seinem Selbstverständnis gemäß.

Für den deutschen Kulturkreis ist eine solche Konzeption jedoch nur schwer fruchtbar zu machen. Die Diskrepanz zwischen Feuerbachs stutzerhaft-modernistischen Selbstbildnissen und seinen steril-antikisierenden Historien belegt dies deutlich. Daneben ist ihm die Festzugsidee – ganz im Sinne Makarts –, die ihren Niederschlag in den beiden großen Historien für Nürnberg findet[4], ebensowenig fremd wie eine Festsaaldekoration in barocker Opulenz, die er mit den Deckenbildern für die Aula der neuen Akademie der bildenden Künste in Wien realisieren kann. Man vergleiche in diesem Zusammenhang aber das Projekt von Feuerbachs Pariser Ateliergenossen Manet aus dem Jahre 1879, für das neuerbaute Pariser Rathaus einen Bilderzyklus zu entwerfen, der ganz ähnlich wie Makarts Wiener Festzug die relevanten gesellschaftlichen Kräfte seiner Zeit darstellen sollte. Manet wählt dafür den umgangssprachlichen Ausdruck ›Bauch von Paris‹. An die Stelle von Studenten-, Schützen- und Gesangvereinen tritt »das Paris der Markthallen, der Eisenbahnen und Brücken, die unterirdische Stadt, die Pferderennen, die Gärten«[5], unverstellte Gegenwart also.

Nicht anders als Makart ist auch Feuerbach solches völlig unmöglich. Sein Kunstideal kann sich von älteren bildungsbürgerlichen Traditionen nie befreien, nur sein Künstlerideal ist völlig den Gegebenheiten der Gegenwart angepaßt. Zur Darstellung der Melancholie des Modernen muß er sich der Chiffre der Griechenlandsehnsucht Iphigeniens bedienen. Die Selbstbildnisse (und einige Bildnisse) stehen in seinem Schaffen gänzlich isoliert da. Sein Dandytum gerinnt deshalb zur Pose; dessen oppositioneller Charakter erweist sich als Scheinrevolte. Feuerbach bedient sich dieser Selbstdarstellungsform als idealem Ausdruck seines hohen Selbstwertgefühls, dessen Wurzeln in der geistesaristokratischen Tradition seiner Familie liegen. Seine individualistische Selbstheroisierung entbehrt jedes gesellschaftlichen Impetus und ist nur graduell unterschieden von Makarts Rubenskostüm im Wiener Festzug.

Der Unterschied zwischen beiden Selbstdarstellungsmodi liegt im Grad ihrer Verbindlichkeit. Feuerbachs Kunst und vor allem der Gehalt seiner Selbstbildnisse sperren sich im Gegensatz zu den Selbstdarstellungsformen Makarts, Lenbachs oder Böcklins dem unmittelbaren Verständnis des zeitgenössischen deutschen Betrachters. Völlig zu Recht sieht er deshalb davon ab, sie an die Öffentlichkeit zu geben. Für das weiterhin nach historischer Legitimation suchende finanzkräftige bürgerliche Publikum ist der moderne Mensch unheroisch, sein äußeres Erscheinungsbild unmalerisch. Geschöpfe der Gegenwart im Kostüm ihrer Zeit vorbildhaft vor Augen zu führen, um damit Zeithaltigkeit und Zeithaftigkeit der eigenen Kunst zu beglaubigen – das verbindet Feuerbach und Marées. Lenbach dagegen entrückt die von ihm Porträtierten der Gegenwart, indem er die ›Nebendinge‹ vernachlässigt, Böcklin mystifiziert Geschichte in toto, Makart kostümiert historisierend. All das ist dem Publikum verständlich, wie auch Feuerbach weiß. Seine zur Popularisierung gedachten Porträtfotografien bedienen sich deshalb ähnlich verbindlicher Chiffren. Seine Historien werden nach seinem Tode integraler Bestandteil jener Bildungstradition, aus der sie erwachsen sind, seine Selbstdarstellungen jedoch bleiben unverstanden.

Der Gegensatz von Malerfürsten und ›verkannten Künstlern‹ stellt sich vor diesem Hintergrund als der Gegensatz von offensichtlich gesellschaftlich-affirmativem und vorgeblich gesellschaftsverweigerndem Elitebewußtsein und -verhalten dar. Dabei bleiben auch die selbstdefinitorische Ergebnisse weitgehend der Verweigerungshaltung am großbürgerlichen Repräsentationsindividuum orientiert.

Es gibt in der Glanzzeit der industrialisierten Großbürgerkultur im Deutschen Reich vielleicht unbürgerliche, das heißt vom bürgerlichen Publikum nicht oder nur mangelhaft rezipierte Kunst, aber nur schwerlich einen wirklich unbürgerlichen Künstler. Selbstanalytisch-introvertierten Charakter kann man den Selbstbildnissen der Gründerzeit deshalb nur schwer beimessen. Ihre Absicht geht auf ostentative Fixierung des gesellschaftlichen Standorts des Dargestellten. Das Spektrum der Möglichkeiten der Selbstdarstellung ist dabei breit und facettenreich. Es zeugt aber nicht nur von der ausgeprägten Persönlichkeit jedes einzelnen Künstlers, sondern belegt gleichzeitig die generelle Flexibilität bürgerlicher Selbstbestimmung, deren Leitgedanke trotzdem deutlich wird: Jeder Einzelne ist verbindlicher Repräsentant einer Epoche, die sich selbst als Produkt aller Einzelnen versteht.

Anmerkungen

Zwei Ritter. Einführung in Thema und Methode

1 Brief Marées' an Fiedler vom 3.7.1880. Meier-Graefe 1909/10, Bd. 3, S. 214.
2 Meier-Graefe 1909/10, Bd. 1, S. 317.
3 Herke 1920/21, S. 59.
4 Vgl. Schmoll gen. Eisenwerth 1977, 2, S. 9.
5 Hamann 1914, S. 167.
6 Ebd.
7 Zitiert nach der Auflage von 1974, S. 23.
8 Werckmeister 1898–1901, Bd. 1, Vorwort.
9 Sternberger 1975, S. 11.
10 Kris/Kurz 1934.
11 Wittkower 1965.
12 Vgl. Gombrich 1984, S. 182.
13 Hamburger Ausgabe, Bd. 1, S. 329.
14 Benjamin 1977, S. 93.

Hans von Marées

1 Fiedler 1947, S. 5.
2 Bayerische Staatsgemäldesammlungen, Schack-Galerie, Inv.-Nr. 11515; Meier-Graefe 1909/10, Bd. 2, Nr. 110; Laxner-Gerlach 1980, Nr. 68.
3 Bayerische Staatsgemäldesammlungen, Schack-Galerie, Inv.-Nr. 7873 und 2399 C; Meier-Graefe 1909/10, Bd. 2, Nr. 134 und 135; Laxner-Gerlach 1980, Nr. 84 und 85.
4 Roh 1948, S. 245.
5 Fiedler 1889; Pidoll 1890.
6 Wölfflin 1892.
7 Scheffler 1912, S. 75. Gleichlautende Urteile finden sich an verschiedenen Stellen in den Schriften dieses Autors.
8 Justi 1921, S. 18.
9 Ebd., S. 6.
10 Kuttner 1937, S. 63.
11 Dülberg 1906, S. 303.
12 Liebmann 1972, S. 16.
13 Hausenstein 1914, S. 224.

14 Laxner-Gerlach 1980, S. 83.
15 »Es spricht nicht vom Tod, sondern von Gefährdung und Unsicherheit schlechthin. Keine Embleme des Sterbens – eine Dämmerwelt zwischen Hellsichtigkeit und Erblindung, Blicke, die ins Ungewisse tappen, Köpfe voll Fragen der Inständigkeit.« Hofmann 1974, S. 128.
16 Laxner-Gerlach 1980, S. 84.
17 Vgl. Hamann 1906, S. 242.
18 Brief an Fiedler vom 6.6.1873. Meier-Graefe 1909/10, Bd. 3, S. 70.
19 Brief an Frau Koppel vom 3.7.1873. Meier-Graefe 1909/10, Bd. 3, S. 73.
20 Ebd.
21 Lankheit 1952, 2, S. 163.
22 Laxner-Gerlach 1980, S. 138.
23 Ebd., S. 139.
24 Pohl 1977, S. 18.
25 Degenhart 1958, S. 45.
26 Vgl. Hamburg 1978, S. 460 ff.; Hofmann 1978 und 1979, 1.
27 S. o. S. 34.
28 Lankheit 1952, 2, S. 148.
29 Liebmann 1972, S. 78.
30 Ebd., S. 9. Vgl. auch Meier-Graefe 1909/10, Bd. 1, S. 397.
31 Vgl. z. B. Ettlinger 1971/72; Neumeyer 1973.
32 Vgl. z. B. Scheffler 1926, S. 428.
33 Meier-Graefe 1909/10, Bd. 1, S. 293.
34 Meier-Graefe 1909/10, Bd. 1, S. 292. Vgl. hierzu die vernichtende Kritik Meier-Graefes an Böcklins *Selbstbildnis mit fiedelndem Tod*; s.u. S. 57.
35 Meier-Graefe 1909/10, Bd. 1, S. 292.
36 Ebd., S. 291.
37 Kuttner 1937, S. 219.
38 Dülberg 1906, S. 306.
39 Hamann/Hermand 1974, S. 68.
40 Meier-Graefe 1909/10, Bd. 1, S. 236.
41 Ebd.
42 Kuttner 1937, S. 150.
43 Meier-Graefe 1909/10, Bd. 1, S. 236.
44 Laxner-Gerlach 1980, S. 105.
45 Ebd.
46 Meier-Graefe 1909/10, Bd. 1, S. 236.
47 Volbehr 1912, S. 5.
48 Neumeyer 1973, S. 561.
49 Öl auf Leinwand, 22,5 x 19,5 cm, Verbleib unbekannt, Meier-Graefe 1909/10, Bd. 2, Nr. 60, Laxner-Gerlach 1980, Nr. 49; Öl auf Leinwand (doubliert), 40,8 x 33,3 cm, München, Bayerische Staatsgemäldesammlungen, Neue Pinakothek, Inv.-Nr. L 656; Öl auf Holz, 41 x 34 cm, Verbleib unbekannt, Meier-

Graefe 1909/10, Bd. 2, Nr. 83, Laxner-Gerlach 1980, Nr. 50; Öl auf Leinwand, 70 x 60 cm, Winterthur, Stiftung Oskar Reinhart; Öl auf Leinwand, 69 x 52 cm, München, Neue Pinakothek, Inv.-Nr. 7867.
50 Laxner-Gerlach 1980, S. 185.
51 Beenken 1944, S. 402.
52 Vgl. z. B. Decker 1967, S. 213.
53 Vgl. z. B. Meier-Graefe 1909/10, Bd. 1, S. 595; Liebmann 1972, S. 213.
54 Meier-Graefe 1909/10, Bd. 2, Nr. 442; Laxner-Gerlach 1980, Nr. 212.
55 Meier-Graefe 1909/10, Bd. 2, Nr. 811; nicht bei Laxner-Gerlach.
56 Brief an Fiedler vom 28.4.1883. Meier-Graefe 1909/10, Bd. 3, S. 250.
57 Decker 1967, S. 213.
58 Marwitz 1976.
59 Hamann/Hermand 1974, S. 152.
60 Ein gutes Beispiel dafür bietet Scheffler 1907, S. 294.

Exkurs: Nachlaßverwalter und Gralshüter

1 Gemeint ist die Ausstellung des Nachlasses Hans von Marées' im Rahmen der Jahresausstellung im Münchener Glaspalast 1891. Vgl. München 1891, S. 169–171.
2 Meier-Graefe 1890/91, Bd. 3, S. 305.
3 Meier-Grafe, 1912, 2, S. 97.
4 Meier-Graefe 1905, S. 98.
5 Ebd., S. 97.
6 Ebd., S. 99.
7 Vgl. Werner 1904, S. 19–25; Allgeyer 1904. Werner und Allgeyer haben als erste die veröffentlichte Buchausgabe des *Vermächtnis* mit dem Manuskript in der Nationalgalerie Berlin verglichen. Zuletzt ausführlicher erörtert von Michael Zeller 1976; s. a. die ungedruckte Dissertation von Kupper 1987.
8 Henriette Feuerbach 1912; Kern/Uhde-Bernays 1911.
9 Vgl. dazu Bringmann 1976.
10 Als Beispiel führt Bringmann, S. 142 ff., Emerich Ranzoni an, den Kritiker der Neuen Freien Presse, Wien. Zu erwähnen sind in diesem Zusammenhang auch Ludwig Speidel und Carl von Vincenti, nicht zu vergessen der wohl einflußreichste Kunstkritiker des letzten Drittels des 19. Jahrhunderts, Friedrich Pecht, dessen Urteil über Feuerbach von Anfang an positiv ist.
11 Vgl. z. B. das in Wien erschienene Feuerbach-Brevier von ca. 1912 oder Karl Quenzels »Buch des Andenkens für das deutsche Volk« von 1919.
12 Vgl. Zeller 1976, S. 62, Anm. 25.
13 G. Floerke 1901; Schick 1901; Frey 1903; Böcklin-Memoiren 1910; Fleiner 1915; H. Floerke 1927. Dazu kommen, zumeist in Aufsatzform publiziert, zahllose Beiträge von Personen, die Böcklins Lebensweg nur kurz kreuzten.

Franz von Lenbach

1 Ostini 1904, 3.
2 Allgemeine Zeitung, 7.5.1904, Vorabendblatt.
3 Wolter 1904, S. 391.
4 Allgemeine Zeitung, 7.5.1904, Vorabendblatt.
5 Braun 1904.
6 Faber du Faur 1926, S. 350.
7 Storck 1904, S. 431.
8 Knapp 1900, S. 616.
9 Neue Freie Presse, 6.5.1904, Abendblatt.
10 Fürst 1904, S. 117.
11 Ostini 1904, 2, S. 195.
12 Knapp 1910, S. 616.
13 Lenbach 1936.
14 Rosenberg 1899, Originalunterschrift zu Abb. 57 und 58.
15 Naager 1936/37, S. 90.
16 Bredt 1906, S. 265.
17 Bericht über den Bestand und das Wirken des Münchener Kunstv. 13, 1905.
18 Hamann 1914, S. 181.
19 Pecht 1887, Bd. 2, S. 132.
20 Ebd., S. 135.
21 Meyerheim 1910.
22 Pecht 1887, Bd. 2, S. 134.
23 Ebd., S. 133.
24 Vincenti 1876, S. 308.
25 Pecht 1885.
26 Meyerheim 1910.
27 Wichmann 1973, S. 208.
28 Ebd., S. 206.
29 Schmidt 1906, Bd. 2, S. 251.
30 Wyl 1897, S. 298.
31 Engels 1902, S. 9.
32 Mehl erwähnt in ihrer Dissertation von 1971 23 reine Selbstbildnisse zwischen 1853 und 1902, 9 Selbstbildnisse mit der Tochter Marion zwischen 1894 und 1902, ein Selbstbildnis mit den Töchtern Marion und Erika 1896, 6 Selbstbildnisse mit Gabriele, der Tochter Lenbachs aus zweiter Ehe, alle vor 1900, schließlich mehrere Wiederholungen des Familienbildes aus dem Jahre 1900. Da Mehls monografische Darstellung leider weder über einen Anmerkungsapparat noch über einen Abbildungs- oder Provenienznachweis verfügt, sind die von der Autorin behandelten Bilder mit den über die übrige Literatur erschließbaren in den meisten Fällen nur schwer zu identifizieren.
33 Vgl. Schrobenhausen 1986, Nr. 278; München 1986, Nr. 5.

34 Vgl. Mehl 1971, S. 43; Wichmann 1973, Abb. 52.
35 Vgl. München 1986, Nr. 44.
36 Ludwig 1977, S. 160.
37 Bayerische Staatsgemäldesammlungen, Schack-Galerie, Inv.-Nr. 11441 und 11434.
38 Pecht 1867, S. 131.
39 Pecht 1880, Bd. 2, S. 132.
40 Rosenberg 1899, S. 38.
41 Pecht 1880, Bd. 2, S. 133.
42 Mehl 1972, S. 15.
43 Essen 1969; München 1970. Vgl. auch besonders: Schmoll gen. Eisenwerth 1977, 1.
44 Vgl. Wichmann 1973, S. 351.
45 Westheim 1931, S. 103.
46 Rosenberg 1899, S. 104 f.
47 Köln 1982, S. 9.
48 Vgl. Lasius 1903, S. 94: »Also wird ein kluger Mann beim Porträt stets die Kraft auf das Gesicht und vor allem die Augen konzentrieren. Sehen Sie: Lenbach ist so klug, daß er das kapiert hat. Die Hände schmiert er nur mit ein paar Pinselstrichen hin, und gewöhnlich malt er nur ein Auge fertig. So lenkt er den Blick des Beschauers auf einen Punkt.«
49 Vgl. in diesem Zusammenhang Lenbach 1915; Keim 1904.
50 Zit. bei Wichmann 1973, S. 330.
51 Wichmann 1973, Abb. 8 und 9.
52 Brief Lenbachs an Julie von Wertheimstein vom 24.5.1885. Zit. bei Wichmann 1973, S. 76.
53 Brief Lenbachs an Julie von Wertheimstein vom 29.11.1885. Zit. bei Wichmann 1973, S. 77.
54 Brief Lenbachs an seine Schwester von 1889. Zit. bei Wichmann 1973, S. 220.
55 Zur typologischen Genese der Gesamtkonzeption aus den Ideen, die auch der Villa suburbana der italienischen Renaissance zugrunde liegen, vgl. die Untersuchung von Christine Hoh-Slodzyk (Mehl 1980, S. 41–50).
56 Architektonische Rundschau 9, 1893, Heft 10, Tafel 73 mit Begleittext.
57 Zum Münchener Atelier vgl. Pecht 1885. Seine Beschreibung stimmt mit derjenigen der Räume im Palazzo Borghese überein, bezieht sich aber explizit auf Lenbachs Münchener Domizil.
58 Lützow 1889/90, Sp. 2.
59 Bredt 1898, S. 99 f.
60 Hoh-Slodcyk 1980, S. 47.
61 Ebd., S. 46.
62 Meyerheim 1910: »Neben diesem Fenster war ein abgeschlossener Raum, in welchen er alle Farbmixturen, Pinsel, Photographien etc. verbannte, damit

diese Dinge die vornehm künstlerische Ruhe des Ateliers nicht störten.«

63 Ernst Kammerer, zitiert als Augenzeuge ohne Quellenangabe in: Allotria, S. 204.

64 Man bemerkt die gesellschaftliche Brisanz dieses Sachverhaltes im Nekrolog von Max Fürst in der *Allgemeinen Rundschau*, der sich besonders kritisch mit dem Charakter des Malers auseinandersetzt, außerdem nachdrücklich auf die Abwesenheit der Geistlichkeit bei der Beisetzung hinweist.

65 Vgl. Mehl 1972, S. 151.

66 Vgl. Beenken 1944, S. 404; Essen 1969, Nr. 252; München 1970, Nr. 703; Schmoll gen. Eisenwerth, 1977, 1, S. 175; Wichmann 1973, Abb. 255.

67 Vgl. Wichmann 1973, Text zu Abb. 194–202.

68 Bei Mehl 1972 sind 9 Selbstbildnisse mit Marion zwischen 1894 und 1902 aufgeführt, eins mit Marion und Erika (1896), den Töchtern aus erster Ehe, schließlich 6 mit Gabriele, der Tochter aus zweiter Ehe, alle vor 1900.

69 Natürlich ist auch hier das Gegenüber der Dargestellten zunächst einmal die Kamera, doch ist dies für den Betrachter des Bildes ohne Belang. Vgl. dagegen die Bezugnahme des Vaters zum Kind im Bildnis Gabriel von Seidls mit seiner Tochter (Abb. 43).

Exkurs: Atelier und Palast, Museum und Denkmal

1 Äußerung Lenbachs im Rahmen der 1902 von Eduard Engel veranstalteten Umfrage zum Thema »Münchens Niedergang als Kunststadt«.

2 Zit. bei: Wichmann 1973, S. 76.

3 Deutsche Bauzeitung 24, 1890, S. 526.

4 Wyl 1904, S. 155.

5 Bredt 1898, S. 189.

6 Diese Angaben machte freundlicherweise Frau Dr. R. Gollek von der Städtischen Galerie Lenbachhaus, München.

7 Vincenti 1876, S. 224.

8 Kunstchronik 20, 1884/85, Sp. 557.

9 Lützow 1886, S. 219. Vgl. u.a. auch Ranzoni 1873, S. 116ff.; Wallner 1874, S. 569f.; Illustrierte Zeitung, Leipzig, Nr. 1655, 20.3.1875, S. 211; Zelau 1884, S. 69ff.

10 Makart-Album, Begleittext zu Tafel LVI.

11 Neue Freie Presse vom 4.10.1884, Morgenblatt.

12 Neue Freie Presse vom 5.10.1884, Morgenblatt.

13 Groller 1884, S. 731.

14 Eitelberger 1884, S. 250.

15 Hevesi 1899, S. 183 (Feuilletonbeitrag von 1884).

16 Ebd., S. 186.

17 Katalog des künstlerischen Nachlasses und der Kunst- und Antiquitätensammlung von Hans Makart, Wien 1885.
18 Zum Begriff ›Sensationsraum‹ vgl. Wichmann 1973, S. 48 und Anm. 129. Im Sensationsraum wird das Lebens- und Arbeitsfeld des Künstlers zur Bühne, der Künstler selbst zum »Schausteller, der in der phantastischen Umgebung für seine historischen Malprodukte werben konnte.«
19 Eitelberger 1884, S. 245.
20 Illustriertes Wiener Extrablatt vom 20.5.1883.
21 Frodl zieht im Makart-Œuvreverzeichnis von 1974 diese Konsequenz nicht, sondern schließt sich der Auffassung Mikulas (1971, S. 107 ff.) an, die den Entwurf zur Wiener Weltausstellungsarchitektur in Verbindung setzt. Werner Kitlitschka (1981, S. 134) hält den Palastentwurf für eine Paraphrase auf das Kunsthistorische Museum.
22 Vgl. Andree 1977, S. 28 ff.
23 Hohlenweg 1977, S. 97.
24 Meier-Graefe 1919, S. 86.
25 Ebd., S. 85.
26 Meier-Graefe 1909/10, Bd. 1, S. 522.
27 Ebd.
28 Ebd., S. 526.
29 Meier-Graefe 1909/10, Bd. 1, S. 519.
30 Meier-Graefe 1912, 2, S. 94.
31 Meier-Graefe 1909/10, Bd. 1, S. 526.
32 Ebd., S. 521.
33 Meier-Graefe 1919, S. 84.

Arnold Böcklin

1 Vgl. Ranke 1978; Ranke 1979.
2 Vgl. G. Floerke 1901, S. 90.
3 Böcklin-Memoiren 1910, S. 69.
4 Andree 1977, Nr. 20.
5 Böcklin-Memoiren 1910, S. 69.
6 Andree 1977, S. 275.
7 Ebd., S. 410.
8 Vgl. Lasius 1903, S. 93.
9 Laban 1898, S. 237.
10 Darmstadt 1977, Bd. 2, S. 227.
11 1872 Ehrenmitgliedschaft in der Akademie der bildenden Künste München.
12 Erste Ausstellung bei Gurlitt in Berlin 1880.
13 Neben meiner Kunst 1909, S. 276 ff.
14 Schick 1907, S. 59.
15 Schmid 1892–1902, Bd. 4, Tafel 1.

16 Schick 1901, S. 79.
17 Vgl. Böcklin-Memoiren 1910, S. 106. »Auch Wesendonck war damals in Rom und kaufte das Doppelporträt, meinen Gatten und mich darstellend.«
18 Schmid 1892–1902, Bd. 2, Frontispiz, Bd. 4, Tafel 8.
19 Sandreuter berichtet von der großen Popularität, die Böcklin daraufhin in München plötzlich erlangte. Vgl. Sandreuter 1917, S. 44.
20 Brief vom 9.2.1873. Böcklin-Memoiren 1910, S. 220.
21 Brief vom 23.2.1873. Böcklin-Memoiren 1910, S. 223.
22 Vgl. Lichtwark 1897.
23 Pecht 1887, Bd. 2, S. 207.
24 Schmid 1892–1902, Bd. 1, Tafel 1.
25 Gurlitt 1899, S. 17.
26 Sandreuter 1917, S. 52, nennt als Ankaufsumme Fr. 50 000.
27 Mendelsohn 1901, S. 125.
28 Ob sich »Wiederholung« hier auf eine zweite Variation des Themas »Selbstbildnis in Anlehnung an Holbein« bezieht, wie Lutz Tittel (1977, S. 62) vermutet, oder ob Mendelsohn sich vielleicht irrtümlich auf eine tatsächlich vorhandene Kopie des Bildes bezieht, die Böcklins Sohn Carlo angefertigt hat, vgl. Andree 1977, S. 101, und die sich noch im Familienbesitz befindet, ist nicht zu klären. Von Böcklins Hand existiert heute auf jeden Fall nur die Hamburger Fassung.
29 Vgl. Frey 1903, S. 237.
30 Böcklin-Memoiren 1910, S. 328.
31 Vgl. den Briefwechsel des Berliner Kunsthändlers Paechter mit Alfred Lichtwark aus dem Jahre 1898. Auszugsweise veröffentlicht in: Böcklin-Zeitung, Hamburg 1976.
32 Schmid 1892–1902, Bd. 2, Tafel 1.
33 Schmid 1892–1902, Bd. 4, S. 56.
34 Pecht 1888, 2, S. 17.
35 Sandreuter 1917, S. 30.
36 Schmid 1892–1902, Bd. 4, Tafel 1.
37 Fleiner 1915, S. 251.
38 Neben meiner Kunst 1909, S. 276.
39 Böcklin-Memoiren 1910, S. 313.
40 Tittel 1977, S. 64.
41 Schmid 1892-1902, Bd. 3, Tafel 1.
42 Neumann 1898, Abb. vor S. 1.
43 Böcklin-Memoiren 1910, S. 328.
44 Schmid 1892–1902, Bd. 4, S. 77.
45 Vgl. die Äußerungen Schicks zum *Selbstbildnis mit fiedelndem Tod*, s. o. S. 120 f. und Anm. 20, 21, und die Dedikation des *Selbstbildnis mit dem Weinglas* an den Kunsthändler Steinbart.
46 Vgl. Schick 1901, S. 59.

47 Böcklin-Memoiren 1910, S. 328.
48 Vgl. Hohlenweg 1977, S. 99. Hohlenweg gibt als Durchschnittspreise für die Bilder Böcklins an: 1866–1871 Fr. 2000, 1871–1874 Fr. 2500, 1874-1885 Fr. 5000.
49 Vgl. in diesem Sinne auch Ranke 1978; Ranke 1979.

Exkurs: Notizen zum Umgang mit Selbstporträts

1 Meier-Graefe 1905, S. 97.
2 Waetzold 1908, S. 360ff.
3 Ebd., S. 373.
4 Ebd., S. 371.
5 Ebd.
6 Ebd., S. 372.
7 Ebd. Gemeint ist das *Selbstbildnis im Atelier* von 1893.
8 Ebd., S. 373: »Der Alte sitzt und ruht vom Werke aus.«
9 Ebd.
10 Hamann 1914, S. 185.
11 Mendelsohn 1901, S. 123.
12 Grabowsky 1906, S. 82.
13 Lutz Tittel (1977) nimmt es als Umschlagbild seines Taschenbuchs.
14 Vgl. Heger-Etienure 1980.
15 Laban 1898, S. 237. Anlaß des Aufsatzes war der Ankauf des Bildes durch die Nationalgalerie Berlin.
16 Andree 1977, S. 352. Dagegen entscheidet sich Berger am gleichen Ort, S. 543, für das Memento mori. Als Inspirationsquelle deuten das Bild u. a. auch: Koeppen 1902, S. 113; Heise 1936, S. 608; Düsseldorf 1974, Nr. 30; Bendiner 1975, S. 76; Hofstätter 1978, S. 47.
17 Als Memento mori deuten das Bild u. a.: Mendelsohn 1901, S. 124; Ostini 1904, 1, S. 81; Daun 1909, S. 763; Westheim 1931, S. 122; Christoffel 1942, Tafel 12; Bryner-Bender 1952, S. 67; Berger 1977, S. 543; Darmstadt 1977.
18 Meier-Graefe 1905, S. 95–99 und S. 102–107.
19 Grabowsky 1906, S. 112–115.
20 Meier-Graefe und Grabowsky gehen von der nicht mehr auf ihren Ursprung und ihre Richtigkeit überprüfbaren Anekdote um die Entstehung dieses Selbstbildnisses aus, daß nämlich die Gestalt des Todes eine spätere Hinzufügung des Malers sei, veranlaßt durch die Frage von Freunden, worauf er eigentlich lausche. Auch diese Anekdote wird bis heute in der Literatur weitergereicht.
21 Hofmann 1974, S. 28.
22 Kleinenberg 1971, S. 259.
23 Bringmann 1975, S. 6.

24 Krenzlin 1977, S. 546.
25 Holsten 1978, S. 18.
26 Schmidt 1978, S. 124 ff.
27 Ebd.
28 Heute befindet sich das eine in Ost-, das andere in West-Berlin.
29 Ostini 1904, 1, S. 114.
30 Bryner-Bender 1952, S. 82.
31 Waetzoldt 1908, S. 327.
32 Pecht 1888, 2, S. 17.
33 Mendelsohn 1901, S. 126.
34 Grabowsky 1906, S. 130.
35 Muther 1894, Bd. 3, S. 620.
36 Vgl. Frey 1903, S. 28: »Er ging nicht nur kerzengerade, er ging etwas zurückgebogen. So hat er sich auf dem Zürcher Selbstbildnis mit dem Weinglas gemalt.« Besonders ausführlich geht Bryner-Bender 1952, S. 84, auf diese Bemerkung ein.
37 Waetzoldt 1908, S. 372.
38 Vgl. auch Hamann 1914, S. 188. Bekannt ist Böcklins Ausspruch: »Die Familie haben wir nicht, sie hat uns. Die Frau – im Grunde hat doch keine von ihnen ein ernsthaftes echtes Interesse. Die Kinder – anfangs vielleicht viel Freude, aber später Kampf und Sorge! Da bleibt nur der Wein!« Hier zit. nach Hayek 1927, S. 334.
39 Andree 1977, S. 467.
40 Beenken 1944, S. 385.
41 Andree 1977, S. 467.
42 Waetzoldt 1908, S. 373.
43 Grabowsky 1906, S. 129.
44 Hamann 1914, S. 188.
45 Goldscheider 1936, S. 47.
46 Heise 1936, S. 611.
47 Wölfflin 1897, Sp. 33.
48 Beenken 1944, S. 385.
49 Schmidt 1977, S. 61.
50 Gasser 1961, S. 159.
51 Ebd., S. 156.
52 Barth 1928, S. 69.
53 Mendelsohn 1901, S. 126.
54 Hamann 1914, S. 188.
55 Grabowsky 1906, S. 129.
56 Waetzoldt 1908, S. 373.
57 Barth 1928, S. 69.
58 Gasser 1961, S. 156.
59 Tittel 1977, S. 64.

60 Darmstadt 1977, S. 127.
61 Frey 1903, S. 30.
62 Mendelsohn 1901, S. 125.
63 Bryner-Bender 1952, S. 67.
64 Holsten 1978, S. 38.
65 Darmstadt 1977, S. 196.
66 Dagegen spricht natürlich ihr unterschiedliches Format. Das Selbstbildnis hat die Abmessungen 61 x 48,9 cm, *Die Muse des Anakreon* mißt 79 x 60 cm.
67 Bryner-Bender 1952, S. 77.
68 Ebd., S. 78.
69 Düsseldorf 1974, S. 59.
70 Andree 1977, S. 410. Dagegen hatte Bryner-Bender 1952, S. 78, noch von den störenden modischen Details des Anzugs gesprochen.
71 Darmstadt 1977, S. 230.
72 Basel 1977, S. 200.
73 Bryner-Bender 1952, S. 29.
74 Darmstadt 1977, S. 226.
75 Frey 1903, S. 31.
76 Floerke 1927, S. 24.
77 Barth 1928, S. 68.
78 Bryner-Bender 1952, S. 22.
79 Ebd., S. 23.
80 Schmidt 1977, S. 56.
81 Andree 1977, S. 252.
82 Ebd., S. 505.
83 Bryner-Bender 1952, S. 95.
84 Ebd.
85 Waetzoldt 1908, S. 375.

Hans Makart

1 Zit. nach: Frodl 1974, S. 445.
2 Oberhammer 1980, S. 309 ff.
3 Die zweite Ehe Makarts wurde erst 1882 geschlossen.
4 Vgl. Oberhammer 1980, S. 312.
5 Ebd.
6 Boetticher 1891–1901, Bd. I, 2, Stichwort »Makart«, Nr. 4.
7 Öl auf Leinwand, 58 x 46 cm, Wien, Privatsammlung; Frodl 1974, Nr. 642.
8 Öl auf Papier, Verbleib unbekannt; Frodl 1974, Nr. 645.
9 Außer acht gelassen werden können die beiden Bilder *Faust und Gretchen im Garten* und *Faust und Gretchen im Kerker*, Frodl 1974, Nr. 330 und 331, bei denen Weixlgärtner 1929, S. 29, im Faust die idealisierten Züge des Künst-

lers zu erkennen meint. Eine eindeutige Identifizierung ist kaum möglich. Weixlgärtners Vermutung hat ihre Ursache wohl in der unausgesprochenen Unterstellung faustischer Charakterzüge für den Künstler.

10 Pirchan 1942, Abb. 120; 2. Aufl. 1954, Abb. 97.

11 Baden-Baden 1972, S. 215.

12 Frodl 1974, S. 42.

13 Vgl. Pecht 1867, S. 129.

14 Stiassny 1886, S. 32.

15 Aus der Vielzahl der Beschreibungen ist hier beispielhaft diejenige von Stiassny 1886, S. 14, angeführt.

16 Ranzoni 1873, S. 166 ff.

17 Zelau 1884, S. 73.

18 Zit. ohne Quellenangabe bei Stiassny 1886, S. 25.

19 Hevesi 1899, S. 158.

20 Huldigungsfestzug, o.p.

21 Daß Makarts Ausstattungsideen weder voraussetzungs- noch folgenlos sind, ist allgemein bekannt. Vgl. dazu vor allem den Beitrag W. Hartmanns zum Wiener Festzug in: Baden-Baden 1972, S. 166–178; ders. 1976, bes. S. 32 bis 37; Mikula 1975.

22 Lützow 1879, 1, S. 194.

23 Noch Hofmann 1974, S. 107, sieht den Festzug als Indiz für die Gegenwartsflucht des gründerzeitlichen Historismus. Die Forschung der siebziger Jahre hat demgegenüber eine grundlegend andere Position eingenommen. Sie sieht das Unternehmen als authentischen und vollendeten Ausdruck bürgerlichen Selbstbewußtseins der Gründerzeit an, das sich »als Nachfolger und legitime[n] Vollender der Kulturstufe des Deutschen Reiches im frühen 16. Jahrhundert sah« (Baden-Baden 1972, S. 174). ›Eisenbahn‹ und ›Schiffahrt‹ im historischen Kostüm sind deshalb weder absurd noch »anachronistisch« (Hofmann), sondern »als eine Erscheinungsform der Fortschrittsgläubigkeit der Zeit zu verstehen« (Baden-Baden 1972, S. 174). Vgl. hierzu auch Kitlitschka 1981, S. 127.

24 Huldigungsfestzug, o. p.

25 Vgl. Baden-Baden 1972, S. 170.

26 Huldigungsfestzug, o. p.

27 Makart-Album, Begleittext zu Tafel XLVII.

28 Lützow 1879, 2, Sp. 495.

29 Ebd.

30 Das postum als Gesamtverzeichnis konzipierte »Makart-Album« von 1884/85 gibt in Bild und Text bezeichnenderweise »Makart im Festzugskostüm« als verbindliche Darstellung des Künstlers wieder. Vgl. Makart-Album, Tafel XLVII und Begleittext (Abb. 78).

31 Hevesi 1899, S. 175.

32 Das Original ist verschollen. Das hier benutzte Blatt ist »eine um 1,30 m

verkürzte Wiederholung« (Baden-Baden 1972, S. 164) des Originalentwurfs, die Makart für das Prachtalbum des Gemeinderats herstellte.

33 Illustriertes Wiener Extrablatt, Nr. 116, 28.4.1879. Zit. in: Wien 1975, S. 18.

34 Pirchan 1954, S. 92.

35 Auch dieser Zusammenhang ist bereits von der zeitgenössischen Kritik erkannt worden. Vgl. Lützow 1879, 1, S. 192.

36 Spitzer (1878) 1967, S. 141.

37 Ranzoni 1884.

38 Ranzoni 1873, S. 118.

39 Groller 1907/08, S. 908.

40 Stiassny 1886, S. 32.

41 In ganz ähnlichem Sinne versteht auch Hevesi Makart als Lehrmeister der »Polychromie in Kunst und Leben. Soll es heißen: Tod dem weißen Stein und dem schwarzen Frack oder nicht.« Diese Frage stellt sich ihm angesichts des frühen Todes des Künstlers. Hevesi 1899, S. 173 (Artikel vom 5.10.1884).

42 Ludwig von Hevesi hat das Unangemessene der Übertragung solcher künstlerischen Selbstdarstellung auf das gründerzeitliche Bürgertum deutlich gesehen. »Darin barg sich freilich auch die Klippe seines schließlichen Scheiterns, der Keim der Lächerlichkeit, wenn man die gedanken- und schwunglose, lederne, pappene Prosa einer bürgerlichen oder mangelhaft geadelten Ringstraßenmenschlichkeit sich in solchen Prächten wälzen sah.« Geschrieben am 4.9.1884. Hevesi 1899, S. 158.

43 Carl von Vincenti hatte schon 1876 hellsichtig erkannt, »daß der schwülsinnliche, oft hochgradig nervöse Zug in seinen [Makarts] Bildern dieselben allerdings mehr für Fest- und intime«, als andere Lokalitäten bestimmt. Er schlägt in diesem Zusammenhang u. a. »kaiserliche Pomp- und Empfangsgemächer« vor. Vincenti 1876, S. 237. Ein Auftrag in diese Richtung wird Makart – ebenfalls kurz vor seinem Lebensende – mit der Ausstattung der Gemälder der Kaiserin Elisabeth in der Hermesvilla im Lainzer Tiergarten zuteil. Das Projekt, die Festzugsskizzen zur Ausgestaltung des großen Saales des neuen Rathauses heranzuziehen, scheiterte vermutlich an den hohen Honorarforderungen des Künstlers.

44 Michael von Munkàcsy malte statt dessen wenige Jahre später für die Decke des Stiegenhauses eine *Apotheose der Renaissance*.

45 Frodl 1974, Nr. 434/1–12.

46 Ebd., Nr. 441/1–4.

47 Pecht 1887, Bd. 2, S. 364.

48 Pecht 1873, S. 72.

49 Ebd., S. 275.

50 Auernheimer 1920, S. 84 (Artikel vom 12.10.1909 in der NFP).

51 Hamann/Hermand 1976, S. 132.

52 Pecht hält diese Methode für eine Demokratisierung der Kunst.

53 Oberhammer 1980, S. 312.

Exkurs: Letzte Geleite

1 Hevesi 1899, S. 177 (Feuilleton vom 11.10.1884).
2 Neue Freie Presse vom 1.10.1884, Morgenblatt.
3 Neue Freise Presse vom 5.10.1884, Morgenblatt.
4 Neue Freie Presse vom 7.10.1884, Morgenblatt.
5 Kunstchronik 21, 1884, Sp. 14.
6 Ebd., Sp. 13.
7 Spitzer 1967, S. 249 (Feuilleton vom 16.10.1884).
8 Frodl 1974, S. 46.
9 Keim 1904, S. 253.
10 Konrad Fiedler, Todesnachricht Marées'. In: Münchener Neuste Nachrichten. Zit. bei: Meier-Graefe 1909/10, Bd. 3, S. 321.
11 Meier-Graefe 1909/10, Bd. 1, S. 512 nebst Anm. 281.
12 Ostini 1900/01, S. 182.
13 Wackernagel 1897.
14 Gustav 1901, S. 167 f.
15 Lesezirkel Hottingen 1901.
16 Vgl. den Beitrag Jürgen Wissmanns in: Düsseldorf 1974, S. 28 ff.
17 Vgl. Spoerri 1952, S. 89 f.; Leppien 1976, S. 48.
18 Brief an Hermann Levi vom 10.1.1880. Zit. in: Der Maler Anselm Feuerbach. Beiträge zur Speyerer Stadtgeschichte, Heft 3.
19 Schüßler 1880, S. 2.
20 Ebd., S. 9.
21 Ebd., S. 23.
22 Brief an Heinrich Holtzmann vom 16.3.1880. In: Feuerbach 1912, S. 367.

Anselm Feuerbach

1 Roh 1948, S. 243.
2 Zit. in: Karlsruhe 1976, S. 13.
3 Muther 1893, Bd. 1, S. 404.
4 Feuerbach, S. 1. Dieser Satz ist wohl das beliebteste Feuerbach-Zitat. Keiner der zahllosen Bearbeiter des Lebens und Werkes des Malers unterläßt es, ihn an passender Stelle anzuführen. Zum Themenkomplex Feuerbach aus psychiatrischer Sicht vgl. vor allem Spoeri 1952; Leppien 1976.
5 Aufschlußreiches Zahlenmaterial bietet in diesem Zusammenhang der Katalog Karlsruhe 1976 sowie das Textheft zur gleichen Ausstellung.
6 Vgl. Karlsruhe 1976, S. 36 f. Feuerbach forderte 75 000–80 000 Gulden, bewilligt wurden 30 000; an Vorschüssen erhielt er schließlich 40 000. Zum Vergleich: Makart erhielt für sein Riesengemälde *Venedig huldigt der Katharina Cornaro* 1873 30 000 Gulden. Vgl. Baden-Baden 1972, S. 228.

7 Allgeyer/Neumann 1904, Nr. 240 von 1858, Nr. 614 von 1874, Nr. 664 von 1878.

8 Boetticher 1891–1901, Bd. 1, Stichwort ›Feuerbach‹, erwähnt unter Nr. 18 eine Selbstdarstellung Feuerbachs in seinem Münchener Atelier: »Der junge Künstler mit dem Fes, den Malstock in der Hand, steht vor einer großen Leinwand.« Als Besitzerin ist Leonore Feuerbach, Nürnberg, angegeben. Das Bild taucht in der gesamten späteren Literatur nicht mehr auf. Thiele 1970, S. 276, erwähnt »einen männlichen Akt aus der Pariser Zeit, der als erstes Selbstporträt gilt«. Abgesehen davon, daß ein Bild aus der Pariser Zeit in keinem Fall das erste Selbstporträt Feuerbachs sein kann, sind die drei von Uhde-Bernays in diese Zeit datierten Akte (Nr. 47, Abb. 56; Nr. 53; Nr. 78, Abb. 77) alle nicht als Selbstbildnisse zu identifizieren. Außer acht gelassen werden kann außerdem die bei Gerstenberg 1925, S. 19, Tafel 1, publizierte Strichzeichnung *Der Arzt* des zehnjährigen Anselm Feuerbach , die einen Besuch des Hausarztes am Krankenbett des Jungen darstellt, umgeben von der Schwester Emilie und der Stiefmutter. Der Vater weilte in dieser Zeit in Italien. Gleichfalls unberücksichtigt bleibt die Ölstudie *Junger Priester* von 1853, die nur vage Porträtähnlichkeit aufweist und in der ganzen Vortragsweise kaum an ein Selbstbildnis denken läßt. Vgl. Uhde-Bernays 1929, Nr. 85, Abb. 75, heute Von-der-Heydt-Museum, Wuppertal. Uhde-Bernays vermerkt die Porträtähnlichkeit zu Recht nur in Klammern hinter dem eigentlichen Bildtitel.

9 Öl auf Leinwand, 34,5 x 26cm, 1929 in Privatbesitz in Minden, Uhde-Bernays 1929, Nr. 9, Abb. 3.

10 Außer dem hier abgebildeten aus der Berliner Nationalgalerie kennt Uhde-Bernays drei Wiederholungen des gleichen Motivs: Öl auf Leinwand, 20 x 17 cm, 1929 in süddeutschem Privatbesitz, Uhde-Bernays 1929, Nr. 13, Abb. 8, sowie Nr. 14 und 15, 1929 ebenfalls in süddeutschem Privatbesitz.

11 Öl auf Leinwand, 21 x 16cm, 1929 in Londoner Privatbesitz, Uhde-Bernays 1929, Nr. 17, Abb. 7.

12 Möglicherweise handelt es sich um das Bild, das sich 1935 im Schlesischen Museum der Künste in Breslau befand. Vgl. Pilz 1972, S. 25.

13 Dieses Bild befand sich vor dem Zweiten Weltkrieg in Gotha, Schloßmuseum Schloß Friedenstein.

14 Dülberg 1906, S. 302.

15 Vgl. z. B. Waetzoldt 1908, S. 347 ff., der Feuerbach neben van Dyck stellt. Das Deutungsmuster Eitelkeit und Selbstgefälligkeit findet sich außer bei Dülberg u. a. bei Bryner-Bender 1952, S. 23; Thiele 1970, S. 257–277; Klimm 1975; Bratke/Schimpf 1980.

16 Hamann 1925, S. 314. Vgl. auch Hamann 1914, S. 208.

17 Vgl. z. B. Ried 1931, S. 140, Abb. 195; Scheffler 1911, S. 108 f.

18 Uhde-Bernays 1917, S. 3.

19 Uhde-Bernays 1910, S. 424.

20 Uhde-Bernays 1914, 2.
21 Ebd., S. 131.
22 Burmann 1913, S. 802. Im gleichen Tenor u. a. auch Von der Osten-Baare, S. 11; Weigert 1942, S. 492.
23 Vgl. z. B. auch Voigtländer 1912, S. 84 ff.; Kühnemann 1948, S. 72 f.; Goldscheider 1936, S. 47, Abb. 417.
24 Den einzigen größer angelegten Versuch einer Revision des Feuerbachbildes, bei dem die Selbstbildnisse jedoch weitgehend unberücksichtigt bleiben, bieten die Bearbeiter von Katalog und Textheft zur Feuerbach-Ausstellung in Karlsruhe 1976. Abgesehen von einigen kleineren Publikationen, vor allem den beiden Aufsätzen von Herbert von Einem 1964 und 1974 sowie der Bonner Dissertation von Marianne Küffner-Arndt von 1968, stellt dieses Unternehmen die einzige relevante Auseinandersetzung mit Feuerbach seit 1945 dar; wenn man den in der älteren Literatur betriebenen Personenkult in Rechnung stellt, dem auch Uhde-Bernays in seinen zahllosen Veröffentlichungen huldigt und dessen Spuren sich sogar bei Allgeyer finden, ist der Katalog die einzige kritische Auseinandersetzung mit Werk und Person Feuerbachs. Bis heute folgte dieser Publikations nur wenig nach, vgl. z. B. die Dissertation von Daniel Kupper 1987.
25 Allgeyer/Neumann 1904, Nr. 1–17.
26 Feuerbach 1912, S. 110.
27 Allgeyer 1894, Nr. 4; Uhde-Bernays 1929, Nr. 15.
28 Brief an Fritz Gurlitt vom 4.10.1884. Abgedr. in: Feuerbach 1907, S. 60.
29 Möglicherweise ist dieses Bild identisch mit dem bei Boetticher 1891–1901, Bd. 1, Stichwort ›Feuerbach‹, Nr. 4, erwähnten »Ein junger Fischer, Selbstbildnis 1846«, als dessen Besitzerin Frl. Bluntschli, Heidelberg, angegeben ist, wohl die Tochter des Heidelberger Nationalökonomen Johann Kaspar Bluntschli (1808–1881), mit dem Henriette freundschaftlichen Verkehr pflegte.
30 Diese Angabe bei Allgeyer/Neumann 1904, Nr. 24. Ein Herr Holzschuher nebst Töchtern wird in Anselm Feuerbachs Briefen aus Düsseldorf 1848 erwähnt.
31 Uhde-Bernays 1910/11, S. 424.
32 Feuerbach 1911, Bd. 1, S. 151.
33 Boetticher 1891–1901, Bd. 1, 1, Nr. 13 und 200.
34 Zwei dieser Briefe aus dem Jahre 1853 sind abgedruckt in: Feuerbach 1911, S. 171 ff.
35 Allgeyer/Neumann 1904, Bd. 1, S. 224, Anm. 1.
36 Öchselhäuser 1905, S. 12, Anm. 1.
37 Uhde-Bernays 1913, S. XXII.
38 Ein Bankier Reitmeyer in Venedig wird erst in den letzten Lebensjahren Feuerbachs in den Briefen häufiger erwähnt.
39 Uhde-Bernays 1910/11, S. 424.

40 Zimmermann 1961, S. 12.
41 Köln 1971, S. 25, Nr. 24.
42 New Haven 1970, p. 89, no. 24.
43 Bringmann 1976, S. 147.
44 Hamburg 1978, Nr. 214, 214a, 238.
45 Ebd., S. 228.
46 Benjamin 1980, S. 49.
47 Uhde-Bernays 1910, S. 424.
48 Brief vom 12.3.1868, in: Feuerbach 1911, Bd. 2, S. 207.
49 Allgeyer 1894, Nr. 56.
50 Uhde-Bernays kennt dieses Bild nicht; vermutlich ist es identisch mit Allgeyer/Neumann 1904, Nr. 240.
51 Die Urheberschaft Feuerbachs ist jedoch laut B. Asvaritsh von der Staatlichen Eremitage Leningrad unbezweifelt.
52 Einige männliche Figuren in den Bildern Feuerbachs aus dieser Zeit tragen jedoch selbstbildnishafte Züge, z. B. *Romeo und Julia*, Uhde-Bernays 1929, Nr. 243 und 264; *Der Mandolinenspieler*, Uhde-Bernays 1929, Nr. 286.
53 Baudelaire 1977, S. 281.
54 Ebd., S. 280.
55 Baudelaire 1906, S. 302.
56 Ebd.
57 Ebd., S. 299.
58 Ebd., S. 304.
59 Ebd., S. 299.
60 Baudelaire 1977, S. 282.
61 Vgl. Usener 1974.
62 Feuerbach 1885, S. 163.
63 Uhde-Bernays 1929, Nr. 284, Abb. 252 zu Nr. 215, Abb. 261; Nr. 292, Abb. 305 zu Nr. 265, Abb. 309; Nr. 336, Abb. 306 zu Nr. 334, Abb. 300.
64 Uhde-Bernays 1929, Nr. 283, Abb. 250.
65 Die Zigarette in ihrer heute gebräuchlichen Form wird in den vierziger Jahren des 19. Jahrhunderts in Frankreich entwickelt und dringt über Rußland verstärkt erst in den siebziger Jahren in den deutschsprachigen Raum ein. Sie ist im Gegensatz zur Zigarre oder Pfeife bis zur Jahrhundertwende modisches Requisit und unabdingbares Accessoire des modebewußten Herrn und der exzentrischen Dame. Vgl. z. B. Oscar Wildes Aperçus zur Funktion der Zigarette.
66 Baudelaire 1906, S. 305.
67 Uhde-Bernays 1917, S. 4, erwähnt, daß es aus dem Nachlaß von Feuerbachs Schwester Emilie stamme. Nachzuweisen ist es vor 1916 bei einem Hauptlehrer Steuerwald in Daxlanden bei Karlsruhe, was der Behauptung Uhde-Bernays eine gewisse Wahrscheinlichkeit verleiht.
68 Uhde-Bernays 1917, S. 4.

69 Vgl. Feuerbach 1911, Bd. 2, Brief vom 17.12.1865.
70 Pecht 1877, Bd. 1, S. 245.
71 Uhde-Bernays 1914, 2, S. 131.
72 Von Einem 1964.

Zeitgemäßes und Zeitgenössisches

1 Muther 1893, Bd. 1, S. 403.
2 Ebd., S. 412.
3 Hamann/Hermand 1976, S. 39.
4 *Einzug Kaiser Maximilians II. (in Nürnberg)*, 1945 verbrannt, Uhde-Bernays 1929, Nr. 338, Abb. 295; *Kaiser Ludwig der Bayer erteilt Nürnberger Bürgern Privilegien.* Uhde-Bernays 1929, Nr. 341, Abb. 307.
5 Hofmann 1974, S. 126.

Literaturverzeichnis

Die Titel sind alphabetisch nach Autoren bzw. Herausgebern geordnet. Ausstellungskataloge sind unter dem Ausstellungsort eingereiht. Sammlungskataloge wurden nicht aufgenommen, außer wenn Katalogbeiträge im Text zitiert wurden. Sie erscheinen dann, soweit feststellbar, unter dem Bearbeiter, sonst unter dem Sammlungsort. Aufgenommen wurden nur Titel, die entweder von grundsätzlicher Bedeutung für die vorliegende Arbeit sind oder direkt oder indirekt zitiert werden, unbezeichnete Zeitungsartikel werden nicht aufgeführt.

Allgeyer 1894	Allgeyer, Julius, Anselm Feuerbach. Sein Leben und seine Kunst, Bamberg 1894
Allgeyer/Neumann 1904	Allgeyer, Julius, Anselm Feuerbach. 2. Aufl. aufgrund der zum erstenmal benutzten Originalbriefe und Aufzeichnungen des Künstlers. Aus dem Nachlaß des Verfassers hrsg. und mit einer Einleitung begleitet von Carl Neumann, 2 Bde., Stuttgart – Berlin 1904
Allotria	Ein halbes Jahrhundert Münchner Kulturgeschichte, erlebt mit der Künstlergesellschaft Allotria, München o. J. [1959]
Andree 1977	Andree, Rolf, Arnold Böcklin. Die Gemälde (= Œuvrekataloge Schweizer Künstler, Bd. 6), München – Basel 1977
Arenhövel 1936	Arenhövel, Wilhelm, Die Künstlerpersönlichkeit in der zweiten Hälfte des 19. Jahrhunderts, entwickelt aus den Schriften der bildenden Künstler, Diss. Münster 1936
Asendorf 1984	Asendorf, Christoph, Batterien der Lebenskraft. Zur Geschichte der Dinge und ihrer Wahrnehmung im 19. Jahrhundert, Gießen 1984
Asendorf 1989	Asendorf, Christoph, Ströme und Strahlen. Das Verschwinden der Materie um 1900, Gießen 1989
Auernheimer 1909	Auernheimer, Raoul, Die Makart-Zeit. In: Neue Freie Presse, Wien, 12.10.1909. Auch in: Ders.,

	Das ältere Wien. Bilder und Schatten, Wien – Leipzig 1920, S. 78–85
Avenarius 1904	A[venarius, Ferdinand], Lenbach. In: Der Kunstwart 17 (1904), S. 185–189
Avenarius 1909	Avenarius, Ferdinand, Marées als Mode. In: Der Kunstwart 22 (1909), S. 371–372
Baden-Baden 1972	Hans Makart. Triumph einer Schönen Epoche. Ausstellung in der Staatlichen Kunsthalle Baden-Baden, Baden-Baden 1972
Baltzarek/Hofmann/ Stekl 1975	Baltzarek, Franz, Alfred Hofmann, Hannes Stekl, Wirtschaft und Gesellschaft der Wiener Stadterweiterung (= Die Wiener Ringstraße – Bild einer Epoche, hrsg. v. Renate Wagner-Rieger, Bd. 5), Wiesbaden 1975
Basel 1977	Arnold Böcklin 1827–1901. Gemälde, Zeichnungen, Plastiken. Ausstellung zum 150. Geburtstag des Künstlers im Kunstmuseum Basel, Basel 1977
Baranow 1986, 1	Baranow, Sonja von [Mehl], Das Lenbachmuseum Schrobenhausen, Augsburg 1986
Baranow 1986, 2	Baranow, Sonja von [Mehl], Franz von Lenbach. Leben und Werk, Köln 1986
Barth 1928	Barth, Wilhelm, Arnold Böcklin (= Die Schweiz im deutschen Geistesleben, Illustrierte Reihe, Bd. 11), Frauenfeld – Leipzig 1928
Bauch 1930	Bauch, Kurt, Rezension: E. Benkard, Das Selbstbildnis vom 15. bis zum Beginn des 18. Jahrhunderts. In: Kritische Berichte 1930, Teilband 2, S. 10–26
Baudelaire 1906	Charles Baudelaires Werke in deutscher Ausgabe, übersetzt von Max Bruns, Bd. 4, Minden 1906
Baudelaire 1977	Baudelaire, Charles, Sämtliche Werke/Briefe in 8 Bde., hrsg. v.F.Kemp und Ch.Pichois in Zusammenarbeit mit W. Drost, Bd. 1, München 1977
Baumgart 1975	Baumgart, Fritz, Idealismus und Realismus 1830–1880. Die Malerei der bürgerlichen Gesellschaft, Köln 1975
Beenken 1944	Beenken, Hermann, Das 19. Jahrhundert in der deutschen Kunst. Aufgaben und Gehalte. Versuch einer Rechenschaft, München 1944

Bendiner 1975 — Bendiner, Kenneth, Arnold Böcklin: Mythology and Mortality. In: Art in America 63 (1975), no. 3, p. 74–76

Benjamin 1977 — Benjamin, Walter, Metaphysik der Jugend. In: Ders., Gesammelte Schriften, Bd. II, 1, Frankfurt/Main 1977, S. 91–104

Benjamin 1980 — Benjamin, Walter, Charles Baudelaire. Ein Lyriker im Zeitalter des Hochkapitalismus, Frankfurt/Main 1980[2]

Benkard 1927 — Benkard, Ernst, Das Selbstbildnis vom 15. bis zum Beginn des 18. Jahrhunderts, Berlin 1927

Bentmann/Müller 1970 — Bentmann, Reinhard, Michael Müller, Die Villa als Herrschaftsarchitektur. Versuch einer kunst- und sozialgeschichtlichen Analyse, Frankfurt/Main 1970

Berlin 1880 — Werke von Anselm Feuerbach. Katalog der Ausstellung des künstlerischen Nachlasses von Anselm Feuerbach in der königlichen Nationalgalerie Berlin, Berlin 1880

Berlin 1906 — Ausstellung Deutscher Kunst aus der Zeit von 1775–1875 (Jahrhundertausstellung). Ausstellung in der königlichen Nationalgalerie Berlin, Berlin 1906

Berlin 1936 — Große Deutsche in Bildnissen ihrer Zeit. Ausstellung aus Anlaß der IX. Olympischen Spiele August bis September 1936 im ehemaligen Kronprinzenpalais Berlin, Berlin 1936

Berlin 1968 — Le salon imaginaire. Bilder aus den großen Kunstausstellungen der zweiten Hälfte des 19. Jahrhunderts. Ausstellung der Deutschen Gesellschaft für Bildende Kunst (Kunstverein Berlin) und der Akademie der Künste Berlin, Berlin 1968

Berner 1977 — Berner, Alfred, Einige Erläuterungen zu Musikinstrumenten in den Werken Arnold Böcklins. In: Andree, Rolf, Arnold Böcklin. Die Gemälde, Basel – München 1977, S. 542–543

Billeter 1977 — Billeter, Erika, Malerei und Photographie im Dialog von 1840 bis heute. Katalog zur Ausstellung im Kunsthaus Zürich 1977. Bearbeitet von Erika Billeter. Mit Beiträgen von Prof. J. A. Schmoll gen. Eisenwerth, Bern 1977

Birr/Diez 1981	Birr, Frédéric, Jean Diez, Autoportraits. Introduction de Roger Garaudy, Paris 1981
Böcklin-Memoiren 1910.	Böcklin-Memoiren. Tagebuchblätter von Böcklins Gattin Angela. Mit dem gesamten brieflichen Nachlaß hrsg. v. Ferdinand Runkel, Berlin 1910
Böcklin-Zeitung	Arnold Böcklin. Dokumentation. Ergebnisse einer Übung am Kunstgeschichtlichen Seminar der Universität Hamburg 1976
Boetticher 1891–1901	Boetticher, Friedrich von, Malerwerke des 19. Jahrhunderts. Beitrag zur Kunstgeschichte. 2 Bde. in 4 Tln. Unveränderter Neudruck der Ausgabe Dresden 1891–1901, Leipzig 1941
Bolz 1982	Bolz, Norbert, Walter Benjamin und seine Totengräber. In: Walter Benjamin. Profane Erleuchtung und Rettende Kritik, hrsg. v. N. Bolz und R. Faber, Würzburg 1982, S. 7–35
Bourget 1883	Bourget, Paul, Essais de la psychologie contemporaine. Paris 1883
Bratke/Schimpf 1980	Bratke, Elke, Hans Schimpf (Bearb.), Anselm Feuerbach 1829–1880 (= Kunst und Künstler in Rheinland-Pfalz, Bd. 8), Karlsruhe 1980
Braun 1904	Braun, Alex, Unser Lenbach. In: Allgemeine Zeitung, München, 7.5.1904, Vorabendblatt und Morgenblatt. Auch in: Ders., Münchener Silhouetten nach dem Leben, München 1918, S. 21–26
Braun-Artraria 1919	Braun-Artraria, Rosalie, Von berühmten Zeitgenossen. Erinnerungen einer Siebzigerin, München 1919
Braunschweig 1980	Selbstbildnisse und Künstlerporträts von Lucas van Leyden bis Anton Raphael Mengs. Ausstellung im Herzog Anton Ulrich-Museum Braunschweig, Braunschweig 1980
Bredt 1898	Bredt, Ernst Wilhelm, Die Wohnstätte eines Malerfürsten als Vorbild für Jedermann's Heim. In: Zeitschrift für Innendekoration 9 (1898), S. 97 bis 99, 102, 107
Bredt 1906	Bredt, E. W., Franz von Lenbach. In: Biographisches Jahrbuch deutscher Nekrologe, hrsg. v. A. Bettelheim, Bd. 9, Berlin 1906, S. 260–266
Bringmann 1975	Bringmann, Michael, Bemerkungen zu Arnold Böcklin, Hans Thoma und Wilhelm Leibl anläßlich der Ausstellungen in Düsseldorf,

	Karlsruhe und München. In: Kunstchronik 28 (1975), S. 1–24
Bringmann 1976	Bringmann, Michael, Ein erträumter Lorbeerkranz und die Flohstiche der Realität. In: Anselm Feuerbach 1829–1880. Gemälde und Zeichnungen. Ausstellung in der Staatlichen Kunsthalle Karlsruhe 1976, Berlin 1976, S. 124–153
Bringmann 1983	Bringmann, Michael, Friedrich Pecht (1814 bis 1903). Maßstäbe der deutschen Kunstkritik zwischen 1850 und 1900, Berlin 1983
Brix 1982	Brix, Lothar, Kunst in der bürgerlichen Gesellschaft, St. Michael 1982
Bruhns 1957	Bruhns, Leo, Deutsche Künstler in Selbstdarstellungen, Königstein/Taunus 1957
Bryner-Bender 1952	Bryner-Bender, Margot, Arnold Böcklins Stellung zum Porträt (Diss. Basel 1948), Lörrach – Stetten 1952
Burmann 1919	B[urmann], G., Rundschau. Sammlungen. Hannover. In: Der Cicerone 5 (1919), S. 803
Busch 1984	Busch, Werner, Wirklichkeitsaneignung und Stilisierung in der deutschen Kunst des 19. Jahrhunderts, Berlin 1984
Chapeaurouge 1960	Chapeaurouge, Donat de, Das Milieu als Porträt. In: Wallraf-Richartz-Jahrbuch 22 (1960), S. 137 bis 158
Christoffel 1942	Christoffel, Ulrich, Arnold Böcklin: Selbstbildnis mit Tod, 1872. In: Deutsche Kunst, hrsg. v. Ludwig Roselius, Bd. 8, 1. Lfg., Berlin 1942
Conze 1982	Conze, Werner, Das deutsche Kaiserreich 1871 bis 1918. Wirtschaftlich-soziale Bedingungen. In: Kunstpolitik und Kunstförderung im Kaiserreich. Kunst im Wandel der Sozial- und Wirtschaftsgeschichte, hrsg. v. Ekkehard Mai u. a. (= Kunst, Kultur und Politik im Deutschen Kaiserreich, Bd. 2), Berlin 1982, S. 15–33
Darmstadt 1977	Arnold Böcklin 1827–1901. Ausstellung zum 150. Geburtstag des Künstlers, veranstaltet vom Magistrat der Stadt Darmstadt, 2 Bde., Darmstadt 1977

Daun 1909	Daun, Berthold, Die Kunst des 19. Jahrhunderts und der Gegenwart. Ein Grundriß der modernen Plastik und Malerei, Berlin 1909
Decker 1967	Decker, Elisabeth, Zur künstlerischen Beziehung zwischen Hans von Marées, Konrad Fiedler und Adolf Hildebrand. Eine Untersuchung über die Zusammenhänge von Kunsttheorie und Kunstwerk, Diss. Basel 1967
Degenhart 1952	Degenhart, Bernhard, Marées-Zeichnungen, Berlin 1952
Degenhart 1955/56	Degenhart, Bernhard, Hans von Marées als Bahnbrecher und Außenseiter. In: Jahresring 1955/56, S. 137–143
Degenhart 1958	Degenhart, Bernhard, Hans von Marées. Die Fresken in Neapel, München 1958
Distl 1986	Distl, Dieter, Klaus Englert (Hrsg.), Franz von Lenbach. Unbekanntes und Unveröffentlichtes, Pfaffenhofen 1986
Dülberg 1906	Dülberg, Franz, Die deutsche Jahrhundertausstellung in Berlin 1906. In: Zeitschrift für Bildende Kunst N. F. 17 (1906), S. 161–178, 197 bis 212, 231–244, 293–314. Auch als Sonderdruck: Berlin 1906
Dülberg 1924	Dülberg, Franz, Deutsche Malerei, Berlin 1924[3]
Düsseldorf 1974	Arnold Böcklin 1827–1901. Ausstellung im Kunstmuseum Düsseldorf, Düsseldorf 1974
Düsseldorf 1980	Armer Maler – Malerfürst. Künstler und Gesellschaft 1819–1918. Text von Irene Makowitz. Ausstellung im Stadtmuseum Düsseldorf, Düsseldorf 1980
Eberle 1974	Eberle, Matthias, Über Arnold Böcklins ›Selbstbildnis mit fiedelndem Tod‹ (Ein Kunstwerk und sein Gebrauch, III). In: Kunst und Unterricht, Heft 24, 1974, S. 49–52
Einem 1957	Einem, Herbert von, Hans von Marées. Sitzungsberichte der bayrischen Akademie der Wissenschaften, Philosophisch-Historische Klasse, Heft 4, 1957
Einem 1964	Einem, Herbert von, Gedanken zu Anselm Feuerbach und seiner Iphigenie. In: Zeitschrift des deutschen Vereins für Kunstwissenschaft 18 (1964), S. 127–140

Einem 1974	Einem, Herbert von, Anselm Feuerbachs ›Orpheus und Euridike‹. In: Wallraf-Richartz-Jahrbuch 36 (1974), S. 295–310
Einem 1978	Einem, Herbert von, Deutsche Maler des Klassizismus und der Romantik 1760–1840, München 1978
Engels 1902	Münchens Niedergang als Kunststadt. Eine Rundfrage von Eduard Engels, beantwortet von Hermann Bahr u. a., München 1902
Eitelberger 1884	Eitelberger, Rudolf von, Hans Makart. Vortrag, gehalten am 16. Oktober 1884 in der Kunstgewerbeschule des k.k. Österreichischen Museums für Kunst und Industrie. In: Mitteilungen des k.k. Österreichischen Museums für Kunst und Industrie 19 (1884), S. 242–251
Essen 1969	Fotografische Bildnisstudien zu Gemälden von Lenbach und Stuck. Ausstellung im Folkwang-Museum Essen, Essen 1969
Ettlinger 1971/72	Ettlinger, C. D., Hans von Marées and the Academic Tradition. In: Yale University Art Gallery Bulletin 33 (1971/72), S. 67–84
Evans 1978	Evans, Richard J. (ed.), Society and Politics in Wilhelmine Germany, London 1978
Faber du Faur 1926	Faber du Faur, Hans von, Lenbach (Erinnerungen an Maler, III). In: Kunst und Künstler 24 (1926), S. 350–352
Feuerbach 1885	Feuerbach, Anselm, Ein Vermächtnis. Reprographischer Nachdruck der zweiten vermehrten Auflage, Wien 1885, Hildesheim 1977
Feuerbach-Brevier	Ein Feuerbach-Brevier, Wien o. J. [um 1922]
Feuerbach 1907	Feuerbach, Henriette, Briefe an Fritz Gurlitt. In: Die neue Rundschau 28 (1907), S. 57–76
Feuerbach 1912	Feuerbach, Henriette, Ihr Leben in ihren Briefen, hrsg. v. Hermann Uhde-Bernays, Berlin – Wien 1912
Fiedler 1947	Fiedler, Konrad, Hans von Marées. Mit einem Nachwort von Hermann Uhde-Bernays, München 1947. Zuerst als Privatdruck, München 1889
Fiesole 1980	Arnold Böcklin e la cultura artistica in Toscana. Hans von Marées, Adolf von Hildebrand, Max

	Klinger, Karl Stauffer-Bern, Albert Welti. Catalogo a cura di Cristina Nuzzi, Rom 1980
Fleiner 1915	Fleiner, Albert, Mit Arnold Böcklin, hrsg. v. Roland Fleiner, Frauenfeld 1915
Floerke, G. 1901	Floerke, Gustav, Zehn Jahre mit Böcklin. Aufzeichnungen und Entwürfe, hrsg. v. Hanns Floerke, München 1901 (3. Aufl. 1921 unter dem Titel ›Arnold Böcklin und seine Kunst‹)
Floerke, H. 1927	Floerke, Hanns, Böcklin und das Wesen der Kunst, München 1927
Frank 1968	Frank, Volker, Marées in Dresden. In: Dresdener Kunstblätter 12 (1968), S. 11–14
Franke 1934	Franke, Ernst Axel, Publikum und Malerei in Deutschland vom Biedermeier bis zum Impressionismus, Diss. Heidelberg 1934
Fredel/Verspohl 1974	Fredel, Jürgen, Franz-Joachim Verspohl, Zur Kritik der Künstlerideologie in der ersten Hälfte des 19. Jahrhunderts. Die frühen Dürerfeiern. In: Marburger Jahrbuch für Kunstwissenschaft 19 (1974), S. 275–287
Frey 1903	Frey, Adolf, Arnold Böcklin. Nach den Erinnerungen seiner Zürcher Freunde, Stuttgart 1903
Frodl 1974	Frodl, Gerbert, Hans Markart. Monographie und Werkverzeichnis. Mit einem Beitrag von Renate Mikula, Salzburg 1974
Fuchs 1906	Fuchs, Georg, Deutsche Form. Betrachtungen über die Deutsche Kunst im 19. Jahrhundert, München – Leipzig 1906
Fürst 1904	Fürst, Max, Franz von Lenbach. In: Allgemeine Rundschau 1 (1904), S. 117
Gasser 1961	Gasser, Manuel, Das Selbstbildnis, Zürich 1961
Geismeier 1979	Geismeier, Willi, Biedermeier, Leipzig 1979
Gerstenberg 1925	Gerstenberg, Kurt, Anselm Feuerbach. Aus unbekannten Skizzenbüchern der Jugend, München 1925
Gerstenberg 1955	Gerstenberg, Kurt, Die großen Deutschrömer und der Geist der Antike, Offenbach o. J. [1955]
Ginzburg 1983	Ginzburg, Carlo, Spurensicherung. Über verborgene Geschichte, Kunst und soziales Gedächtnis, Berlin 1983

Gohr 1975	Gohr, Siegfried, Der Kult des Künstlers und der Kunst. Zum Bildtyp des Hommage, Diss. Köln und Wien 1975
Goldscheider 1936	Goldscheider, Ludwig, 500 Selbstporträts von der Antike bis zur Gegenwart. Plastik, Malerei, Graphik, Wien 1936
Gombrich 1984	Gombrich, Ernst H., Aby Warburg. Eine intellektuelle Biographie, Frankfurt 1984
Grabowsky 1906	Grabowsky, Adolf, Der Kampf um Böcklin, Berlin 1906
Grochowiak 1963	Grochowiak, Thomas, Hans von Marées: Die Pergola. In: Ders., Das Meisterwerk. Kunstbetrachtung in Einzelinterpretationen, Bd. 1, Recklinghausen 1963, S. 129–130
Groller 1884	Groller, Balduin, Makarts Atelier, In: Gartenlaube 1884, S. 730–731
Groller 1907/08	Groller, Balduin, Vom Schreibtisch und aus dem Atelier. Erinnerungen an Hans Makart. In: Velhagen & Klasings Monatshefte 22 (1907/08), 1. Halbband, S. 904–911
Grote 1947	Grote, Ludwig, Hans von Marées. Die Neapeler Fresken (= Der Kunstbrief 32), Berlin 1947
Gulbransson 1905	Gulbransson, Olaf, Berühmte Zeitgenossen, München 1905
Gurlitt 1894	Gurlitt, Cornelius, Arnold Böcklin. In: Die Kunst für Alle 9 (1894), S. 17–23
Gurlitt 1907	Gurlitt, Cornelius, Die Deutsche Kunst des 19. Jahrhunderts. Ihre Ziele, ihre Taten, 3., umgearbeitete Aufl., Berlin 1907
Gustav 1901	Gustav, Leopold, Münchener Böcklin-Feier. In: Die Kunsthalle. Zeitschrift für Kunst und Kunstgeweerbe 6 (1901), S. 167–168
Hajos 1978	Hajos, Géza, Klassizismus – Historismus. Epochen oder Gesinnungen? Gedanken anläßlich einer Ausstellung. In: Österreichische Zeitschrift für Kunst und Denkmalpflege 32 (1978), S. 98–108
Hamann 1906	Hamann, Richard, Ein Gang durch die Jahrhundertausstellung, Berlin 1906
Hamann 1914	Hamann, Richard, Die deutsche Malerei im 19. Jahrhundert, Leipzig – Berlin 1914

Hamann 1925	Hamann, Richard, Deutsche Malerei vom Biedermeier bis zum Expressionismus, Leipzig 1925
Hamann/Hermand 1959	Hamann, Richard, Jost Hermand, Naturalismus (= Epochen deutscher Kultur von der Gründerzeit bis zum Expressionismus, Bd. 2), Berlin 1959
Hamann/Hermand 1974	Hamann, Richard, Jost Hermand, Gründerzeit (= Epochen deutscher Kultur von 1870 bis zur Gegenwart, Bd. 1), München 1974[2]
Hamburg 1978	Courbet und Deutschland. Ausstellung in der Hamburger Kunsthalle, Hamburg 1978
Hamburg 1981/82	Dreimal Deutschland. Lenbach, Liebermann, Kollwitz. Ausstellung in der Hamburger Kunsthalle, Hamburg 1981
Hansen 1970	Hansen, Hans Jürgen (Hrsg.), Das pompöse Zeitalter zwischen Biedermeier und Jugendstil. Kunst, Architektur und Kunsthandwerk in der zweiten Hälfte des 19. Jahrhunderts, Oldenburg – Hamburg 1970
Hartlaub/Weißenfeld 1958	Hartlaub, Gustav Friedrich, Felix Weißenfeld, Gestalt und Gestaltung. Das Kunstwerk als Selbstdarstellung des Künstlers, Krefeld 1958
Hartmann 1972	Hartmann, Wolfgang, Makart und der Wiener Festzug. In: Hans Makart. Triumph einer Schönen Epoche. Ausstellung in der Staatlichen Kunsthalle Baden-Baden 1972, S. 166–178
Hartmann 1976	Hartmann, Wolfgang, Der historische Festzug. Seine Entstehung und Entwicklung im 19. Jahrhundert (= Studien zur Kunst des 19. Jahrhunderts, Bd. 35), München 1976
Hausenstein 1914	Hausenstein, Wilhelm, Die bildende Kunst der Gegenwart, Stuttgart – Berlin 1914
Hauser 1953	Hauser, Arnold, Sozialgeschichte der Kunst und Literatur, 2 Bde., München 1953
Hayek 1927	Hayek, Max, Böckliniana. In: Der kleine Bund. Literarische Beilage des ›Bund‹, 8, Nr. 42, Bern 16.10.1927, S. 334–335
Heger-Etienure 1980	Heger-Etienure, Marie-Jeanne, Arnold Böcklin et Bâle: d'une exposition à l'autre. In: Revue de l'Allemagne 12 (1980), S. 200–226
Heise 1936	Heise, Carl Georg, Arnold Böcklin 1827–1901. In: Die Großen Deutschen. Neue Deutsche Bio-

graphie, hrsg. v. Willy Andreas und Wilhelm von Scholz, Bd. 3, Berlin 1936, S. 603–619. Wiederveröffentlicht in: Arnold Böcklin 1827 bis 1901, Ausstellung im Kunstmuseum Düsseldorf, Düsseldorf 1974

Hennings 1963 — Hennings, Fred, Ringstraßensymphonie. 2. Satz 1870–1884. Es war sehr schön, es hat mich sehr gefreut, Wien – München 1963

Herding 1978 — Herding, Klaus (Hrsg.), Realismus als Widerspruch. Die Wirklichkeit in Courbets Malerei, Frankfurt/Main 1978

Herke 1920/21 — Herke, Karl Heins, Hans von Marées und die Zukunft des klassischen Ideals. In: Hochland 18/1 (1920/21), S. 59–66

Heuss 1940 — Heuss, Theodor, Anton Dohrn und Neapel, Berlin – Zürich 1940

Hevesi 1899 — Hevesi, Ludwig von, Wiener Totentanz. Gelegentliches über verstorbene Künstler und ihresgleichen, Stuttgart 1899

Heyck 1915 — Heyck, Eduard, Feuerbach (= Künstlermonographien, Bd. 76), Bielefeld – Leipzig 1915

von der Heyden-Rynsch 1982 — Heyden-Rynsch, Verena von der, Riten der Selbstauflösung, München 1982

Hörisch 1982 — Hörisch, Jochen, Objektive Interpretation des schönen Scheins. Walter Benjamins Literaturtheorie. In: Walter Benjamin, Profane Erleuchtung und Rettende Kritik, hrsg. v. N. Bolz und R. Faber, Würzburg 1982, S. 37–55

Hofmann 1936 — Hofmann, Franz, Die Lenbach-Galerie. Ein Münchener Künstlerheim als Sinnbild einer Zeit. In: Kunst und Volk 4 (1936), S. 206–209

Hofmann 1974 — Hofmann, Werner, Das irdische Paradies. Kunst im 19. Jahrhundert, München 1974²

Hofmann 1978 — Hofmann, Werner, Der Weg nach Neapel. In: Frankfurter Allgemeine Zeitung, 24.11.1978

Hofmann 1979, 1 — Hofmann, Werner, Courbet et Marées. In: Revue de l'art, Paris 1979, S. 31–36

Hofmann 1979, 2 — Hofmann, Werner, Bruchlinien. Aufsätze zur Kunst des 19. Jahrhunderts, München 1979

Hofmann/Syamken/Warnke 1980 — Hofmann, Werner, Georg Syamken, Martin Warnke, Die Menschenrechte des Auges. Über Aby Warburg, Frankfurt/Main 1980

Hofstätter 1978 Hofstätter, Hans. H., Symbolismus und die Kunst der Jahrhundertwende. Voraussetzungen, Erscheinungsformen, Bedeutungen, Köln 1978[4]

Hoh-Slodczyk 1980 Hoh-Slodczyk, Christine, Die Villa Lenbach. In: Sonja Mehl, Franz von Lenbach in der Städtischen Galerie Lenbachhaus (= Materialien zur Kunst des 19. Jahrhunderts, Bd. 25), München 1980, S. 41–50

Hoh-Slodczyk 1982 Hoh-Slodczyk, Christine, Kunststadt und Künstlervilla. In: Franz von Stuck 1863–1928. Ausstellung in der Stuck-Villa München, München 1982

Hoh-Slodczyk 1985 Hoh-Slodczyk, Christine, Das Haus des Künstlers im 19. Jahrhundert, München 1985

Holenweg 1977 Holenweg, Hans, Das Schicksal der Gemälde Arnold Böcklins. In: Andree, Rolf, Arnold Böcklin. Die Gemälde, Basel – München 1977, S. 92–105

Holsten 1978 Holsten, Siegmar, Das Bild des Künstlers. Selbstdarstellungen. Katalog zur Ausstellung in der Hamburger Kunsthalle, Hamburg 1978

Huldigungsfestzug Huldigungs-Festzug der Stadt Wien zur Feier der Silbernen Hochzeit Ihrer Majestäten des Kaisers Franz Joseph I. und der Kaiserin Elisabeth (27. April 1879), hrsg. vom Gemeinderate der k.k. Reichshaupt- und Residenzstadt Wien, Wien 1881

Jeziorkowski 1975 Jerziorkowski, Klaus, Gründer in Wien. Versuch über Makart als Machart. In: Austriaca. Beiträge zur österreichischen Literatur. Festschrift für Heinz Politzer zum 65. Geburtstag. In Zusammenarbeit mit Richard Brinkmann hrsg. von Winfried Kudszus und Hinrich C. Seeba, Tübingen 1975, S. 247–266

Justi 1921 Justi, Ludwig, Hans von Marées. Ein Führer zur Marées-Sammlung der National-Galerie. Sonderdruck aus dem Führer durch die Nationalgalerie »Deutsche Malkunst im 19. Jahrhundert«, Berlin 1921

Justi 1923/24 Justi, Ludwig, Die Neapeler Fresken von Hans von Marées. In: Velhagen & Klasings Monatshefte 38, 1923/24, 2. Halbband, S. 625–636

Kaiserslautern 1982	Hans von Marées. Zeichnungen. Ausstellung in der Pfalzgalerie Kaiserslautern, Kaiserslautern 1982
Karlinger 1966	Karlinger, Hans, München und die Kunst des 19. Jahrhunderts, München 1966
Karlsruhe 1929	Anselm Feuerbach. Gedächtnisausstellung in der Badischen Kunsthalle Karlsruhe, Karlsruhe 1929
Karlsruhe 1976, 1	Anselm Feuerbach 1829–1880. Gemälde und Zeichnungen. Katalog zur Ausstellung in der Staatlichen Kunsthalle Karlsruhe, Berlin 1976
Karlsruhe 1976, 2	Anselm Feuerbach, Gemälde und Zeichnungen. Textheft zur Ausstellung in der Staatlichen Kunsthalle Karlsruhe, Karlsruhe 1976
Keim 1904	Keim, Adolf Wilhelm, Franz von Lenbach. In: Technische Mitteilungen für Malerei 20 (1904), Nr. 22
Kemp 1975	Kemp, Wolfgang, Walter Benjamin und Aby Warburg. In: Kritische Berichte 3 (1975), Heft 1, S. 5–25
Kemp 1978	Kemp, Wolfgang, Fernbilder. Walter Benjamin und die Kunstwissenschaft. In: »Links hatte noch alles sich zu enträtseln ...«. Walter Benjamin im Kontext, hrsg. v. B. Lindner, Frankfurt/Main 1978, S. 224–257
Kern/Uhde-Bernays 1911	Anselm Feuerbachs Briefe an seine Mutter. Aus dem Besitz der königlichen Nationalgalerie, hrsg. v. Guido Josef Kern und Hermann Uhde-Bernays, 2 Bde., Berlin 1911
Kitlitschka 1981	Kitlitschka, Werner, Die Malerei der Wiener Ringstraße. Mit einem Beitrag von Fritz Novotny (= Die Wiener Ringstraße – Bild einer Epoche, hrsg. von Renate Wagner-Rieger, Bd. 10), Wiesbaden 1981
Klein 1903/04	Klein, Rudolf, Franz von Lenbach (Nekrolog). In: Die Rheinlande, Jg. 4, Bd. 8 (1903/04), S. 382–383
Kleinenberg 1971	Kleinenberg, Günther, Die Entwicklung der Naturpersonifizierung im Werk Arnold Böcklins. Studien zur Ikonographie und Motivik in der Kunst des 19. Jahrhunderts, Göttingen 1971
Klimm 1975	Klimm, Heinrich, Der Maler Anselm Feuerbach. Sproß einer genialen Familie des bürger-

	lichen Zeitalters. In: Anselm Feuerbach. Seine Familie und ihre Zeit (= Beiträge zur Speyerer Stadtgeschichte, Heft 3), Speyer 1975, S. 9–26
Knapp 1900	Knapp, Fritz, Franz Lenbach. In: Carl Werckmeister (Hrsg.), Das 19. Jahrhundert in Bildnissen, Bd. 4, Berlin 1900, S. 615–616
Koller 1954	Koller, Ernst, Makart und seine Zeit. In: Kunst in Österreich. Sonderheft der Zeitschrift ›Das Kunstwerk‹ (= Kunstwerkschriften, Bd. 48), Baden-Baden 1954, S. 16–17
Köln 1971	Deutsche Malerei des 19. Jahrhunderts. Ausstellung in der Kunsthalle Köln, Köln 1971
Köln 1982	Künstlerbildnisse vom 16. bis 20. Jahrhundert. Ausstellung im Wallraf-Richartz-Museum/Museum Ludwig Köln, Köln 1982
Krenzlin 1977	Krenzlin, Ulrike, »... wie die Kunst allmählich ihre Herrschaft verliert«. Zum 150. Geburtstag von Arnold Böcklin. In: Bildende Kunst 25 (1977), S. 543–546
Kreuzer 1971	Kreuzer, Helmut, Die Bohème, Stuttgart 1971
Krieger 1965	Krieger, Peter, Die Kunst des Hans von Marées als Verschmelzung von Realistik und Klassizismus. In: Festschrift für Peter Metz, hrsg. von Ursula Schlegel und Claus Zoege von Manteuffel, Berlin 1965, S. 388–399
Kris/Kurz 1934	Kris, Ernst, Otto Kurz, Die Legende vom Künstler. Ein geschichtlicher Versuch, Wien 1934
Küffner-Arndt 1968	Küffner-Arndt, Marianne, Die Zeichnungen Anselm Feuerbachs. Studien zur Bildentwicklung, Diss. Bonn 1968
Kupper 1987	Kupper, Daniel, Anselm Feuerbachs ›Vermächtnis‹. Die orginalen Aufzeichnungen hrsg., eingel. u. komm., Diss. TU Berlin 1987
Kuttner 1937	Kuttner, Erich, Hans von Marées. Die Tragödie des deutschen Idealismus, Zürich 1937
Laban 1898	Laban, Ferdinand, Der Musaget Böcklins. In: Pan 4 (1898), 2. Halbband, S. 236–240
Lankheit 1952, 1	Lankheit, Klaus, Hans von Marées. Die Wiederentdeckung der Form. Ein Vortrag, Wuppertal 1952

Lankheit 1952, 2	Lankheit, Klaus, Das Freundschaftbild der Romantik (= Heidelberger kunstgeschichtliche Abhandlungen, N.F. 1), Heidelberg 1952
Lasius 1903	Lasius, Otto, Arnold Böcklin. Aus den Tagebuchblättern von Otto Lasius (1885–1889), hrsg. v. Maria Lina Lasius, Berlin 1903
Laxner-Gerlach 1980	Laxner-Gerlach, Uta, Hans von Marées. Katalog seiner Gemälde (= Materialien zur Kunst des 19. Jahrhunderts, Bd. 28), München 1980
Lenbach 1915	Lenbachs Rede anläßlich der 3. Sitzung der deutschen Gesellschaft zur Beförderung rationaler Malverfahren (= Ernst Berger: Die Maltechnik Franz Lenbachs. Schluß). In: Münchner Kunsttechnische Blätter 11 (1915), S. 111–114
Lenbach 1936	Lenbach, Lolo von, Lenbach und Bismarck. In: Kölnische Zeitung, 5.7.1936. Wiederabgedruckt in: Wichmann, Siegfried, Franz von Lenbach und seine Zeit, Köln 1973, S. 327–330
Leppien 1976	Leppien, Rudolf, Anselm Feuerbach aus ärztlicher Sicht. Ein Psychogramm. In: Anselm Feuerbach. Gemälde und Zeichnungen. Ausstellung in der Staatlichen Kunsthalle Karlsruhe, Karlsruhe 1976, S. 42–50
Lesezirkel Hottingen	Erster literarischer Abend. Zur Erinnerung an Arnold Böcklin (gestorben am 16. Januar 1901), Zürich 1901
Lichtwark 1894	Lichtwark, Alfred, Makartbouquet und Blumenstrauß, München 1894
Lichtwark 1897	Lichtwark, Alfred, Arnold Böcklin. Notizen aus den Jahren 1883 bis 1885. In: Ders., Studien, Bd. 2, Hamburg 1897, S. 151–181
Liebmann 1972	Liebmann, Kurt, Hans von Marées, Dresden 1972
Linnenkamp 1976	Linnenkamp, Rolf, Die Gründerzeit 1835–1918 (= Heyne Stilkunde, Bd. 4), München 1976
Löhneysen 1967	Löhneysen, Wolfgang Freiherr von, Kunst und Kunstgeschmack von der Reichsgründung bis zur Jahrhundertwende. In: Zeitgeist im Wandel, Bd. 1: Das Wilhelminische Zeitalter, hrsg. von H. J. Schoeps, Stuttgart 1967, S. 87–120
Ludwig 1977	Ludwig, Horst, Malerei der Gründerzeit. Vollständiger Katalog (= Gemäldekataloge der

	Bayerischen Staatsgemäldesammlungen, Bd. 6), München 1977
Ludwig 1978	Ludwig, Horst, Münchener Malerei im 19. Jahrhundert, München 1978
Ludwig 1979, 1	Ludwig, Horst, Hans Makart, ein Maler des kaiserlichen Wien. In: Weltkunst 49 (1979), S. 1964–1966
Ludwig 1979, 2	Ludwig, Horst, Franz von Lenbach: Malerfürst des deutschen Kaiserreichs. In: Weltkunst 49 (1979), S. 2096–2098
Lützow 1879, 1	Lützow, Carl von, Makarts Entwürfe für den Wiener Festzug und deren künstlerische Ausführung. In: Zeitschrift für bildende Kunst 14 (1879), S. 193–198
Lützow 1879, 2	Lützow, Carl von, Die Wiener Feiertage. In: Kunstchronik 14 (1879), Sp. 489–496
Lützow 1886	Lützow, Carl von, Hans Makart. Ein Beitrag zu seiner Charakteristik. In: Zeitschrift für bildende Kunst 21 (1886), S. 181–193, 214–222
Lützow 1889/90	Lützow, Carl von, Ein Besuch bei Lenbach. In: Kunstchronik, N. F. 1 (1889/1890), Sp. 1–4
Lutz 1923	Lutz, W. A., Künstlerselbstbildnisse (= Bibliothek der Kunstgeschichte, Bd. 56), Leipzig 1923
Mai/Pohl/Waetzoldt 1982	Mai, Ekkehard, Hans Pohl, Stephan Waetzoldt (Hrsg.), Kunstpolitik und Kunstförderung im Kaiserreich. Kunst im Wandel der Sozial- und Wirtschaftsgeschichte (= Kunst, Kultur und Politik im deutschen Kaiserreich. Schriften eines Projektkreises der Fritz Thyssen-Stiftung, Bd. 2), Berlin 1982
Makart-Album 1884/85	Makart-Album. 64 Holzschnitte nach Makarts Gemälden, Wien o. J.
Marwitz 1976	Marwitz, Herbert, Der Herr. Zur Genealogie des modernen Menschenbildes. In: Wandlungen. Studien zur antiken und neueren Kunst. Festschrift E. Homann-Wedeking, Waldsassen 1976, S. 312–321
Marées 1987	Hans von Marées, Briefe, hrsg. v. Anne S. Domm, München – Zürich 1987
Mayer 1975	Mayer, Hans, Außenseiter, Frankfurt/M. 1975
Mehl 1972	Mehl, Sonja, Franz von Lenbach 1836–1904. Leben und Werk, Diss. München 1972

Mehl 1980	Mehl, Sonja, Franz von Lenbach in der Städtischen Galerie im Lenbachhaus München. Mit einem Beitrag von Christine Hoh-Slodczyk (= Materialien zur Kunst des 19. Jahrhunderts, Bd. 25), München 1980
Meier-Graefe 1904	Meier-Graefe, Julius, Entwicklungsgeschichte der modernen Kunst, 3 Bde., Stuttgart 1904 (Neuausgabe München – Zürich 1987)
Meier-Graefe 1905	Meier-Graefe, Julius, Der Fall Böcklin und die Lehre von den Einheiten, Stuttgart 1905
Meier-Graefe 1909/10	Meier-Graefe, Julius, Hans von Marées. Sein Leben und sein Werk. 3 Bde. München – Leipzig 1909–1910 (unveränderter Nachdruck der Bände 1 und 2 sowie der gekürzten Bibliographie aus Band 3 Frankfurt 1987)
Meier-Graefe 1912, 1	Meier-Graefe, Julius, Vincent van Gogh, München 1912
Meier-Graefe 1912, 2	Meier-Graefe, Julius, Hans von Marées, München 1912[2]
Meier-Graefe 1919	Meier-Graefe, Julius, Das Marées-Haus. In: Ganymed 1 (1919), S. 77–86
Mendelsohn 1901	Mendelsohn, Henri[ette], Böcklin (= Geisteshelden. Eine Sammlung von Biographien, Bd. 40), Berlin 1901
Meyer 1980	Meyer, Klaus Heinrich, Von kunstgeschichtlicher Werkinterpretation und Rezeptionsforschung. In: Hephaistos 2 (1980), S. 7–51
Meyerheim 1910	Meyerheim, Paul, Lenbach-Erinnerungen. In: Allgemeine Zeitung, 6.8.1910, 13.8.1910
Mikula 1971	Mikula, Renate, Studien zu Hans Makart, ungedr. Diss. Wien 1971
Mikula 1975	Mikula, Renate, Der Festzug. In: Hans Makart. Studien und Entwürfe. Ausstellung in der Hermesvilla Wien und der Residenzgalerie Salzburg, Salzburg 1975, S. 16–19
Moffett 1983	Moffett, Kenworth, Meier-Graefe as Art Critic, München 1983
Muther 1893/94	Muther, Richard, Geschichte der Malerei im 19. Jahrhundert, 3 Bde., München 1893–1894
München 1891	Illustrierter Katalog der Münchener Jahres-Ausstellung von Kunstwerken aller Nationen im königlichen Glaspalaste, München 1891[3]

München 1905 — Lenbach-Ausstellung im königlichen Kunstausstellungsgebäude am Königsplatz. Veranstaltet vom Zentralkomitee der IX. Internationalen Kunstausstellung zu München, München 1905

München 1929 — Feuerbach-Ausstellung zur Feier des 100. Geburtstages des Meisters. Veranstaltet von der Direktion der Bayerischen Staatsgemäldesammlungen in der Neuen Pinakothek München. Verbunden mit einer Ausstellung geistesverwandter Künstler des 19. Jahrhunderts, München 1929

München 1958 — München 1869–1958. Aufbruch zur modernen Kunst. Ausstellung im Haus der Kunst München, München 1958

München 1970 — Malerei nach Fotografie. Ausstellung im Stadtmuseum München, München 1970

München 1979 — Die Münchener Schule 1850–1914. Ausstellung im Haus der Kunst München, München 1979

München 1982 — Franz Stuck 1863–1928. Maler – Graphiker – Bildhauer – Architekt. Ausstellung im Museum Villa Stuck München, München 1982

München 1986 — Franz von Lenbach 1836–1904. Ausstellung in der Städtischen Galerie im Lenbachhaus, München, vom 14. Dezember 1986 bis 3. Mai 1987

München 1987 — Hans von Marées. Katalog zu den Ausstellungen ›Hans von Marées. Gemälde und Zeichnungen‹ in der Neuen Pinakothek, München, und ›Marées als Kopist und die Münchner Kopie im 19. Jahrhundert‹ in der Schack-Galerie, München, herausgegeben von Christian Lenz, München 1987

Naager 1936/37 — Naager, Franz, Franz von Lenbach. Aus meinen Lebenserinnerungen. In: Die Kunst für Alle 52 (1936/37), S. 86–90

Nachlaßkatalog 1885 — Katalog des künstlerischen Nachlasses und der Kunst- und Antiquitätensammlung von Hans Makart, hrsg. v. Vormunde der Kinder Makarts A. Streit, Wien 1885

Neben meiner Kunst 1909 — Neben meiner Kunst. Flugstudien, Briefe und Persönliches von und über Arnold Böcklin, hrsg. v. Ferdinand Runkel und Carlo Böcklin, Berlin 1909

Neumann 1898	Neumann, Carl, Zu Arnold Böcklins 70. Geburtstag. In: Die Kunst für Alle 13 (1898), S. 1–6
Neumeyer 1973	Neumeyer, Alfred, Hans von Marées' Arcadia. In: Intuition und Kunstwissenschaft. Festschrift für Hanns Swarzenski zum 70. Geburtstag am 30. August 1973, hrsg. v. Peter Block u. a., Berlin 1973, S. 559–569
New Haven 1970	German Paintings of the 19th Century. Introduction and Catalogue by Kermit S. Champa with Kate S. Champa. Yale University Art Gallery New Haven, Connecticut, in collaboration with the Cleveland Museum of Art and the Art Institute of Chicago 1970
Novotny 1960	Novotny, Fritz, Painting and Sculpture in Europe 1780–1880 (Pelican History of Art), Harmondsworth/Middlesex 1960
Nowald 1988	Nowald, Karlheinz, »Das ungeheure Drama des Lebendigen« – Hans von Marées' Neapeler Fresken. In: Romantik und Gegenart. Festschrift für Jens Christian Jensen zum 60. Geburtstag, hrsg. v. Ulrich Bischoff, Köln 1988
Oberhammer 1980	Oberhammer, Monika, Ein Selbstbildnis Hans Makarts. In: Festschrift für Wilhelm Messerer zum 60. Geburtstag, Köln 1980, S. 309–313
Öchselhäuser 1905	Öchselhäuser, Adolf von, Aus Feuerbachs Jugendjahren, Leipzig 1905
von der Osten-Baare	von der Osten-Baare, E., Anselm Feuerbach (= Kleine Schriften der Kunstabteilung des Landesmuseums Hannover, Nr. 4), Hildesheim o. J.
Ostini 1900/01	Ostini, Fritz von, Böcklin. In: Monatsberichte über Kunstwissenschaft und Kunsthandel 1 (1900/01), S. 182–184
Ostini 1904, 1	Ostini, Fritz von, Böcklin (= Künstlermonographien, Bd. 70), Berlin – Leipzig 1904
Ostini 1904, 2	Ostini, Fritz von, Lenbach in der Kunst des 19. Jahrhunderts. In: Zeitschrift für bildende Kunst N. F. 15 (1904), S. 195–197
Ostini 1904, 3	Ostini, Fritz von, Lenbach. In: Die Jugend, 1904, Nr. 21

Pecht 1867	Pecht, Friedrich, Kunst und Kunstindustrie auf der Weltausstellung von 1867. Pariser Briefe, Leipzig 1867
Pecht 1873	Pecht, Friedrich, Kunst und Kunstindustrie auf der Wiener Weltausstellung von 1873, Stuttgart 1873
Pecht 1885	Pecht, Friedrich, Bei Lenbach. In: Allgemeine Zeitung, München, 15.1.1885
Pecht 1887	Pecht, Friedrich, Deutsche Künstler des 19. Jahrhunderts. Studien und Erinnerungen, 4 Bde., zweite, umgearbeitete und bis zur Gegenwart ergänzte Auflage, Nördlingen 1887 (1. Aufl. 1880)
Pecht 1888, 1	Pecht, Friedrich, Geschichte der Münchener Kunst im 19. Jahrhundert, München 1888
Pecht 1888, 2	Pecht, Friedrich, Zu Arnold Böcklins 60. Geburtstag am 16. Oktober 1887. In: Die Kunst für Alle 3 (1888), S. 17–20
Petsch 1989	Petsch, Joachim, Eigenheim und gute Stube. Zur Geschichte bürgerlichen Wohnens (unter Mitarbeit von Wiltrud Petsch-Bahr), Köln 1989
Pidoll 1890	Pidoll, Carl von, Aus der Werkstatt eines Künstlers. Erinnerungen an Hans von Marées aus den Jahren 1880/81 und 1884/85, Luxemburg 1890
Pilz 1972	Pilz, Kurt, Das Selbstbildnis von Anselm Feuerbach 1866 in der Gemäldegalerie Kiel. In: Pommern 10 (1972), S. 24–26
Pirchan 1954	Pirchan, Emil, Hans Makart, Wien 1954
Pohl, C. 1977	Pohl, Claudia, Subjekt und Ideal. In: Arnold Böcklin 1827–1901. Ausstellung zum 150. Geburtstag des Künstlers, veranstaltet vom Magistrat der Stadt Darmstadt, Bd. 2, Darmstadt 1977, S. 188–193
Pohl, S. 1977	Pohl, Sieghart, Betrachtungen zum Freskenwerk des Hans von Marées, Diss. Wien 1977
Por 1982	Por, P., Epochenstil. Plädoyer für einen umstrittenen Begriff, Heidelberg 1982
Praz 1967	Praz, Mario, Mnemosyne. The Parallel between Literature and the Visual Arts, Princeton 1967
Prinz 1971	Prinz, Wolfram, Die Sammlung der Selbstbildnisse in den Uffizien, Bd. 1: Geschichte der Sammlung, Berlin 1971

Quenzel 1919	Quenzel, Karl, Der Maler Feuerbach. Leben, Briefe, Aufzeichnungen. Ein Buch des Andenkens für das deutsche Volk, Leipzig 1919
Raeber 1924	Raeber, W., Das Selbstbildnis Hans von Marées' in der Öffentlichen Kunstsammlung Basel. In: Das Werk, 1924, S. 322–323
Ranke 1978	Ranke, Winfried, Arnold Böcklin – Ein Neuzugang unter den Klassikern. In: Kunstchronik 31 (1978), S. 75–84
Ranke 1979	Ranke, Winfried. Le ›Cas Böcklin‹, un épisode toujours actuel de l'art en allemagne. In: Revue de l'art 1979, Nr. 45, S. 37–49
Ranke 1986	Ranke, Winfried, Franz von Lenbach. Der Münchner Malerfürst, Köln 1986
Ranzoni 1873	Ranzoni, Emerich, Malerei in Wien. Mit einem Anhang über Plastik, Wien 1873
Ranzoni 1884	R.[anzoni], E.[merich], Hans Makart. In: Neue Freie Presse, Wien, 4.10.1884, Morgenblatt
Rave 1949	Rave, Paul Ortwin, Deutsche Malerei des 19. Jahrhunderts, Berlin 1949
Recklinghausen 1957	Verkannte Kunst. Ausstellung in der Kunsthalle Recklinghausen, Recklinghausen 1957
Reinle 1962	Reinle, Adolf, Kunstgeschichte der Schweiz, Bd. 4: Die Kunst des 19. Jahrhunderts. Architektur, Malerei, Plastik, Frauenfeld 1962
Ried 1931	Ried, Fritz, Das Selbstbildnis, Berlin 1931
Roh 1948	Roh, Franz, Der verkannte Künstler. Studien zur Geschichte und Theorie des kulturellen Mißverstehens, München 1948
Rose 1981	Rose, Andrea, Pre-Raphaelite Portraits, Oxford 1981
Rosenberg 1899	Rosenberg, Adolf, Lenbach (= Künstlermonographien, Bd. 34), Bielefeld – Leipzig 1899²
Ruhmer 1969	Ruhmer, Eberhard u. a., Schack-Galerie (= Gemäldekataloge der Bayerischen Staatsgemäldesammlungen, Bd. 2), 2 Bde., München 1969
Salzburg 1940	Hans Makart. Katalog der Gedächtnisausstellung zur 100. Wiederkehr seines Geburtstages, Salzburg 1940

Salzburg 1954	Hans Makart und seine Zeit. Ausstellung in den Räumen der Residenzgalerie Salzburg, Salzburg 1954
Salzburg 1987	Hans Makart. Gemälde aus Salzburger Sammlungen. Ausstellung der Residenzgalerie Salzburg in Zusammenarbeit mit dem Salzburger Museum Carolino Augusteum, 5. Juni bis 18. Oktober 1987
Sandreuter 1917	Sandreuter, Hans, Briefe und Tagebücher, Teil II. In: Basler Kunstverein. Berichterstattung über das Jahr 1916, Basel 1917, S. 5–65
Scheffler 1909	Scheffler, Karl, Hans von Marées. In: Kunst und Künstler 7 (1909), S. 285–298
Scheffler 1911	Scheffler, Karl, Deutsche Maler und Zeichner im 19. Jahrhundert, Leipzig 1911
Scheffler 1912	Scheffler, Karl, Die Nationalgalerie zu Berlin. Ein kritischer Führer, Berlin 1912
Scheffler 1926	Scheffler, Karl, Geschichte der europäischen Malerei vom Klassizismus bis zum Impressionismus, Berlin o. J. [1926]
Scheffler 1952	Scheffler, Karl, Das Phänomen der Kunst. Grundsätzliche Betrachtungen zum 19. Jahrhundert, Berlin 1952
Schick 1901	Schick, Rudolf, Tagebuch-Aufzeichnungen aus den Jahren 1866, 1868, 1869 über Arnold Böcklin, hrsg. v. Hugo von Tschudi, gesichtet von Cäsar Flaischlen, Berlin 1901
Schieder 1977	Schieder, Theodor, Staatensystem als Vormacht der Welt 1848–1918 (Propyläengeschichte Europas, Bd. 5), Frankfurt – Berlin – Wien 1977
Schmid 1892–1902	[Schmid, Heinrich Alfred (Hrsg.)], Arnold Böcklin. Eine Auswahl der hervorragendsten Werke des Künstlers in Photogravüre. Mit einem chronologischen Verzeichnis der Werke, 4 Folgen [in 4 Bdn.], München 1892–1902
Schmid 1906	Schmid, Max, Kunstgeschichte des 19. Jahrhunderts, 2 Bde., Leipzig 1906
Schmidt 1977	Schmidt, Georg, Böcklin heute. Rede gehalten zum Gedenken des 50. Todestages im Kunsthaus Zürich, Basel 1951. Wiederabgedruckt in: Andree, Rolf, Arnold Böcklin. Die Gemälde, München 1977, S. 61–63

Schmidt 1978	Schmidt, H. M., Künstler und Tod. Selbstbildnisse. In: Jansen, H. H. (Hrsg.), Der Tod in Dichtung, Philosophie und Kunst, Darmstadt 1978, S. 120–132
Schmoll gen. Eisenwerth 1971/72	Schmoll gen. Eisenwerth, J. A., Helmut Koopmann (Hrsg.), Beiträge zur Theorie der Künste im 19. Jahrhundert (= Studien zur Philosophie und Literatur des 19. Jahrhunderts, Bd. 12), 2 Bde., Frankfurt/Main 1971/72
Schmoll gen. Eisenwerth 1977, 1	Schmoll gen. Eisenwerth, J. A., Der Sonderfall: Fotografische Selbstbildnisse von Malern. In: Erika Billeter, Malerei und Fotografie im Dialog von 1840 bis heute. Katalog zur Ausstellung im Kunsthaus Zürich 1977, Bern 1977
Schmoll gen. Eisenwerth 1977, 2	Schmoll gen. Eisenwerth, J. A., Stilpluralismus statt Einheitszwang. Zur Kritik der Stilepochen-Kunstgeschichte. In: Beiträge zum Problem des Stilpluralismus, hrsg. v. W. Hager und N. Knopp (= Studien zur Kunst des 19. Jahrhunderts, Bd. 38), München 1977, S. 9–19
Schönberger 1975	Schönberger, Arno, Germanisches Nationalmuseum Nürnberg. Erwerbungen, Geschenke und Leihgaben 1974. Selbstbildnis Anselm Feuerbach. In: Anzeiger des Germanischen Nationalmuseums 1975, S. 162–163
Schrobenhausen 1986	Franz von Lenbach 1836–1986. Ausstellung Waaghaus Schrobenhausen, Schrobenhausen 1986
Schröter 1954	Schröter, Hans, Maler und Galerie. Das Verhältnis der Maler zu den öffentlichen Galerien Deutschlands im 19. Jahrhundert, Diss. Berlin 1954
Schüßler 1880	Schüßler, Markus (Hrsg.), Zum Gedächtnis an Anselm Feuerbach. Eine Votivschrift, Nürnberg 1880
Schuffenhauer 1980	Schuffenhauer, Ute, ›Alles in guter Kunst weist auf Natur, auf Leben... ‹. Anselm Feuerbach zum 100. Todestag. In: Die Bildende Kunst 28 (1980), S. 30–33
Sontag 1966	Sontag, Susan, Against Interpretation, New York 1966

Sontag 1980	Sontag, Susan, Anmerkungen zu ›Camp‹. In: Dies., Kunst und Antikunst. 24 literarische Analysen, München 1980, S. 269–284
Speidel 1910, 1	Speidel, Ludwig, Persönlichkeiten (= Ludwig Speidels Schriften, Bd. 1), Berlin 1910
Speidel 1910, 2	Speidel, Ludwig, Wiener Frauen und anderes Wienerische (= Ludwig Speidels Schriften, Bd. 2), Berlin 1910
Spoerri 1952	Spoerri, Theodor, Genie und Krankheit. Eine psychopathologische Untersuchung der Familie Feuerbach, Basel – New York 1952
Sternberger 1974	Sternberger, Dolf, Panorama oder Ansichten vom 19. Jahrhundert, Frankfurt/Main 1974
Sternberger 1975	Sternberger, Dolf, Gerechtigkeit für das 19. Jahrhundert. Zehn historische Studien, Frankfurt 1975
Stiassny 1886	Stiassny, Robert, Hans Makart und seine bleibende Bedeutung (= Sammlung kunstgewerblicher und kunsthistorischer Vorträge, Nr. 12), Leipzig 1886
Storck 1904	Storck, Karl, Lenbach. In: Der Türmer 6 (1904), Teilbd. 2, S. 427–435
Strohmaier 1982	Strohmaier, Eckart, Geschichtsphilosophie und Ästhetik bei Walter Benjamin. In: Geschichte als Paradigma. Zur Reflexion des Historischen in der Kunst, hrsg. v. Gerhard Charles Rump (= Kunstwissenschaftliche Thesenhefte 1), Bonn 1982, S. 53–83
Stürmer 1970	Stürmer, Michael (Hrsg.), Das kaiserliche Deutschland. Politik und Gesellschaft 1877 bis 1918, Düsseldorf 1970
Szeemann 1987	Szeemann, Harald, Von Marées bis Picasso. Meisterwerke aus dem Von-der-Heydt-Museum Wuppertal, München 1987
Theissing 1973	Theissing, Heinrich, Romantika und Realistika. Zum Phänomen des Künstlerfestes im 19. Jahrhundert. In: 200 Jahre Kunstakademie Düsseldorf, Düsseldorf 1973, S. 185–203
Thiele 1970	Thiele, Herbert, Anselm Feuerbach 1829–1880. In: Pfälzer Lebensbilder, hrsg. v. Kurt Baumann, Bd. 2, Speyer 1970, S. 257–277

Thiessen 1982 — Thiessen, Rudi, Kritik der kapitalistischen Moderne. Über einige Motive bei Walter Benjamin. In: Walter Benjamin. Profane Erleuchtung und Rettende Kritik, hrsg. v. N. Bolz und R. Faber, Würzburg 1982, S. 207–219

Tokio 1987 — Arnold Böcklin. Werke aus dem Kunstmuseum Basel. Ausstellung im Nationalmuseum für Westliche Kunst, Tokio vom 24. Januar bis 8. März 1987

Tittel 1977 — Tittel, Lutz, Arnold Böcklin. Leben und Werk in Daten und Bildern, Frankfurt/Main 1977

Tschudi 1906 — Tschudi, Hugo von, Ausstellung deutscher Kunst aus der Zeit von 1775 bis 1875 in der Königlichen Nationalgalerie Berlin, München 1906. Auch in: Ders., Gesammelte Schriften zur neueren Kunst, hrsg. v. E. Schwedeler-Meyer, München 1912, S. 173–231

Uhde-Bernays 1910/11 — Uhde-Bernays, Hermann, Feuerbachs Bildnisse. In: Kunst und Künstler 9 (1910/11), S. 418–431

Uhde-Bernays 1913 — Uhde-Bernays, Hermann (Hrsg.), Anselm Feuerbach. Des Meisters Gemälde in 200 Abbildungen (= Klassiker der Kunst, Bd. 23), Stuttgart – Berlin 1913

Uhde-Bernays 1914, 1 — Uhde-Bernays, Hermann, Feuerbach, Leipzig 1914

Uhde-Bernays 1914, 2 — Uhde-Bernays, Hermann, Die Feuerbach-Erwerbungen der Stadt Hannover. In: Zeitschrift für bildende Kunst, N.F. 25 (1914), S. 125–132

Uhde-Bernays 1917 — Uhde-Bernays, Hermann, Ein unbekanntes Selbstbildnis von Anselm Feuerbach. In: Der Cicerone 9 (1917), S. 3–4

Uhde-Bernays 1926 — Uhde-Bernays, Hermann, Wiedergefundene Werke aus Anselm Feuerbachs Pariser Studienzeit. In: Die Kunst für Alle 41 (1926), S. 124–134

Uhde-Bernays 1927 — Uhde-Bernays, Hermann, Die Münchener Malerei im 19. Jahrhundert, Bd. 2: 1850–1900, München 1927

Uhde-Bernays 1929 — Uhde-Bernays, Hermann, Feuerbach. Beschreibender Katalog seiner sämtlichen Gemälde. Mit sechs Heliogravüren und 265 Abbildungen auf 160 Tafeln, München 1929

Usener 1974 — Usener, Karl Hermann, Edouard Manet und die Vie Moderne. In: Marburger Jahrbuch für Kunstwissenschaft 19 (1974), S. 9–32

Vincenti 1876 — Vincenti, Karl von, Wiener Kunst-Renaissance. Studien und Charakteristiken, Wien 1876

Voigtländer 1912 — Voigtländer, Emmy, Anselm Feuerbach. Versuch einer Stilanalyse. Mit Nachtrag zum Gemäldeverzeichnis von Hermann Uhde-Bernays, Diss. Leipzig 1912

Volbehr — Volbehr, Theodor, Hans von Marées' Selbstporträt im Kaiser-Friedrich-Museum der Stadt Magdeburg, Magdeburg o. J. [1912]

Wackernagel 1897 — Wackernagel, Rudolf, Festspiel zur Böcklin-Feier in Basel, Basel 1897

Waetzoldt 1908 — Waetzoldt, Wilhelm, Die Kunst des Porträts, Leipzig 1908

Wagner-Rieger 1969 — Wagner-Rieger, Renate (Hrsg.), Das Kunstwerk im Bild. (= Die Wiener Ringstraße – Bild einer Epoche, Bd. 1), Wien – Köln – Graz 1969

Wagner-Rieger 1970 — Wagner-Rieger, Renate, Wiens Architektur im 19. Jahrhundert, Wien 1970

Waldmann 1921 — Waldmann, Emil, Das Bildnis im 19. Jahrhundert, Berlin 1921

Waldmann 1954 — Waldmann Heinz, Die Künstlerateliers und ihre Inhaber im Zeitwandel von 1750–1900. Studien zur Geschichte des Künstlertums und der Arbeitsweise des Künstlers, ungedr. Diss. Münster 1954

Wallner 1874 — Wallner, Franz, Hans Makarts »Künstlerheim« In: Gartenlaube, 1874, S. 569–570

Wehler 1970 — Wehler, Hans-Ulrich, Krisenherde des Kaiserreichs 1871–1918. Studien zur deutschen Sozial- und Verfassungsgeschichte, Göttingen 1970

Wehler 1980 — Wehler, Hans-Ulrich, Das deutsche Kaiserreich 1871–1918 (= Deutsche Geschichte, hrsg. v. Joachim Leuschner, Bd. 9), Göttingen 1980[4]

Weigert 1942 — Weigert, Hans, Geschichte der deutschen Kunst von der Vorzeit bis zur Gegenwart, Berlin 1942

Weixlgärtner 1929	Weixlgärtner, Arpad, s.v. Makart. In: Neue Österreichische Biographie 1815–1918, Bd. 6, Wien 1929, S. 15–43
Werckmeister 1898–1901	Werckmeister, Karl (Hrsg.), Das 19. Jahrhundert in Bildnissen, 5 Bde., Berlin 1898–1901
Werner 1904	Werner, H., Anselm Feuerbachs Vermächtnis. In: Die Kunst für Alle 19 (1904), S. 19–25
Westheim 1931	Westheim, Paul, Helden und Abenteurer. Welt und Leben der Künstler, Berlin 1931
Wichmann 1973	Wichmann, Siegfried, Franz von Lenbach und seine Zeit, Köln 1973
Wiemann 1949	Wiemann, Hermann, Die Tragik des Falles Marées. In: Die bildende Kunst 3 (1949), S. 143–148
Wien 1975	Hans Makart. Entwürfe und Phantasien. Ausstellung in der Hermesvilla Wien, Wien 1975
Wien 1979	Vor hundert Jahren. Wien 1879 als Beispiel für die Zeit des Historismus. 60. Sonderausstellung des Historischen Museums der Stadt Wien, Wien 1979
Wissmann 1968	Wissmann, Jürgen, Arnold Böcklin und das Nachleben seiner Malerei. Studien zur Kunst der Jahrhundertwende, Diss. Münster 1968
Wittkower 1965	Wittkower, Rudolf u. Margot, Künstler, Außenseiter der Gesellschaft, Stuttgart 1965
Wölfflin 1892	Wölfflin, Heinrich, Hans von Marées. In: Zeitschrift für bildende Kunst, N. F. 3 (1892), S. 73 bis 79
Wölffin 1897/98	Wölffin, Heinrich, Die Böcklin-Ausstellung zu Basel. In: Kunstchronik, N. F. 9 (1897/98), Sp. 33–37
Woermann 1912	Woermann, Karl, Arnold Böcklin. Zur Baseler Böcklin-Ausstellung 1897. In: Ders., Von Apelles zu Böcklin und weiter. Gesammelte kunstgeschichtliche Aufsätze, Vorträge und Besprechungen, Bd. 2: Seit dem 17. Jahrhundert, Esslingen 1912, S. 151–162
Wolf 1925	Wolf, Georg Jakob (Hrsg.), Münchener Künstlerfeste, Münchener Künstlerchroniken, München 1925
Wolter 1904	Wolter, Franz, Franz von Lenbach. In: Die Kunst für Alle 19 (1904), S. 391–401

Württemberger 1961 — Württemberger, Franzsepp, Das Maleratelier als Kultraum im 19. Jahrhundert. In: Miscellanea Bibliothecae Hertzianae. Festschrift Leo Bruhns u. a., Wien 1961, S. 502–513

Wyl 1837 — Wyl, Wilhelm, Franz von Lenbach. Erzählungen aus seinem Leben. Aus Gesprächen mit dem Meister. In: Deutsche Revue 22 (1897), Teilbd. 1, S. 288–299; Teilbd. 2, S. 303–310

Zeitler 1966 — Zeitler, Rudolf (Hrsg.), Die Kunst des 19. Jahrhunderts (= Propyläen Kunstgeschichte, Bd. 11), Berlin 1966

Zelau 1884 — Zelau, Kurt von, Plaudereien aus Wiener Meisterateliers I. In: Deutsche Revue 9 (1884), Teilbd. 4, S. 69–82

Zeller 1976 — Zeller, Michael, Zur Rekonstruktion eines Mythos. Anselm Feuerbach in seinen Briefen und Aufzeichnungen. In: Anselm Feuerbach 1829 bis 1880. Gemälde und Zeichnungen. Ausstellung in der Staatlichen Kunsthalle Karlsruhe, Karlsruhe 1976, S. 51–63

Zimmermann 1961 — Zimmermann, Werner, Anselm Feuerbach. Gemälde und Zeichnungen aus der Staatlichen Kunsthalle Karlsruhe, hrsg. v. J. W. Lauts, Karlsruhe 1961

Fotonachweis

Kunstmuseum Basel 11, 62, 68, 98
Staatliche Museen zu Berlin, Nationalgalerie 67
Staatliche Museen Preußischer Kulturbesitz, Berlin, Foto: Jörg P. Anders 1, 8, 18, 63, 64, 97, 104
Musée des Beaux-Arts et d'Archéologie, Besançon, Foto: Charles Choffet 111
City Museum and Art Gallery, Birmingham 112
Kunsthalle Bremen 14
Szépüvészety Múzeum, Budapest 42
Hessisches Landesmuseum Darmstadt 66
Museum für Kunst und Kulturgeschichte, Dortmund 54
Deutsche Fotothek, Dresden 12
Hamburger Kunsthalle, Foto: Ralph Kleinhempel 65
Niedersächsische Landesgalerie, Hannover 107
Staatliche Kunsthalle Karlsruhe 106, 109
Gemäldegalerie der Stiftung Pommern, Kiel 113
Rheinisches Bildarchiv, Köln 29
Staatliche Eremitage, Leningrad 102
Bildarchiv Foto Marburg 55
Bayerische Staatsgemäldesammlungen, München 2, 16, 22, 24, 105
Städtische Galerie im Lenbachhaus, München 23, 26, 27, 30, 39
Münchner Stadtmuseum 43, Frontispiz
The Metropolitan Museum of Art, Photograph Services, New York 114
Germanisches Nationalmuseum, Nürnberg 99
Stadt Nürnberg, Hochbauamt, Bildstelle und Denkmalarchiv 93, 94
Nationalgalerie, Prag 73
Museum Carolino Augusteum, Salzburg 74, 78
Lenbachmuseum, Schrobenhausen, Foto: Günter F. Hastreiter 21, 41
Bildarchiv der Österreichischen Nationalbibliothek, Wien 46, 51, 52, 71, 72, 75, 76, 84, 88, 89, Umschlagabbildung
Kunsthistorisches Museum, Wien 87
Museum der Stadt Wien 50, 82
Österreichische Galerie, Wien 53, 90, 103
Österreichische Galerie, Wien, Makart Archiv 86
Muzeum Narodow, Wrocław, Foto: Edmund Witecki 101
Von der Heydt-Museum, Wuppertal 6, 7, 15
Kunsthaus Zürich 9, 108

Reproduktionen aus anderen Publikationen (vollständige bibliografische Angaben siehe Literaturverzeichnis)

Architektonische Rundschau 9 (1893) Heft 10, Taf. 73 33, 34

Baden-Baden 1972, Abb. 216 83
Böcklin-Memoiren 1910, S. 322 57
Darmstadt 1977, Bd. 1, S. 178 58
Gulbransson 1905 44
Hennings 1963, Abb. nach S. 56 81
Heuss 1940, Abb. neben S. 192 oben 3
Laxner-Gerlach 1980, Nr. 120/III, 125, 169 5, 10, 13
Makart-Album 1884/85, Taf. LVI, XLVII, LIII, LII 47, 77, 79, 80
Mehl 1980, S. 47, Abb. 10 35
Meier-Graefe 1909/10, Bd. 2, S. 163, Bd. 1, S. 537(2), 555 4, 59, 60, 91
Moffett 1973, Abb. 15 17
Nachlaßkatalog 1885, S. 15, 53 48, 49
Oberhammer 1980, Abb. 1 70
Ostini 1904, Abb. 105 56
Rosenberg 1899, Abb. 57, 58 19, 20
Thiele 1970 115
Tittel 1977, S. 40 92
Uhde-Bernays 1929, Abb. 1, 46 96, 100
Werckmeister 1892–1902, Bd. 4, Nr. 380 85
Wichmann 1973, Abb. 10, 7, 9, 269, 267, 263, 19, 266 25, 31, 32, 36, 37, 38, 40, 45